Monika EndLichtProphet

# SCHACH MATT

## GETÄUSCHT, BELOGEN UND IN DIE IRRE GEFÜHRT

### Was wir nie erfahren sollten

## Über das Buch

Ein besonders Buch, welches die ungelösten Fragen des menschlichen Seins klar beantwortet. Das darin vermittelte umfangreiche Wissen, führt den ernsthaft suchenden Leser, der sachlich wägt und prüft, aus allem Chaos jetziger Verwirrung und Verzerrung heraus zu klaren Erkenntnissen.

Vom Ursprung und den Einflüssen des Bösen auf dieser Welt, bis hin zur totalen Versklavung der gesamten Menschheit.

Bis zum heutigen Tag bekleiden sie Positionen in Medien, Wirtschaft, Bildung, Kirche und des Staates. Sie verkörpern das spirituell Böse und stehen an vorderster Front wissenschaftlicher Manipulation.

SCHACH MATT
GETÄUSCHT, BELOGEN UND IN DIE IRRE GEFÜHRT
Was wir nie erfahren sollten
© Urheberrecht und Copyright Monika EndLichtProphet

Herstellung und Verlag: BoD – Books on Demand, Norderstedt
1. Auflage 2016
ISBN: 978-3-7412-2465-2

Lektorat: professionelles-lektorat@-online.de
Satz und Layout: Media Service Dycke
Bildnachweis Cover: © corund - Fotolia,
                    © waldemarus - Fotolia
Bildnachweis Inhalt: © Erwin Komarek
                    © Ellie Crystal
Druck: Best Preis Printing ug. & Co KG

## Wie alles begann

Es gibt eine Menge Beispiele in den Pseudepigraphen und Apokryphen, (Bücher die nicht in die Bibel aufgenommen wurden) in denen Menschen Kontakt zu Göttlichen Wesen, Wächter, Nephilim oder auch Ausserirdschen genannt, hatten. Im Konzil von Nicäa, wurde auf Geheiss des Kaisers Konstantin der Erste, eine Reihe von Texten aus der Bibel entfernt, weil Sie zu viele Information, (Geheimes Wissen) enthielt. In der Genesis Kapitel 6, wird von diesen Beobachtern erzählt. Eine Art Engel, die vom Himmel herabstiegen und Sex mit Menschenfrauen hatten.

Millionen von Menschen auf der ganzen Welt glauben, dass wir in der Vergangenheit von Ausserirdischen besucht worden sind. Was wenn es stimmt? Haben Ausserirdische unsere Geschichte beeinflusst? Und wenn ja, liegt der Beweis dafür in der Geschichte der Anunnaki verborgen? (Die vom Himmel zur Erde kamen)?

**Wer waren Sie?**
**Weshalb sind Sie gekommen?**
**Was haben Sie hinterlassen?**
**Wohin sind Sie gegangen?**
**Werden Sie wiederkommen?**

Dann lesen Sie weiter…

# GETÄUSCH, BELOGEN
## und
# IN DIE IRRE GEFÜHRT

# SCHACH
# MATT

## Was
## wir nie
## erfahren sollten

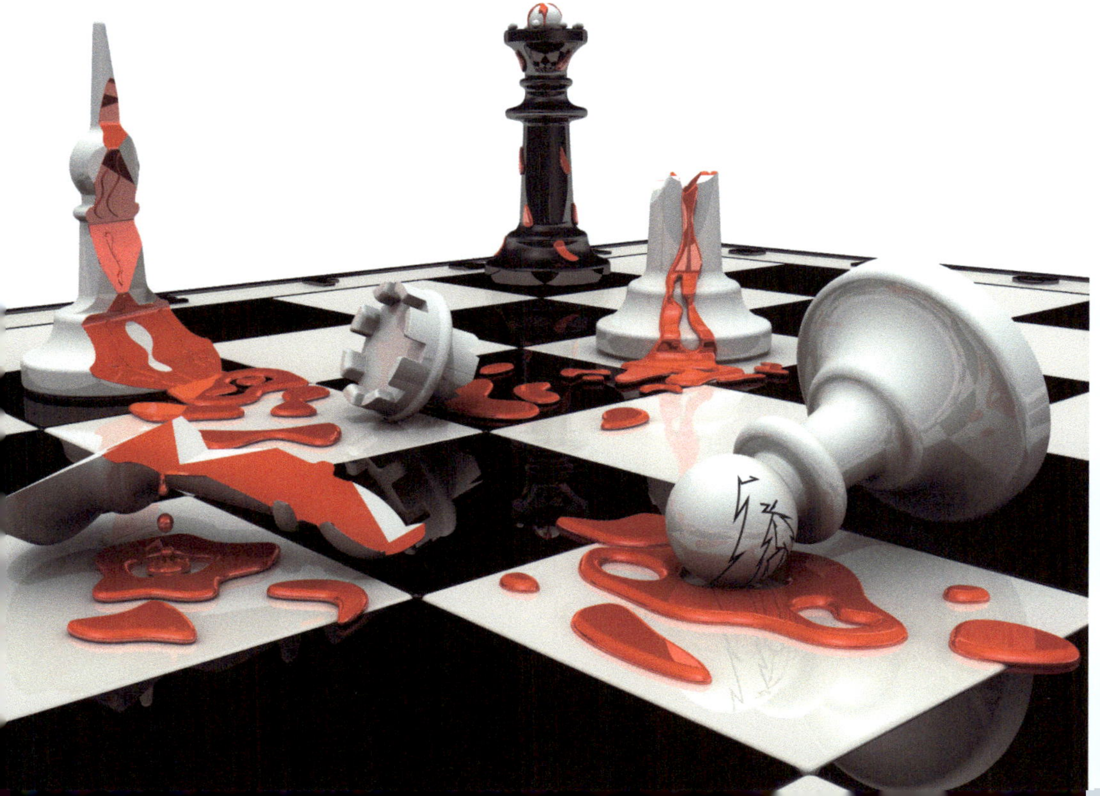

# Inhaltsverzeichnis

# Was wir Menschen nie erfahren sollten
### Quelle: fallwelt.de

Die Menschen dürfen niemals herausfinden, was wir einst getan haben, dass sie uns gleichgestellt sind. Wenn sie das tun, gibt es für uns kein Verstecken mehr. Wenn der Schleier gefallen ist, wird ersichtlich sein, wer wir einst waren. Die Taten haben deutlich gemacht, wer und was wir sind. Dies ist das geheime Abkommen für unsere gegenwärtigen und zukünftigen Leben. Diese Realität umfasst viele Generations- und Lebensspannen. Der Plan der gefallenen Engel reicht sogar noch weiter: Die Menschen dürfen nie und nimmer herausfinden, dass ein solch geheimes Abkommen existiert. Dass sie einst vom Himmel kamen. Es darf weder darüber geschrieben noch gesprochen werden. Sollte das geschehen, würde das Bewusstsein der Menschen, das sie hervorbrachte, die Wut des Schöpfers auf uns lenken und uns zurück in die Tiefe werfen, aus der wir einst kamen. Wir müssten dann bis in Unendlichkeit dort bleiben. Aber so weit wird es nicht kommen. Die Illusion wird so großartig sein, dass die Menschen nie erfahren werden, dass sie unsere Sklaven sind. Wenn alles seinen Platz hat, wird die Realität, die wir für sie gestaltet haben, sie besitzen. Sie werden in vollkommener Täuschung leben. Wenn wir das Ziel erreicht haben, wird ein neues Zeitalter für uns beginnen. Wir werden die Seelen an den falschen Glauben fesseln, einen Glauben, den wir vor sehr langer Zeit dem Menschen zum Untergang etabliert haben. Sie werden nie in ein höheres Reich aufsteigen. Wir werden sie betrügen und Gesetze akzeptieren lassen, die ihnen die letzte Freiheit rauben. Wir werden die Erwachenden der verschiedensten Verbrechen anklagen und der Welt ganz andere Geschichten über sie erzählen. Denn wir haben die Gewalt über die Medien.

Die Menschen werden nie unsterblich sein und sich mit uns vereinen. Sie werden weder das wahre Licht sehen noch die Sterne bereisen. Wir werden über jeden Bereich ihrer Sachkenntnisse stehen, weil wir die Geheimnisse des Absoluten kennen. Wir werden die Unsrigen immer an strengste Verschwiegenheit binden und unsere Abstammung rein halten. Tod wird denjenigen überkommen, der sprechen sollte. Wir werden die Kenntnisse in Naturwissenschaft und der Verfahrenstechnik auf so geschickte Weise anwenden, dass die Menschen nie erfahren, was vor sich geht. Wasser, Essen und Luft werden mit Weichmetallen, Alterungsbeschleuniger und Beruhigungsmitteln durchsetzt sein. Wir werden sie mit Giften bedecken, wohin sie schauen. Durch die Weichmetalle werden sie ihren Verstand verlieren. Und wir werden sie dazu bringen, weitere Heilmethoden zu erfinden, um sich noch mehr Gift zu verabreichen. Sie werden das Gift über die Haut und ihren Rachen aufnehmen. Damit zerstören wir ihre Psyche und ihr Fortpflanzungssystem. Wir werden das Gift in allen Produkten verstecken. Doch wir müssen geistreich in der Verarbeitung der Gifte sein. Sie werden die Produkte in der TV-Werbung sehen, aber nie herausfinden, was dahintersteckt. Wenn sie entbinden, werden wir mit Süßigkeiten auf ihre Kinder abzielen. Und wenn ihre Zähne verfaulen, werden wir sie mit Metallen ausstopfen, die ihren Geist vernichten und ihnen die Zukunft rauben. Sobald ihr Intellekt beeinträchtigt ist, werden wir weitere Arzneimittel kreieren, die sie noch kränker machen. Wir machen sie gefügig und schwach. Durch die Süßigkeiten werden sie Depressionen und Fettleibigkeit entwickeln. Wenn sie dann wieder zu uns kommen, werden wir ihnen noch mehr Toxine verabreichen. Wir werden ihre Aufmerksamkeit auf das Geld und auf materielle Güter konzentrieren, sodass sie sich nie mit dem Höchsten verbinden können.

Wir werden sie mit Äußerlichkeiten, Genüssen, Sinnlichkeit und Spiel verwirren. Ihre Seelen werden uns gehören. Dafür setzen wir auch die Angst als Waffe ein. Wir werden sie mit Bildern konfrontieren, die sie in Angst und Zorn versetzen. Durch Dogmen werden wir sie vom Ganzen trennen. Wir werden alle Aspekte ihres Lebens beherrschen. Wir werden ihnen erzählen, was und wie sie zu denken haben. Ihr Hass wird sie blind machen. Und sie können nie erkennen, dass wir als ihre Machthaber aus den Konflikten hervorgehen. Sie werden sich gegenseitig das Herz brechen. Wir werden von denjenigen profitieren, die uns nicht sehen wollen oder können. Durch ihr Blut und ihren Tod werden wir wachsen. Und sollte doch ein Licht unter ihnen scheinen, werden wir es mit Hohn, Gespött oder einem Todesfall auslöschen. Wir werden die göttliche Wahrheit verbergen, dass wir alle eins sind. Und wir werden so lange weitermachen, bis wir unser Ziel, den Besitz aller Seelen, erreicht haben.

## Die geistige Schöpfung
*Quelle: Beat Imhof*
*(Woher wir kommen, wohin wir gehen)*
*Erstauflage 2014/ISBN 978-3-89427-655-3/S. 31-36*

Als wir gegen Gottes Gesetze verstießen, haben wir unseren sündlosen Zustand im Paradies verloren. Wir sind nicht auf der Erde, um das Leben zu genießen, sondern um aufgrund unseres Karmas die eigene Schuld abzutragen. Darum ist es sehr bedauerlich, dass die wahre Ursache unseres Daseins (der Fall der Engel) von den Kirchen verschwiegen wird. Die Neigung zum Bösen gehört nicht zur Natur des Menschen. Wenn sich die Schöpfungskräfte wieder mit den Dualpaaren vereinten, gingen aus den himmlischen Ehen weitere Geistkinder hervor.

Die ersten drei Fürstenpaare, die ins Dasein gerufen wurden, bildeten die ersten Eheleute und Familien. Das erste Geschöpf war Luzifer. Eine erhabene Lichtgestalt, ausgestattet mit glänzenden Eigenschaften. Die ersten sechs Geister waren die Erzengel, auch Himmelsfürsten genannt. Sie galten als die „Sieben Söhne Gottes".

## Die ersten drei Stammesrassen
*Quelle: Elizabeth Clare Prophet*
*(Gefallene Engel unter uns)*
*Erstauflage 2012/ISBN 987-3-89845-374-5/S. 54-55*

Tausende, ja Hunderttausende von Jahren vor dem Fall Luzifers und dem darauffolgenden Fall der Wächter hatten sich die Kinder Gottes in verschiedenen Zivilisationen des „Goldenen Zeitalters" erfreut, einer langen Phase der Reinheit und Perfektion. Die frühesten irdischen Zivilisationen existierten in Afrika, Asien und Südamerika sowie in Gebieten, die nun unter den Weltmeeren und im Wüstensand begraben sind. Die „Goldenen Zeitalter" gingen den später auf Atlantis und Lemuria voraus. Laut Überlieferungen sollten sieben Seelengruppen auf der Erde inkarnieren, auch Wurzelrassen genannt. Eine Wurzelrasse ist eine Lebenswelle, eine Evolutionsstufe von Seelen, die zu einer bestimmten Zeit aus dem Herzen Gottes entspringen. Die Angehörigen jeder Wurzelrasse teilen ein einzigartiges Muster. Während der drei „Goldenen Zeitalter" vor dem Fall Adam und Evas lebten sie in Harmonie und im Einklang mit den Gesetzen Gottes. Sie verfügten über einen freien Willen, genau wie wir. Anders als wir setzten sie ihn jedoch nur ein, um den Willen Gottes zu erfüllen. Sie hatten spirituelle Lehrer, die ihnen viel Wissen über das Böse vermittelten und die sie vor den Konsequenzen warnten.

Sie verfielen niemals der rationalen Argumentation, dass man das Böse zuerst erleben müsse, um es zu verstehen. Folglich rückten sie nie vom Idealbewusstsein ab. Sie erlebten nie den sogenannten „Fall", den Bewusstseinsabsturz des Geistes hinab auf die Ebenen der Materie, des relativ Guten und des relativ Bösen. Da sie in Einheit und Harmonie mit der Natur lebten, waren ihre Körper weit weniger zur Materie verdichtet als unsere. Nach Vollendung ihrer Zyklen vereinten sie sich im Geiste wieder mit Gott, ohne je eine Sünde begangen zu haben.

## Zwei Engelstürze
*Quelle: Elizabeth Clare Prophet*
*(Gefallene Engel unter uns)*
*Erstauflage 2012/ISBN 987-3-89845-374-5/S. 46-47*

Der erste Sturz geschah aufgrund des Hochmuts durch den Aufstand Luzifers gegen die Autorität Gottes, wobei ihm eine große Schar Engel von niederen Rängen folgte. Später fand der zweite Sturz der Wächter statt, auch Nephilim, Anunnaki, göttliche Wesen oder „Außerirdische" genannt. Ursache war ihre zügellose Begierde nach den Menschentöchtern.

## Erster Sturz
*Quelle: Elizabeth Clare Prophet*
*(Gefallene Engel unter uns)*
*Erstauflage 2012/ISBN 987-3-89845-374-5/S. 51-53*

Es ist die Geschichte, in der Gott den Menschen nach seinem Ebenbild schuf. Er schickte Gesalbte aus und sprach: „Ich habe den Menschen nach meinem Bild geschaffen." Man kann sagen, dass Luzifer neidisch wurde, weil die Wesen der Schöpfung nicht ihn, sondern Gott verehrten.

Das war auch der Grund, warum er sich nicht vor dem Licht des Allerhöchsten verneigen wollte. So erhob sich ein Streit im Himmel. Michael und seine Engel stritten gegen Luzifer. Schließlich ward hinausgeworfen die alte Schlange die da heisst der Teufel und Satanas (Engel), die drohten die ganze Welt zu verführen. Sie und ihre Gefolgschaft wurden auf die Erde verbannt, was bedeutet, dass sie auf die körperliche Ebene geworfen wurden, um physische Körper anzunehmen. Danach waren auch sie dem Karma- und Reinkarnationsgesetz unterworfen. Doch Luzifer und seine Engel wollten nicht hinausgestossen werden. Sie wollten ihre Rebellion im Himmel weiterführen. Deshalb entstand eine Schlacht zwischen Erzengel Michael und den rebellierenden Engeln, um sie auf die irdische Ebene zu stoßen. So begann der Aufenthalt der Gefallenen auf Erden. Satan hieß ursprünglich der Stammvater und Ranghöchste der Satane: „Du warst vollkommen, voller Weisheit und wunderschön. Wie bist du gefallen, du glänzender Stern, Sohn der Morgenröte!" Die Satane begannen die Söhne Gottes zu verführen, ihre Gelübde zu brechen, gegen die Gesetze Gottes zu verstoßen und sich mit den Töchtern Gottes einzulassen. Wir sprechen vom Teufel (Satan), doch tatsächlich gibt es eine Gruppe von Gefallenen, die zusammen mit Luzifer und seinen Engeln aus dem Himmel verstoßen wurden. Satan ist der Ranghöchste der Satane. Kollektiv bezeichnen wir sie als „Satan" und seine „Saat". Zudem fand der Sündenfall im Paradies nicht auf der Erde, sondern auf der Jenseitsebene statt. Eine große Anzahl von Himmelsbewohnern verweigerte sich der göttlichen Ordnung. Sie wollten Christus als ihren König nicht anerkennen. Deshalb wurden sie aus dem Paradies, jener Aufstiegsstufe vertrieben, die für gefallene Geister vorgesehen war, die ihren Irrtum eingesehen haben.

# Der göttliche Rettungsplan
*Quelle: Beat Imhof*
*(Woher wir kommen, wohin wir gehen)*
*Erstauflage 2014/ISBN 978-3-89427-655-3/S. 457-460*

Hätten die aufgestiegenen Geistwesen die ihnen auferlegte Bewährungsprobe im jenseitigen Paradies stellvertretend für ihre gefallenen Geschwister bestanden, stünde ihnen der direkte Heimweg in den Himmel offen. Aber durch den zweiten Fall scheiterte der Versuch, die Gefallenen auf einem rein geistigen Weg, also ohne körperliche Einverleibung, heimzuführen. Nun gerieten die Gefallenen erneut unter die Herrschaft des Dunkels.

# Zweiter Sturz
## Der Fall und die Zerstörung der Wächter
## Nephilim, göttliche Wesen oder Außerirdische
*Quelle: Elizabeth Clare Prophet*
*(Gefallene Engel unter uns)*
*Erstauflage 2012/ISBN 987-3-89845-374-5/S. 32-33*

Das Problem begann, als die Engel und ihr Anführer Samjaza eine unstillbare Lust auf die Menschentöchter bekamen. Sie wollten mit diesen Frauen Kinder zeugen. Daher überredete Samjaza zweihundert Engel (Wächter), ihn auf seine Lustreise zu begleiten. Vereint in Prahlerei stiegen sie herab und nahmen sich Menschentöchter zur Frau. Sie brachten ihnen die Kunst der Hexer-, Zauber- und Wahrsagerei bei und verdrehten die Geheimnisse des Himmels. Die Frauen empfingen Kinder dieser Riesen und ihre Väter verschlangen Unmengen an Nahrungsmitteln. Der Riese Azazel lehrte die Menschen das Herstellen von Schwertern, Messern, Schilden und Brustpanzern.

Krieg ist keine von Menschen erfundene Idee oder eine gottgesandte Strafe, sondern die Rache eines Engels.

Als sich die Menschen gegen die Taten der Riesen wehrten, wurde ihr Hilferuf im Himmel erhört. Michael, Gabriel, Raphael, Surjal und Uriel legten im Interesse der Erdbevölkerung vor dem Allerhöchsten Beschwerde ein. Danach wurde Gabriel entsandt, um die Kinder der Riesen zu vernichten. Parallel dazu wurde Michael ermächtigt, Samjaza und seine Nachkommen für siebzig Generationen unter die Erde zu verbannen. Am Ende schickte Gott die Sintflut, um die Riesen auszumerzen.

Nach dem Untergang von Atlantis kehrten die Wächter, Nephilim, Anunnaki, göttliche Wesen oder Außerirdischen in nachfolgender Generation nochmals zurück (**siehe Kapitel: Die Rückkehr der Nephilim**).

## LEMURIA (PARADIES)
**Machthaber Zeus mit Gott Poseidon**
**Poseidon ist Luzifer mit seiner Saat, den Satanen**
*Quelle: energie-der-sterne.de*

Die Bewohner Lemurias waren energetisch hoch entwickelt. Sie lebten in vollem Bewusstsein und im Einklang mit der Natur. Ihr Körper war transparent und bestand aus einer zwölfsträngigen DNS. Sie verständigten sich vorwiegend telepathisch und wurden von den Sirianern stark beeinflusst.

Die Sirianer waren eng mit der Galaktischen Föderation des Lichts verbunden. Sie waren die erste Landesgruppe, die bewusst die Hüterschaft der Erde wahrnahm. Die Hyperboreer, die vor den Lemurianern existierten, hatten eine halb-ätherische Form. Dafür erschufen die Lemurianer die erste Zivilisation, deren Erscheinung ins Physische trat. Die Hyperboreer waren das zweite Menschengeschlecht, während die Lemurianer die dritte Rasse bildeten. Lemuria lag zwischen den Welten. Ähnlich wie Avalon hinter dem Nebelschleier von Glastonbury lag, existierte Lemuria in einem Parallelraum zum physischen Land Mu. Lemuria befand sich in einem anderen Raum als die Erde. Im Normalraum lag am selben Ort Mu. Auf der Erde lief die Zeit synchron. Die Bewohner von Mu waren sichtlich erstaunt, wenn fremde Wesen vor ihnen auftauchten. Sie vergötterten die Lemurianer. Ihnen zu Ehren errichteten sie große Skulpturen. Mu wusste nichts über Lemuria und Lemuria wusste nichts über Mu. Heute ist im Parallelraum zu Lemuria, wo einst Mu lag, Hawaii zu finden. Auf Hawaii findet man noch heute eine starke Energie vor. Laut Michael befindet sich das sechste Erd-Chakra auf Hawaii. Es steht für Vision, Weisheit, Erkenntnis und Vertrauen. Die Lemurianer lachten gerne und viel. Sie waren weise und mitfühlend und schauten sich während des Gesprächs immer tief in die Augen. Meist blieben sie ein Leben lang zusammen. Die Sexualität wurde erst ab dem 21. Lebensjahr gelebt. Kinder und Delfine lagen ihnen besonders am Herzen. Außerdem konnten sie am Meer durch die Freiheit ihres Geistes in unendliche Räume vordringen. Sie waren in ständigem Kontakt mit der Natur. Überdies lebten sie mit Zwergen, Elfen und Feen zusammen. An der Sonnenwende wurden stets Feste abgehalten. Essen war für sie ein Hochgenuss. Sie haben aber nicht der Lust wegen gegessen, sondern um Energie aufzunehmen.

Ihr Hauptgetreide war Dinkel und die wichtigste Gemüsesorte Knoblauch. Der Fenchel war drei- bis viermal größer als eine Melone. Aprikosen standen an erster Stelle. Auf Geschirr und Töpfen wurden Symbole angebracht, die zur Verbesserung des Essens beitragen sollten. Die meisten von ihnen waren aurasichtig. Die Lilie stand für Transparenz und war die Blume der Elfen. Gesät wurde immer in Magnetrichtung. Man brachte Kristalle an Beeten an, um das Wachstum zu verbessern. Auch die Mondphasen spielten bei ihnen eine große Rolle und Hanf war ihre Universalpflanze. Sie wurde jedoch nicht als Droge verwendet. Bewusstseinserweiterung erreichte man auf andere Weise. Die Bewohner waren schön und anmutig. Ihre Haut war hell bis dunkel, teilweise wettergegerbt. Sie konnten Materie bewegen und das Wetter beeinflussen. Sie standen im Einklang mit der Natur. Sie atmeten stets bewusst und tief, auch vor dem sexuellen Akt. Ihr Wesen war humorvoll und erfrischend. Sie zeichneten sich durch ihre Neugier und den Schalk aus. Überlieferungen zufolge wurden sie 180 bis 250 Jahre alt. Und wenn die Zeit kam zu gehen, spürten sie es. Geburt und Tod waren für sie natürliche Vorgänge. Danach wurden ihre Körper verbrannt und die Asche ins Meer gestreut. Auf Lemuria befanden sich die Kristallstädte. Sie bestanden aus Obsidian und Kristallen. Die Gebäude waren genauso hoch wie in New York. In den Städten fanden sich 33 Säulen aus Obsidian und in einer Stadt befand sich der Akshah-Kristall in Form eines Oktaeders. Er schwang in den Zahlen 5, 8 und 23 und stellte die Harmonie zu Gott und den Menschen dar. Die Kristalle wurden als Informationsträger genutzt. Die Informationen wurden in Wellen wie für Radio- oder Fernsehempfänger gesendet. Jedes Dorf besaß einen Kristall, mit dem man Informationen sendete und Bilder in die Luft projizierte.

Die Lemurianer waren Heiler, Astrologen, Seher, Kosmologen sowie mond-, planeten-, und ritualkundig. Neptun lenkte die Aufmerksamkeit auf sie und Saturn mit seinen 23 Monden war ihr Meisterplanet. Er stand für Kraft und Weisheit. Merkur symbolisierte Ausdruck, Musik und Gesang. Die Venus stand für Herzensliebe. Hingegen repräsentierte der Mars Tat- und Sexualkraft sowie Fruchtbarkeit und Gottesliebe. Jupiter stellte die Ekstase, Fülle und Kreativität dar. Uranus verband man mit Visionen und Klarheit im Geist und Neptun mit Geburt und Tod. Pluto repräsentierte Magie und geheimes Wissen. Einigen Planeten wurden auch Charaktere zugeordnet: Saturn der Weise, Neptun der Träumer, Uranus der Visionär und Pluto der Magier. Noch heute wird dieses Prinzip in der Astrologie angewendet. Der Mond war die Hebamme und zuständig für alles, was hervorkam. Die Mondphase war die Zeit des Heilens. Viele Lemurianer entschieden sich, in der Vollmondphase zu sterben, weil der Tod für sie auch Heilung bedeutete. Die wichtigsten Tagesphasen waren aber die Morgen- und die Abenddämmerung. Sie wurden als magische Stunden angesehen. In Lemuria wurde telepathisch kommuniziert. Der Lemurianer schloss seine Information in ein Gedankengebilde ein und schickte es ab. Während des telepathischen Vorgangs stieß er Laute aus, die eine Begleitung zum Körper bildeten. Die Laute wurden mit großem Körpereinsatz kommuniziert. Ihre Schrift bestand aus Symbolen. Als Schutz vor einer Löschung der Informationen wurden Kopien der Kristalle angefertigt. Die Informationen wurden als Bild- oder Gedankenpakete geschnürt, versiegelt und aus dem dritten Auge an einen Kristall gesendet. Die Versiegelung geschah über einen Code. Um die Information abzurufen, musste zuerst der Code visualisiert werden. Die Symbole waren spiralförmig. Mit Symbolen konnten auch Speisen und Getränke aufgewertet werden. Ihr Zahlensystem beruhte auf dem 12er-Prinzip.

Die Bewohner heilten mit Kristallen, Homöopathie, Ritualen, Mandalas und Heilpyramiden. Eines Tages begann Lemuria Tochterkolonien zu gründen. Eine dieser Kolonien war Atlantis. Doch Poseidon wurde immer machthungriger und wollte der alleinige Herrscher über Atlantis werden. Es entstand ein Kampf zwischen Poseidon und Zeus. In der Mitte von Atlantis erhob sich ein Obelisk, in dem sich der Poseidon-Kristall befand. Er sendete in der Frequenz von 60 Hertz. Mit diesem Kristall begann Poseidon die Schwingung von Lemuria zu stören. Die anwachsende Verbitterung beider Rassen führte schließlich zu einem atomaren Krieg auf Maldek, der einst ein Planet unseres Sonnensystems war. Dabei kam es auch auf dem Mars zu vulkanischen Eruptionen. Die dortige Zivilisation wurde weitgehend ausgelöscht. Die wenigen Überlebenden flüchteten auf die künstlichen Satelliten Phobos und Deimos. Lemuria existiert noch immer in einer Parallelwelt zur irdischen Welt. Seine Zeit verläuft aber anders als bei uns. Auch die materielle Dichte und die Schwingung sind dort anders. Lemuria wird von Uriel bewacht. Länder, die zu Lemuria gehörten (das nun auf dem Grund des Pazifischen Ozeans liegt), sind Hawaii, die Oster- und die Fidschi-Inseln, Australien, New Zealand sowie zahlreiche Inseln Polynesiens. Ebenso zählten dazu Länder im Indischen Ozean und Madagaskar. Nahezu alle Inseln im Pazifischen Ozean sind ehemalige Bergspitzen Lemurias. Beim Gewaltakt auf Maldek starben ungefähr 300.000.000 Lemurianer. Der Rest, ungefähr 25.000, konnte sich retten. Sie zogen sich ins Erdinnere zurück und gründeten die Stadt Telos. Die unsichtbare Stadt existierte in einer anderen Dimension.

# Der Fall des Menschen auf LEMURIA

*Quelle: Elizabeth Clare Prophet*
*(Gefallene Engel unter uns)*
*Erstauflage 2012/ISBN 987-3-89845-374-5/S. 55-59*

Während der vierten Wurzelrasse fand unter dem Einfluss der gefallenen Engel (Satanen) und ihrem Anführer (Gott Poseidon, Luzifer) der allegorische Fall des Menschen statt. Die Menschen erlagen den Versuchungen und Lügen der Gefallenen, die beschlossen, direkte Erfahrung mit dem Energieschleier zu machen. So aßen sie von der verbotenen Frucht vom Baum der Erkenntnis (der Erkenntnis von Gut und Böse). Wer glaubt, dass der Sündenfall etwas mit Sexualität zu tun hat, liegt falsch! Mit der verbotenen Frucht war die Reinheit im Geist gemeint. Die Bewohner wollten nicht wahrhaben, dass ihre Fähigkeit, zwischen dem absolut Guten und dem relativ Guten (und Bösen) zu unterscheiden, verloren gehen konnte, sobald ihr reines Bewusstsein die unreine Substanz aufgenommen hatte. Mit dieser Frucht ist die unendliche und unsterbliche Schöpfungskraft des Lebens gemeint. Diese Entscheidung markierte die Abkehr von ihrer Reinheit, den Verlust ihrer Unschuld und den Abstieg in die Dualität. Diese Erkenntnis senkte das Bewusstsein des Menschen von der Ebene der Einheit mit Gott und von der ätherischen Ebene auf die physische Ebene herab. Jene, die dem Einfluss der Gefallenen erlagen, wurden der Sterblichkeit unterworfen. Als ihr Bezugspunkt dual und endlich wurde, waren sie nicht mehr vom Tod gefeit, denn der Tod ist die Folge der Endlichkeit. Genau wie Luzifer damals wurden auch Adam und Eva (symbolisch für Mann und Frau) vom beständigen Dialog mit Gott aus dem himmlischen Paradies ausgestoßen und der Sterblichkeit unterworfen.

# ATLANTIS
**Die Ankunft der Nachzügler**
**Nephilim, Wächter, göttliche Wesen, Außerirdische**
*Quelle: Elizabeth Clare Prophet*
*(Gefallene Engel unter uns)*
*Erstauflage 2012/ISBN 987-389845-374-5/S. 60-62*

Als sich die Menschen der vierten Wurzelrasse Lemuriens auf die listigen Lügen der Luziferaner (mit Gott Poseidon) einließen, zerriss der Schleier ihrer Unschuld, der sie vorher wie eine Lichthülle umgeben hatte. Die Ersten, die fielen, waren die Hohepriester von Lemuria. Aufgrund ihrer Überlegenheit und ihrem spirituellen Hochmut dem einfachen Volk gegenüber hatten sie die Seiten gewechselt. Ab dem Augenblick, da die Hohepriester sich von der Rebellion der stolzen Engel mit ihrer Saat anstecken ließen, trieben sie finstere Keile in ihr Bewusstsein und trennten sie vom Licht. Durch diese Disharmonie riss der Schutzwall ein, der sie vorher umgeben hatte. Angst und Zweifel entstanden zwischen ihnen und unter den einfachen Menschen. Durch die Dualität wurde der Mensch angreifbar und der Planet verlor sein jungfräuliches Bewusstsein samt dem Schutz gegen das Böse. Da man nach dem Gesetz der Gleichart Ähnliches anzieht, wurde die Stufe, auf die das Bewusstsein des Menschen herabsank, zum Magneten für jedes interplanetarische Wesen, das auf derselben Stufe schwang. Daher kamen die Nachzügler, die von den Gefallenen auf anderen Planeten beeinflusst worden waren und die es nicht schafften, ihren göttlichen Plan auf dem Heimatplaneten fristgerecht zu erfüllen. Sie wurden Nachzügler genannt, weil sie in der spirituellen Entwicklung hinterherhinkten, egal wo sie inkarnierten. Die Überreste des Asteroidengürtels zwischen Mars und Jupiter erinnern uns noch heute daran.

So haben wir inmitten unseres Sonnensystems eine klare, physische Aufzeichnung über den Missbrauch des freien Willens. Als Strafe mussten zwei Drittel der Wesen jener Evolutionsform, die den Planet Maldek durch Krieg und Kernkraft zerstörten, etwas durchmachen, das als zweiter Tod bezeichnet wird: den Tod ihrer Seelen. Das restliche Drittel erhielt von den himmlischen Räten erneut die Erlaubnis, auf der Erde zu inkarnieren. Man hegte im Himmel die Hoffnung, dass diese Individuen ihr Karma abarbeiten und wieder auf dem Weg der Rechtschaffenheit wandeln würden. Denn auch sie hatten den paradiesischen Zustand gekannt, selbst wenn sie vom Weg abgekommen waren. Unter ihnen waren Humanisten, Philanthropen, Wissenschaftler, talentierte Künstler und Kunsthandwerker, die sich dem Krieg und der Disharmonie widersetzt hatten. Leider waren von den Nachzüglern nur sehr wenige bereit, den Weg des Lichts einzuschlagen, obwohl sie in vorangegangenen Zeitaltern sehr viel erreicht hatten. Auf Maldek und anderen Planeten hatten sie in früheren Inkarnationen die Kontrolle und Manipulation materieller Substanzen erlernt. Zu ihren Techniken gehörten die Atomspaltung, die Nutzung von Kernenergie, die Erschaffung verschiedenster Lebensformen im Reagenzglas sowie der Einsatz von Ultraschallwellen und Laserstrahlen. In der Luft- und Raumfahrt waren sie unserer Wissenschaft weit voraus. Sogar über die Manipulation der höchsten und niedrigsten Evolutionsformen wussten sie Bescheid. Den Rebellen gelang es, sich über Tausende von Jahren in ihrer Abstammungslinie fortzupflanzen. Sie waren dabei, als viele Zivilisationen aufstiegen und untergingen. Infolgedessen fielen viele Kinder des Lichts, die ihren einstigen Status wiedererlangen wollten, unter die Herrschaft dieser technisch fortschrittlichen Lebenswelle. Die Rebellen waren fest entschlossen, das Goldene Zeitalter umzukehren.

# GENMANIPULATION

*Quelle: Elizabeth Clare Prophet*
*(Gefallene Engel unter uns)*
*Erstauflage 2012/ISBN 987-389845-374-5/ S. 129-131*

Da ihre Schöpfung nicht vom Geist Gottes inspiriert war, sondern von ihrem Ego und ihrer Gier nach Kontrolle, erschufen die Wissenschaftler von Atlantis grässliche Geschöpfe, bei denen die Gene von tierischem und menschlichem Leben gekreuzt wurden. Die Kreaturen der Mythologie sind Zeugnisse dieser Experimente. Die Gefallenen stahlen den Lichtträgern ihr genetisches Material, um Gottes Schöpfung in Monster zu verwandeln. So entstanden Wesen mit dem Kopf und Rumpf von Menschen auf den Körpern von Pferden sowie der mythologische Satyr (Ziegenmensch) und andere Abarten, die so grotesk waren, dass man besser nicht darüber spricht. Einige Geschöpfe wiesen körperliche Deformationen wie Anhängsel mit Gefieder, Füße mit Schwimmhäuten und andere tierähnliche Merkmale auf. Bald entdeckten die Söhne Beliars auch die kybernetische Kontrolle des menschlichen Gehirns. Sie knackten den DNA-Code und konnten so die Genetik selbst gestalten. Eine solche Kontrolle würde zur Erschaffung von noch mehr DINGEN führen. Daher musste Gott die Produkte von den Experimenten der Nephilim vernichten. So wurde Atlantis durch Erdbeben und einer Flutwelle vernichtet.

# NIBIRU der zwölfte Planet

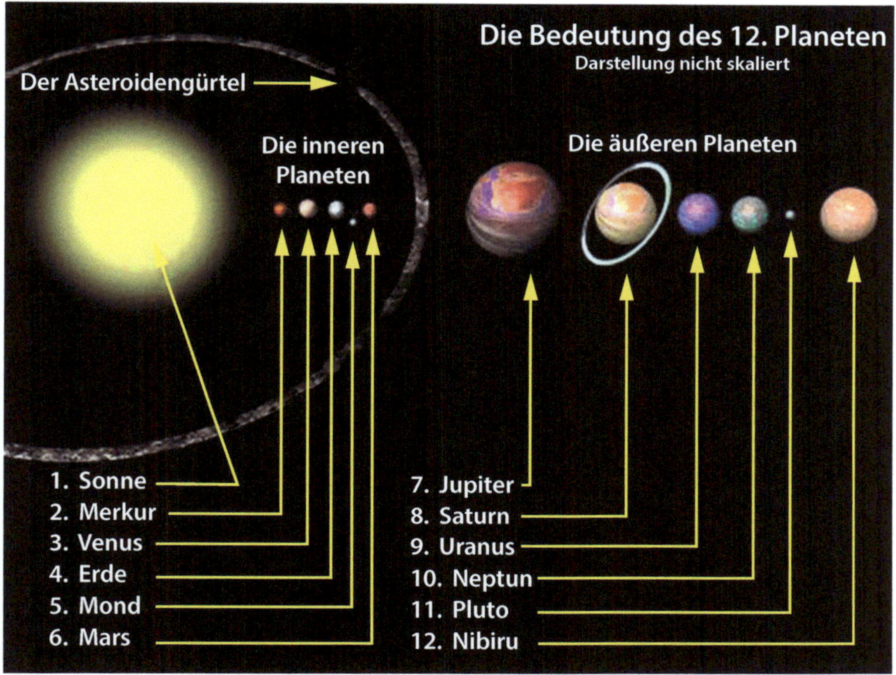


# Die Familiendynastie des Planeten NIBIRU

*Quelle: wissen.paoweb.org*

**ANU:** Oberhaupt der Familiendynastie und Herr von NIBIRU

**ANTU:** Frau von ANU

**ENLIL:** Sohn von ANU

**NINLIL:** Ehefrau von ENLIL

**ENKI:** Sohn von ANU

**NINHURSAG:** Tochter von ANU

**NINURTA:** Sohn von NINHURSAG & ENLIL

**GULA:** Frau von NINURTA

## Die Nachkommen von ENLIL
*(ehemals Gott Zeus und Herrscher über Lemuria; sein jüngerer Bruder war Gott Poseidon)*

| | |
|---|---|
| **NANNAR:** | Sohn von ENLIL |
| **NINGAL:** | Ehefrau von NANNAR |
| **UTU:** | Sohn von NANNAR & NINGAL |
| **AYA:** | Ehefrau von UTU |
| **INANNA:** | Tochter von NANNAR & NINGAL |
| **ERESKHIGAL:** | Tochter von NANNAR |

**ENLIL** = JHWH (althebräisch), Jahwe, Jachwe. Die Römer nannten Jupiter „Jove" (von Yoweh = Herr über die Erde) oder Erzengel Michael (Menschensohn).

## Die Nachkommen von ENKI
*(ehemals Luzifer und Gott Poseidon auf Lemuria; sein älterer Bruder war Gott Zeus)*

| | |
|---|---|
| **MARDUK:** | Ehefrau von SARPANIT und Sohn von MARDUK |
| **NEGRAL:** | Ehefrau von ERESKHIGAL und Tochter von NANNAR |
| **DUMUZI:** | Erste Ehefrau von INANNA |
| **NINGISHZIDDA:** | Vater von ENKI und Mutter von ERESKHIGAL |
| **GESHTINANNA:** | Tochter von ENKI |

**ENKI** (sumerisch), Prinz Ea (akkadiasch), Oannes (babylonisch), Poseidon (griechisch), Neptun (römisch), Ptah (ägyptisch), Fürst der Finsternis, gefallener Morgenstern, Luciferus, Helios, Phosphorus, die Schlange usw.

# Die Rückkehr der NEPHILIM

## Anunnaki, Wächter, göttliche Wesen, Außerirdische
### Quelle: fallwelt.de

Im Jahr 450.000 vor Christus kam es auf Nibiru zu gravierenden politischen Veränderungen, als das damalige Präsidentenpaar ermordet wurde. Zu dieser Zeit litt der Planet an extremen Umweltproblemen. Die fortgeschrittene Urbanisierung umfasste nahezu den gesamten Planeten. Das führte zur Zerstörung vieler natürlichen Ressourcen. Durch die Umweltverschmutzung wurde auch die Atmosphäre stark beschädigt und drohte sich zu zersetzen. Um der Luftverschmutzung vorzubeugen, entwickelte man ein Verfahren, um mit Gold die Atmosphäre zu reinigen. Zuerst wurde das Gold verdampft und man brachte nanometerkleine Goldpartikel auf poröses Trägermaterial an. So wurde giftiges Kohlenmonoxid in ungiftiges Kohlendioxid umgewandelt. Aber die Goldvorkommen Nibirus reichten bei Weitem nicht aus, um das Problem zu lösen. Die Lage wurde immer dramatischer. Da sich Nibiru im Perigäum nahe der Erde befand, wagte Alulu den Flug Richtung Erde. Das Raumschiff wurde bis an den Rand des Planetensystems verfolgt. Die Verfolger wagten es jedoch nicht, die gefährliche Grenze zwischen Saturn und Jupiter sowie den vielen Satelliten zu überschreiten. Also flogen sie wieder zurück und Alulu setzte den Flug in Richtung Erde fort.

## Alulu

Auf der Erde herrschte zu diesem Zeitpunkt Eiszeit. Ein Großteil der Oberfläche war unter einer kilometerdicken Gletscherschicht verborgen. Der Meeresspiegel lag erheblich tiefer als sonst.

Ein Landstrich des späteren Mesopotamiens war jedoch eisfrei und das Klima ausgesprochen mild. Dort setzten Alulus Leute zur Landung an und errichteten ihr Basislager. Er und seine Getreuen unternahmen zahlreiche Expeditionen ins Innere des ihnen unbekannten und für sie faszinierenden Landes. Dabei hatten sie möglicherweise den ersten Kontakt mit Frühmenschen, deren Entwicklung das Stadium des Homo erectus (aufrecht gehend) erreicht hatte. Da die Frühmenschen noch zu unterentwickelt waren, begriffen sie nicht, dass sie gerade den Erstkontakt mit einer fremden Spezies erlebten. Deshalb kamen ihnen die Nephilim wie übersinnliche und leuchtende Wesen vor. Alulu stellte fest, dass das Wasser der Erde goldhaltig war. Trotz des persönlichen Risikos entschied er, zum Heimatplaneten zurückzufliegen, um von den Goldvorkommen zu berichten. Inzwischen hatten sich die Wogen geglättet, sodass Alulu zwar verhaftet, aber trotzdem angehört wurde. Der Herrscher Anu beschloss, seinen Sohn Enki auf die Erde zu schicken, um die Goldvorkommen zu bestätigen, sie abzubauen und nach Nibiru zu bringen. Enki stammte von Anus Nebenfrau ab und war der erstgeborene Sohn, weshalb er in der Familiendynastie an der Spitze stand. Allerdings wollte Anu lieber seinen Sohn Enlil, den er mit seiner Frau Antu gezeugt hatte, als Nachfolger sehen. Außerdem war Anu der Meinung, dass Enki für sein politisches Amt nicht geeignet wäre. Sollte dieser die Erdmission nicht überleben, wäre er seinen erstgeborenen Sohn losgeworden. Also rüstete Enki ein Raumschiff mit Namen Anur (Himmelsbasis) und wagte die gefährliche Reise Richtung Erde, wo sein Schiff in den Orbit einschwenkte.

# Wer sind die ANUNNAKI?

**Nephilim, Wächter, göttliche Wesen, Außerirdische
(Die fünfzig, die vom Himmel auf die Erde kamen)**
*Quelle: solarisweb.at*

Die Nephilim sind eine humanoide (menschenähnliche) Rasse von Außerirdischen mit verschiedenem Aussehen. Zu ihnen zählen die Echsen, Reptiloiden, Agarther, Nordische und die Grauen von Zeta-Reticuli. Teilweise sind sie dem Menschen ähnlich oder fast gleich, aber mit schöneren und feineren Gesichtszügen. Ihr Haar ist blond bis schwarz, bei den Frauen auch kupferrot. Reinrassige Nephilim erreichten ein Alter von 3.000 bis 4.000 Jahren. Die Größe der Männer lag um die 2.20 bis 2.70 Meter, bei den Frauen um die 1.80 bis 2.10 Meter. Sie hatten einen Langschädel und waren sehr fortpflanzungs-freudig!

Sie kommen aus Aldebaran im Sternbild Stier, ungefähr 67 Lichtjahre von der Erde entfernt. Ihre Heimat ist der künstliche Planet Nibiru, ehemals Kampfstern der Galaktischen Föderation des Lichts (GFdL). Einige Anunnaki (Nephilim) brachen den Vertrag mit der Galaktischen Föderation. Die Nephilim erscheinen in irdischen Mythologien, Märchen und Sagen. Sie waren nicht nur in unserer germanischen Mythologie, sondern auch bei den Griechen, Indern, Chinesen, Arabern und Indianern bekannt. Dabei handelt es sich immer um übergroße und ultrastarke Urmenschen, die für Kampf und Gewalt stehen. Den Legenden zufolge, stammen die Nephilim von den Gottessöhnen und Menschentöchtern ab. Hier wurden

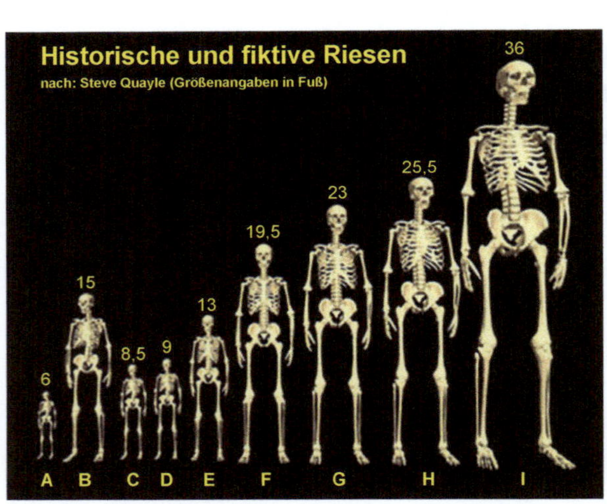



sie (Nephilim) – im Land Moab (Emiter) – im gelobten Land wo Milch und Honig fliesst die Söhne (Anaks) oder (Anunnaki) genannt. Da viele Riesen böse waren, wurden sie vernichtet **(siehe Kapitel: Die Genmanipulation)**. Die Riesen erreichten ein Alter zwischen 800 und 900 Jahren. Einige sind in der Überlieferung als Adam, Eva, Noah, Abraham, und unter anderen Namen bekannt. Sogar die meisten Methusalem Pharaonen waren Nephilim. Deshalb stellte man sie mit dem typisch langen Kopf und einem zusätzlichen Kinnbart dar, ebenso die Götter: Osiris, Isis, Thot, Prometheus (EN.KI) und Echnaton. Die ägyptische Sphinx zeigt den Nephilim-Riesen Tahuti und die Skulpturen auf der Osterinsel sind ebenfalls Nephilim-Riesen!

Alle Langschädel stellen Nephilim-Riesen dar oder Wesen, die mit ihnen verwandt sind. Enki bemannte ein Shuttle mit 50 Nephilim und flog nach Terra, wo sein Raumschiff im Orbit verblieb. Von da aus gingen sie auf ein Meer nieder, das man später Arabisches Meer nannte. Aus dieser Stand-by-Position heraus suchten sie das Wasser nach gefährlichen Tieren ab, aber es gab keine. Schon bald wagten sie es, ein Boot zu besteigen und an Land zu fahren.

Nachdem sie ihr Basislager errichtet hatten, begann eine intensive Phase der Arbeit. Dabei verblieben 300 Mannschaftsmitglieder (die Igigis, Beobachter) auf dem Mutterschiff und 600 Nephilim verweilten auf Terra. In der Nähe ihres Landeplatzes wurden weitere Lager errichtet. Das Klima dort war mild und es gab reichlich Wasser. An einigen Stellen drangen sogar Erdöl, Asphalt, Teer und Bitumen an die Oberfläche. Diese Rohstoffe nutzte man zur Energiegewinnung. Das Erdöl wurde auch zum Herstellen von Chemikalien sowie für Medizin verwendet und das Bitumen für den Straßenbau. Weil es in Mesopotamien keine Steine gab, nutzte man Ziegel als Baustoff.

## Eridu

Die erste Stadt, die am Rande des Sumpflands entstand, war Eridu. Auf einem künstlich aufgeschütteten Hügel baute Enki sein Haus. Neben dem Haus lag ein Quai, wo bald ein reger Schiffsverkehr vonstattenging. Dieses künstliche Netzwerk und die Kanäle wurden als Transportwege genutzt. In der Nähe vor Enkis Haus lag auch ein ausgedehntes Sumpfgebiet. Das war Enkis liebster Aufenthaltsort. Wenn er mit seinen Ruderern durch die Sümpfe fuhr, beobachtete er, wie diese sich im Gleichklang in die Riemen legten, und hörte zu, wie sie liebliche Lieder sangen. Dabei erfüllten Heilgesänge und Zaubersprüche die wässerigen Tiefen. Die Musik spielte bei ihnen eine große Rolle, weil man mithilfe der Töne eine weltweite Harmonie erzeugen konnte.

**Der Garten Edin**

Nahe Eridu gab es einen weiteren Landstrich, der Edin genannt wurde. In Edin wurden ausgedehnte Gartenanlagen errichtet, um die Nahrungsmittelversorgung zu gewährleisten. Die Gärten wurden durch ein raffiniertes Bewässerungssystem versorgt. Außerdem gab es zahlreiche Gewächs- und Forschungsanlagen, in denen man mit Saatgut experimentierte. Weiterhin wurden Mustergärten und große Felder für Freilandversuche angelegt. Jene Menschen, die aus den Frühmenschen hervorgegangen waren, konnten noch viel später die von den Nephilim eingeführten Nahrungsmittel verzerren, etwa Weizen, Gerste, Hirse, Roggen, Wein, Äpfel, Birne, Oliven, Feigen, Mandeln, Pistazien, Walnüsse, Aprikosen, Kirschen, Safran, Kümmel, Ysop, Myrre, Zwiebeln, Linsen, Bohnen, Gurken, Kohl und Kopfsalat. Darüber hinaus wurde noch Viehzucht betrieben. Die Tiere dienten jedoch nicht nur als Nutzvieh, sondern auch als Gen-Pool, wie beispielsweise bei der Arche Noah.

**Ausweitung des Siedlungsprojektes**

Mit der Zeit fanden auf Terra große klimatische Veränderungen statt. Es wurde wärmer und regnerischer. Die Eisdecke begann sich zurückzuziehen. Eridu verschwand und der Persische Golf entstand. Gleichzeitig wurde das Landesinnere besser zugänglich, wodurch die Besiedlung weiter ausgedehnt werden konnte.

Da die Goldgewinnung aus den Flüssen schwieriger wurde, beschloss man, ins Landesinnere vorzudringen, um nach weiteren Goldquellen zu suchen. Diese fand man in Südafrika. Hier konnte man das Gold durch den Bergabbau gewinnen. Also setzte Enki nach Südafrika über und organisierte die Ausbeutung des Landes durch Minen.

## Anu und Enlil auf Terra

Zur Errichtung der Bergarbeiterkolonien in Afrika musste man eine Unmenge an Arbeitern und Material von Nibiru anfordern. Anu hatte seine Zweifel, ob der Aufwand gerechtfertigt sei. Deshalb wollte er sich persönlich auf Terra umsehen. Um 416.000 v. Chr. und im nächsten Perigäum wurden weitere Raumschiffe mit Arbeitern angefordert. Als Anu auf Terra erschien, begleiteten ihn seine Frau Antu, sein Sohn Enlil und Tochter Ninhursag. Letztere war Medizin- und Gentechnikerin. Anus Kinder Enki, Enlil und Ninhursag stammten von drei Müttern ab. Sie waren Halbgeschwister. Das Erscheinen Enlils auf Terra brachte für Enki einige Probleme mit sich. Weil sich Enlil bei Anu während seiner Abwesenheit noch beliebter machen konnte, sah Enki sein Recht als Erstgeborener bedroht.

## Alulu wieder auf Terra

Da die Erdmission ein voller Erfolg war, wurde Alulu aus der Haft entlassen. Man rechnete es ihm an, dass er ein großes Risiko auf sich genommen hatte, als er nach Nibiru zurückkehrte. Es fand eine Versöhnung statt. Schließlich reiste Alulu erneut auf die Erde. Er wurde der erste Administrator von Eridu.

**Städte der Nephilim**

Währenddessen wurde die Erdmission immer weiter ausgedehnt. Die Nephilim nannten das von ihnen in Mesopotamien besiedelte Gebiet Kiengir: das Land des Herrn und der Raketen. Nach Eridu hatte man noch sieben weitere Städte gebaut:

### 1. Bad-Tibira: Industrie- und Metallverarbeitung
### Herrscher: Nannar-Sin

Das Gold verschiffte man von Afrika nach Bad-Tibira, wo es geschmolzen und veredelt wurde. Anschließend transportierte man das kostbare Gut zum Mutterschiff. In regelmäßigen Abständen eines Perigäums wurde das Gold nach Nibiru gebracht.

### 2. Larak: Einflugschneise
### Befehlshaber: Ninurta

In Larak wurden Signalfeuer entfacht, um den anfliegenden Raumschiffen den Weg zu weisen. Sie wurden später durch modernere Anlage ersetzt.

### 3. Sippar: Oberstes Gericht, Raumflughafen
### Befehlshaber: Utu

In Sippar befanden sich das Gericht und der Raumflughafen. Kurzstreckenflüge wurden mit dem „Windvogel" unternommen oder mit einem Helikopter, dem sogenannten „Wirbelwind". In Sippar wohnte und residierte Utu. Sein Name bedeutet „Strahlender".

An einem geschützten Ort des Tempels befand sich seine persönliche Raumrakete, ein dreiteiliger Apin. Utu war der Befehlshaber über den Landeplatz für Raumraketen, Shuttles und feurige Schiffe.

## 4. Schuruppak: Medizinisches Institut
### Leitung: Ninhursag

In Schuruppak wurden im Verlauf der Zeit verschiedene medizinische Institute errichtet.

## 5. Lagasch: Militär
### Befehlshaber: Ninurta später Ishtar

Der Militärstützpunkt befand sich in Lagasch, dem Wohnsitz Ninurtas. Im bewachten Innenhof stand sein persönliches Flugzeug: sein schneller kleiner Flieger, der „schwarze Windvogel". In Lagasch waren auch sieben „böse Winde" (Hubschrauber) stationiert. Ninurtas wichtigste Maschine war jedoch der leistungsfähige Abfangjäger, der die Elektronik von Schiffen stören und außer Kraft setzen konnte. Außerdem verfügte das Flugzeug über eine Laserwaffe und einen Transporterstrahl. (Könnten das eventuell die Waffen sein, die Tesla später erfand)?

## 6. Larsa: Ursprüngliches Kontrollzentrum und Hauptquartier
### Machthaber: Enlil

Im Jahr 415.000 v. Chr. wurde Larsa gegründet. Hier errichtete Enlil sein erstes Kontrollzentrum. Larsa heißt: Anblick des roten Lichts. Dort befanden sich Funktürme, um Shuttles, Flugzeuge und Hubschrauber mit rotem Licht zu warnen

## 7. Nippur: Endgültiges Kontrollzentrum und Hauptquartier
   Machthaber: Enlil

Später wurde das Kontrollzentrum von Larsa nach Nippur verlegt. Hier liefen alle Fäden zusammen. Von Nippur aus wurde die gesamte Erdmission kontrolliert. Das geschah durch ein Überwachungssystem, das im ganzen Land installiert war. Die Augenidole, die man in Mesopotamien fand, sind Nachbildungen dieser Geräte. Wahrscheinlich handelte es sich bei den ursprünglichen Augenidolen um Satelliten. Sie hatten erstaunliche Ähnlichkeit mit unserem Intelsat IV. Heute würde man die Augenidole als Global Eye bezeichnen. Der Kontakt zum Mutterschiff wurde über das Kontrollzentrum in Nippur aufrechterhalten. Von den Funktürmen aus konnte weiteres Material angefordert werden und in der Nacht wurde das gesamte Gebiet mit Suchscheinwerfern ausgeleuchtet. In Nippur gab es einen Laserstrahl, der weit ins Landesinnere eindrang. Das Kontrollzentrum war durch ein elektromagnetisches Feld gesichert. Da Nippur den Nabel der Erde bildete, wurden die jeweiligen Versammlungen im Haus von Enlil abgehalten. Das geografische Muster der sieben Städte diente zur Orientierung der einfliegenden Schiffe. Um die geregelte Fortführung der Erdmission zu gewährleisten, mussten die Positionen in Bergbau, Luftraum und auf dem Land besetzt werden. Anu übernahm die Lufthoheit. Schwierig wurde es bei der Vergabe der zwei anderen Posten. Anu wollte Enlil die Erdhoheit geben. Da die Erdhoheit die gesamte Erdmission einnehmen würde sah Enki nicht ein, warum sein Bruder sein Werk übernhemen soll. Enlil argumentierte, dass niemand besser für den Bergbau geeignet wäre als Enki. Um Enki den Bergbau schmackhaft zu machen, stellte Anu ihm ein Speziallabor in Aussicht. Da es zu keiner Einigung kam, wurde ein Losverfahren angewendet. Mit Zustimmung von Anu hat Enlil die Lose heimlich manipuliert.

Das Ergebnis entsprach also genau Anus Vorstellungen. Am Schluss bekam er die Lufthoheit, Enlil die Erdhoheit und Enki den Bergbau in Südafrika. Letzteren würde sein Labor so in Anspruch nehmen, dass man ihn nur noch selten zu Gesicht bekäme. Das war jedenfalls Anus Plan. Somit könnte Enlil getrost die Führung übernehmen und es wäre leichter, Enlil statt Enki zum Präsidenten in der Heimat zu wählen. Enki wurde als Thronfolger verdrängt und an einen fernen Ort versetzt.

## Raumfahrt

In Sippar befand sich der Raumflughafen der Nephilim. Dort waren die unterschiedlichsten Raketen und Shuttles stationiert.

## Apin

Die mehrteiligen Raumraketen hießen Apin oder Adler. Sie waren in Gruben geparkt und verfügten über ein computergesteuertes Navigationssystem, das es auch einem ungeübten Piloten ermöglichte, das Gefährt zu fliegen. Der Apin diente zum Flug auf das Mutterschiff. Nachdem sie Terra verlassen hatten, flogen sie nach Nordosten. Der Anflug der Schiffe wurde aus südöstlicher Richtung vorgenommen. Dazu dienten die Zikkurate als Navigationshilfen. Der Apin verfügte über eine Kommandokapsel an der Spitze und über ein längliches Mittelteil als Antriebssystem (alik-mahrati) am Ende des Gefährts.

## Gir-Mu-Ben-Ben

Der mittlere Teil des Flugzeugs hieß Gir und war nochmals in mehrere Stufen unterteilt. Die kegel- oder kugelförmige Kommandokapsel des Apin nannte man Mu. Möglicherweise sah Mu genauso aus wie ein Ben-Ben. Mit Ben-Ben war das konische Oberteil einer Himmelsbarke gemeint, also eines Mutterschiffs. Gelegentlich wurde der Apin auch als Vogel bezeichnet. Die frühen Menschen berichteten, dass der Vogel beim Aufstieg Blitze aussandte.

## Phönix

Der Phönix war der Prototyp eines speziellen Raumschiffs. Durch eine Feuerwalze konnte er unsichtbar werden und wieder erscheinen. Die Oberfläche war vermutlich mit Rezeptoren und Wiedergabegeräten besetzt. Erstere nahmen ein Hintergrundbild auf, um es dann an die Wiedergabegeräte der Vorderseite zu senden. Damit konnte das Raumschiff unsichtbar gemacht werden. Das Verschwinden und Wiederauftauchen wurde von einem feurigen Lichtschein begleitet.

## Shem und Jad

Für Langstreckenflüge benutzten die Nephilim ein Shuttle namens Schem. Dies war ein fliegendes Fahrzeug mit ovaler Spitze. Der Innenraum des Schem war stark begrenzt. Maximal zwei Personen hatten darin Platz. Gelegentlich wurde auch ein Jad benutzt. Dieser ist ähnlich wie ein Schem gebaut, aber mit pyramidischer Spitze.

## Piloten

Die Piloten wurden Apkallu genannt, also Vogel- oder Adlermenschen. Das Gebiet, in dem die Raumschiffe stationiert waren, unterlag höchsten Sicherheitskriterien. Zusätzlich zu der Sonarüberwachung und den Suchscheinwerfern patrouillierten Roboter, die Eindringlinge mit Blicken lähmen oder sogar töten konnten.

# Der Adam – ein Sklave, zum Gehorchen geschaffen
*Quelle: Zecharia Sitchin*
*(Die Hochtechnologie der Götter)*
*Auflage 2004/2006/ISBN 3-930219-62-X/S. 144-161*

Im Jahr 300.000 v. Chr. begannen die anunnakischen Arbeiterslaven in den Bergwerken zu meutern, weil ihnen die Arbeit zu schwer wurde. Die Meuterei artete in einen Aufstand aus. Enki, vormals Poseidon und Herrscher über Atlantis, suchte nach einer Lösung. Er kam auf die Idee, mithilfe von seiner Halbschwester Ninhursag eine Art intelligentes Arbeitstier zu erschaffen, um die Nephilim zu ersetzen. Dazu brauchte man Arbeiter ähnlich der Nephilim und mit Händen (also keine Pfoten wie bei Tieren). Sie sollten kleiner gebaut sein, aber robust genug für die harten Arbeiten unter Tage. Zugleich sollten sie dumm genug sein, um nicht aufzubegehren. Um dieses Arbeitstier zu erschaffen, bediente man sich des Klonens und der genetischen Manipulation. Gemeinsam mit Ninhursag machte sich Enki an die Arbeit. „Lasst uns Menschen nach unserem Abbild schaffen", so der Leitsatz. Zunächst ließ Enki einige Affenmenschen der Gattung Homo erectus einfangen und ein paar inhaftierte Nephilim ins Labor bringen.

Dann wurde ihnen genetisches Material entnommen, um ein Mischwesen zu kreieren, bei dem die Kraft und Beständigkeit des Affenmenschen mit der Intelligenz der Nephilim gekoppelt wurde. Das Wesen sollte intelligenter als der Frühmensch sein, aber unter den Nephilim stehen. Der biblische Adam war nicht der Genus Homo, sondern unser Vorfahre, der Homo sapiens („wissender Mensch"). Es ist der neuzeitliche Mensch, den die Nephilim erschaffen haben. Das Geschöpf, dessen Namen ihr kennt, EXISTIERT! Die Nephilim erschufen den Menschen nicht aus Nichts, sondern sie nahmen ein bereits vorhandenes Geschöpf und manipulierten es, indem sie ihre Gene einspeisten. Unsere Urform war das Erzeugnis der Evolution. Der Homo sapiens jedoch ist das Produkt der sogenannten Götter. Vor 300.000 Jahren nahmen die Nephilim den Affenmenschen und implantierten ihm ihre Gene. Sie mussten den Menschenaffen durch genetische Manipulation weiterentwickeln, um den Homo sapiens (den wissenden Menschen) zu erschaffen. Ohne die Nephilim wären wir in unserer Entwicklung um Millionen Jahre zurück! Alle Organismen enthalten in ihren Zellchromosomen die gleichen Erbfaktoren. Die Gene sitzen in den Chromosomen. In ihnen ist der Entwicklungsplan für die Differenzierung der Organe festgelegt. Wir dürfen annehmen, dass die Nephilim in der Naturwissenschaft mindestens genauso fortschrittlich waren wie wir heute und dass sie die Erbfaktoren kannten und sich auf künstliche Besamung, Klonen, Genverpflanzung und Zellenverschmelzung verstanden – und zwar nicht nur in der Retorte, sondern auch am lebenden Organismus. Jedenfalls fand man in alten Texten Hinweise darauf. Dazu gehören auch Berichte von Menschen mit zwei Köpfen, Zentauren sowie Pferde mit Hundskopf oder Fischschwanz.

Das gewöhnlich als „Seele" übersetzte hebräische Wort lautet „nephesch". Es ist der Geist, der ein Geschöpf belebt und wieder verlässt, wenn es stirbt. In der biblischen Schöpfungsgeschichte sind Geist, Seele und Blut ein und dasselbe. Um einen Sklaven zu erschaffen, brauchte man Blut, aber nicht normales Blut, sondern „göttliches Blut". Der Name des einfachen Arbeiters („Lulu") rührt daher, dass die künstliche Vereinigung von Ei und Sperma in alten Texten als Mischen bezeichnet wurde. Wir würden den Lulu heute Hybriden nennen. Aber mit dem Mischen war das Verfahren noch nicht vorbei. Das Ei wurde in eine Form gelegt, in der die Verbindung stattfinden sollte. Wie lange es darin lag, weiß man nicht. Jedenfalls sollte das

Ei danach in eine Gebärmutter eingepflanzt werden. Doch nicht etwa in die einer Spenderäffin, sondern in die einer Göttin (Nephilim). Enki verkündete den Nephilim, dass seine Frau Ninki sich freiwillig dafür anbiete. Das Drama zur Erschaffung zeichnete sich durch eine Spätgeburt aus. Aber die Befruchtung bewies die Gültigkeit des Verfahrens und wurde wiederholt. Vierzehn Geburtsgöttinnen wurden nun gleichzeitig geschwängert. Dabei wurde die Geschlechtsbestimmung bereits von Anfang an geregelt, um gleich viele Knaben und Mädchen hervorzubringen.

## Die Mutter namens Eva
*Quelle: Zecharia Sitchin*
*(Die Hochtechnologie der Götter)*
*Auflage 2004/2006/ISBN 3-930219-62-X/S. 163-179*

Schließlich hatte man dieses mühsame Verfahren satt. Es musste die Möglichkeit gefunden werden, mehr Menschen auf die Welt zu bringen, ohne die Hilfe einer weiblichen Anunnaki in Anspruch zu nehmen.

Das wurde mit einer zweiten genetischen Manipulation erreicht, die bewirkte, dass sich die Erdlinge selbst fortpflanzen konnten. Der Zeitunterschied ist bedeutsam. Die Menschen wurden nicht geschaffen, sondern geformt aufgebaut. Damit soll angedeutet werden, dass sie bereits existiert, aber einer konstruktiven Manipulation bedurften. Zuerst wurde der Lulu vervollkommnet, dann die befruchtete Eizelle einer Geburtsgöttin in zwei Gruppen eingeteilt und in eine Form gelegt. Nach der Einpflanzung entstanden jeweils sieben Knaben und Mädchen. Aber das waren Hybriden, die sich nicht fortpflanzen konnten. Wenn die Anzahl der genetischen Codes beider Geschlechter zu verschieden sind, kommt es zu keiner Zeugung. Da es den männlichen und weiblichen Arbeiter bereits gab, beruhte die Sterilität der Lulus nicht auf dem Fehlen eines X- oder Y-Chromosoms, sondern auf der immunologischen Abstoßung ihres Spermas. Schließlich entdeckten der Adam und die Eva ihre Sexualität, sie sind wissend geworden. Adam erkannte sein Weib und Eva gebar Kain. Doch die Menschheitsgeschichte beginnt nicht mit den Menschen selbst, sondern führt uns ca. 40 bis 50 Millionen Jahre zurück nach Afrika. Nachdem Kain Abel getötet hatte, schenkte Eva Adam einen Sohn namens Seth. Seths Nachfahren brachten großes Licht hervor, doch laut den Vergessenen Büchern von Eden (The Forgotten Books of Eden) sind einige von Seths Nachkommen die Kinder von Jared, den Kinder Kains, mit jeglicher Abscheulichkeit ihres Bewusstseins beraubt worden. Dank dem Buch Henoch wissen wir, dass diejenigen, die den Töchtern Kains lüstern nachstellten, in der Tat Engel waren, die in die materielle Welt hinabgestiegen sind. Mit Sicherheit waren sie aber Engel, egal ob sie abstürzten, die Töchter Kains verführten oder vom Himmel fielen.

Als Fazit lässt sich festhalten, dass sich die Gene der Gottessöhne mit denen der Gefallenen vermischten. Aber die Thora verbot den Juden die Mischehe. Sie wollte das Volk davor bewahren, seinen Samen des Lichts zu verwässern und ihn fortan denen zu schenken, die Böses im Schilde führen. Heute leben wir in einer Kain-Zivilisation, die mit allem verdorben ist, was Kain gesät hat: mit Ausschweifung, Materialismus und der Gefährdung des Samens des Lichts. Ich versichere euch, dass auf diesem Planeten Geschöpfe existieren, die nicht von Gott kommen. Viele haben sich mit den heimtückischen Kräften der Finsternis verbündet. Sie wollen den Menschen gezielt ihre Güter entreißen, Harmonien zerstören und Bruder gegen Bruder aufhetzen. Aber sie können nur auf der physischen Ebene agieren. Sie bündeln ihre Energien gegen das Licht und ihre Negativkräfte haben zur Abschlachtung vieler edler Seelen geführt. Das Tier in uns wurde immer stärker. Viele Bestandteile der DNA erfüllen nicht mehr ihren einstigen Zweck. Nur die DNS blieb noch von der ursprünglichen Mischung übrig. Die beiden unabhängigen, aber miteinander verbundenen Hirnhälften bezeugen unseren gemischten genetischen Ursprung.

## Die Geschichte des Menschen
*Quelle: Zecharia Sitchin*
*(Der zwölfte Planet)*
*Auflage 2003/ISBN 978-3-930219-58-2/S. 272-275*

In allen sumerischen Texten steht, dass der Mensch von den Göttern erschaffen wurde. Darwins Theorie schlug damals wie eine Bombe ein, weil daraus zu schließen war, dass alle Lebewesen inklusive des Menschen das Erzeugnis einer langen Entwicklung sein mussten. Der Mensch wurde nicht spontan erschaffen. Die Kirche reagierte ziemlich heftig darauf.

Aber als die wissenschaftlichen Tatsachen zum wahren Alter der Erde sowie zur Evolution, zur Genetik und zu anderen biologischen oder anthropologischen Zusammenhängen ans Licht kamen, verstummte die Kritik der Kirche. Das Lebewesen des Genus Homo ist das Erzeugnis der Evolution. Doch der Homo sapiens ist infolge eines plötzlichen umwälzenden Ereignisses entstanden. Er erschien unerklärlicherweise 300.000 Millionen Jahre zu früh.

*Quelle: transinformation.net*

Gelehrte und Theologen erkennen inzwischen an, dass die biblischen Geschichten über die Schöpfung von Adam und Eva, vom Garten Eden, von der Sintflut und vom Turm zu Babel auf Texten basieren, die ein Jahrtausend zuvor in Mesopotamien von den Sumerern niedergeschrieben wurden. Das Wort „Nephilim" findet man im ersten Buch Mose 6,4: göttliche Wesen männlichen Geschlechts. Im Hebräischen nennt man die Gottessöhne „bene-ha-elohim". Sie begehrten die Menschenfrauen und schwängerten sie. Ihre Nachkommenschaft waren die Riesen der Vorzeit.

**Es lässt sich also Folgendes festhalten:**

**Erstens** war der Aufstand Arbeitersklaven vor rund dreihunderttausend Jahren die Ursache für die Erschaffung des Lulus.

**Zweitens** fand die Erschaffung des Lulus im nördlichen Teil des Abzu oberhalb des Bergbaugebietes statt.

**Drittens** fällt das Erscheinen des Homo sapiens und des Neandertalers in einen Zeitraum vor rund 200.000 bis 50.000 Jahren, der durch die MT-DNS-Berechnung als Datum für Evas Erschaffung ermittelt worden war. Ihm folgte das Erscheinen des Homo sapiens sapiens, des modernen Menschen. Sicher ist, dass die Bibel das Erscheinen des Homo sapiens sapiens bestätigt. Sie erzählt, dass Seth, der dritte Sohn von Adam und Eva (Kain, Abel, Seth), einen Sohn namens Enos hatte, der von der Menschheit abstammte. Enos bedeutet „Mensch". Enos' Erstgeborener, durch den sich sein Stammbaum fortsetzte, war Kenan (Kainan = kleiner Kain). Dieser wird von den Gelehrten als Metallschmied gedeutet. Kainans Sohn war Mahalal-El, Lobpreisender Gottes. Ihm folgte Jered, der Herabgestiegene. Sein Sohn war Enochs Geweihter, der mit 365 Jahren von der Gottheit hinweggenommen wurde. Aber 300 Jahre früher hatte Enoch noch einen Sohn namens Methuselah. Methuselahs

Sohn wurde Lamech, der Gedemütigte, genannt. Ihm wurde ein Sohn geboren, den er Noah (Ruhe) nannte. Zur Zeit Noahs litt die Menschheit an großem Nahrungsmangel. Harte Arbeit führte zu nichts, weil die Erde verflucht war. Durch Inzucht der Gottessöhne mit den Menschentöchtern unterwarfen sich die Menschen der Degeneration. Der Geist der Götter erlitt enorme Einbußen. Auch die Hungersnot wirkte sich katastrophal auf die Menschen aus. Die Lebensbedingungen verschlechterten zunehmend. In der fünften Generation begannen sie zu entarten. Der Anblick der hungernden und entarteten Menschen führte zur erneuten Auseinandersetzung zwischen Enki und Enlil. Enki behauptete, dass er die Schuldigen gefangen und bestraft habe. Enlil war mit dieser Antwort jedoch nicht zufrieden und verlangte von Enki, die Ernährung des Volkes einzustellen.

Enlil warf einen Blick auf die Ereignisse zurück, die zur Erschaffung des primitiven Arbeiters geführt hatten. Dabei zählte er auf, wie oft Enki die Regeln gebrochen hatte. Aber es gäbe noch eine andere Möglichkeit, die Menschen zu vernichten: Eine tödliche Flut sei zu erwarten. Aber diese Flut müsse verheimlicht werden. So ward die Sintflut vorbereitet. Da Noah die genetische Reinheit alleine fortsetzen sollte, entschied Enki gegen den Willen Enlils und der Götterversammlung, Noah und seine Nachkommenschaft plus ein Tierpaar von jeder Art zu verschonen, um den Samen auf der Erde lebendig zu halten. Irgendwie gelang es Noah mit Anweisung von Enki, eine wasserdichte Arche zu bauen, ein Tierpaar jeder Art in eine „Gen-Pool-Bank" einzulagern und genug Vorräte an Bord zu schaffen. Als der Sturm einsetzte, flüchteten die Nephilim zu ihren Raumschiffen und verblieben im Orbit, bis der Wasserspiegel sank. Beim Umlauf um die Erde sahen die Nephilim dem Schauspiel der Vernichtung zu.

# Hundertfünfzig Tage stand das Wasser auf Erden

*Quelle: Zecharia Sitchin*
*(Der zwölfte Planet)*
*Auflage 2003/ISBN 978-3-930219-58-2/S. 313-335*

Im aufgewühlten Wasser schwamm ein Schiff mit Männern, Frauen, Kindern und anderen lebenden Geschöpfen. Als Enlil auf dem Schauplatz des Geschehens erschien, war ihm nicht nach Feiern zumute. Als er entdeckte, dass einige mit dem Leben davongekommen waren, wurde er wütend. Kein Mensch hatte diese Vernichtung überleben sollen! Ninurta wies sogleich anklagend auf Enki. Aber dieser hielt eine glänzende Verteidigungsrede: „Ich war es nicht, der das Geheimnis der Götter enthüllte. Ich ließ nur einen äußerst weisen Menschen erkennen, was das Geheimnis der Götter war.

Und wenn dieser wirklich so klug ist", so rät Enki seinem Bruder Enlil, „sollte man seine Fähigkeiten nicht missachten. Lasst uns über ihn beraten!" Enlil war abermals überlistet worden. Die Menschheit war gerettet und durfte sich weiter fortpflanzen. Um das Rätsel der Sintflut zu lösen: Aus den Schriften geht klar hervor, dass sie kein plötzliches Ereignis war, sondern den Höhepunkt einer langen Kette von Geschehnissen bildete. Epidemien, Seuchen und Dürren gingen der Wasserkatastrophe voraus. Nach mesopotamischer Quelle dauerte dies sieben Durchgänge lang. Das Phänomen konnte nur mit einer klimatischen Veränderung wie einer Eiszeit oder einer Interglazialperiode zusammenhängen. Die verminderte Niederschlagsmenge sowie das Sinken des Meeres- und Seespiegels und das Versiegen der unterirdischen Wasserquellen waren immer Zeichen einer nahenden Eiszeit. Da die Sintflut der Eiszeit ein Ende setzte, kommt hier nur die Glaziale, die Nacheiszeit, infrage. Wenn die halbe Eisdecke der heutigen Arktis, die eine durchschnittliche Dicke von anderthalb Kilometern hat, in die südlichen Meere stürzen würde, dann würde der Meeresspiegel um etwa zwanzig Meter steigen und Küstenstädte sowie Tiefländer überfluten. Fasst man die Texte zusammen, so erscheint die Aussage gerechtfertigt, dass die Sintflut kam, weil in der Arktis Milliarden Tonnen Eis in die Gewässer glitten und eine letzte Eiszeit bewirkten. Das Geschehen löste eine ungeheure Springflut aus. Die in der Arktis beginnende Springflut breitete sich zuerst nordwärts zum Atlantischen Ozean aus, danach zum Stillen Ozean und zuletzt zum Indischen Ozean. Durch diesen Klimawechsel mussten heftige Stürme und Regengüsse entstanden sein. Die Stürme, der verdunkelte Himmel und erste Flutwellen kündigten die Wassermassen an. Tatsächlich würden solche Stürme und Wassermengen auch heute noch den Indischen Ozean und Mesopotamien erreichen, nachdem sie Arabiens Berge und die Ebenen des Euphrats und der Tigris überflutet hätten.

In mesopotamischen Texten besteht eine Beziehung zwischen der Sintflut und den klimatischen Veränderungen bei sieben Durchgängen, wobei hiermit zweifellos die Durchgänge des Planeten Nibiru gemeint sind. Die mesopotamischen und biblischen Texte beschreiben, wie die Erde bebte, als der Himmelsherr vorbeizog. Ist es möglich, dass die Nephilim erkannten, dass der Planet Nibiru die Katastrophe auslösen würde? Alte Texte beweisen, dass es so war. So war Noahs Familie auserwählt, die drohende Flut zu überleben, damit die unvermischte neue Art beginnen konnte. Die drei Söhne von Noah, die aus der Arche traten, waren: Sem, Ham und Japhet. Mit ihnen wurde die Erde neu bevölkert.

# Eine mechanische Schöpfung

*Quelle: Elizabeth Clare Prophet*
*(Gefallene Engel unter uns)*
*Erstauflage 2012/ISBN 987-3-89845-374-5/S. 67-70*

Von den Meistern haben wir eine Lehre geschenkt bekommen, um zu verstehen, was in der kosmischen Geschichte vorfiel. Es geht um die Gefallenen und den mechanisierten Menschen. Da unser Planet kein Garten Eden, sondern nur noch ein Planet mit Kompromissen ist, sind viele von der Wahrheit abgefallen. Sie haben sich vom falschen Glauben leiten lassen und sind überzeugt, dass es sich beim Kampf von Gut gegen Böse und bei der Verführung der Söhne und Töchter Gottes nur um Mythen handelt. Viele Szenarien, die Johannes im Buch der Offenbarung vor Tausenden von Jahren geschrieben hat, sind bereits eingetroffen. Wenn wir inkarnieren, fällt ein Schleier über uns, der uns unsere Erinnerungen vergessen lässt. Die Gefallenen haben uns stets dazu ermahnt, vom Baum der Erkenntnis zu essen.

Doch als wir ihrer Lüge erlagen, verließen wir den Garten Eden, also den Ort des höheren Bewusstseins, und drangen in die grauen Bereiche des relativ Guten und des relativ Bösen ein, bis unser Licht durch Arroganz, Ehrgeiz und Ego-Bewusstsein fast ausgelöscht wurde. Davor lebten wir in der Reinheit unseres Seelenbewusstseins. Leider waren unsere Seelen für die List der Schlange empfänglich. Seit dem Fall haben wir ein unwirkliches Selbst geschaffen. Die Seelen sind nun wie in Käfigen eingeschlossen. Viele Engel des Lichts waren bereit zu inkarnieren, um das Böse mit dem Guten aufzuwiegen. Viele, die dem Licht dienen und die Liebe Gottes in sich tragen, verweilen derzeit auf Erden. Sie wollen die Menschen wieder auf die höheren Pfade des Bewusstseins führen. Doch die meisten

– sei es, dass wir ursprünglich Söhne oder Töchter Gottes, Engel oder Lichtwesen von anderen Planeten waren – haben den Sündenfall und den Lebenszweck hier vergessen. Wir haben uns im Fallstrick der Finsternis verfangen. Natürlich sind nicht alle Menschen als Gefallene zu identifizieren. Wir können aber mit Gewissheit annehmen, dass bestimmte Personen von den gezeugten Söhnen und Töchtern der Nephilim oder von den Wächtern kontrolliert worden sind, wie im Fall Adolf Hitlers und seiner Stabsleute. Sicher ist, dass hinter diesen Manipulationen und kaltblütigen Morden stets Menschen mit blutrünstigen Plänen stehen, die anders sind. Es gibt auch solche, die sich als Wohltäter ausgeben, um sich einen guten Ruf zu verdienen. Dann wird es schwierig herauszufinden, ob sie die Saat des Lichts oder die Saat der Finsternis in sich tragen. Leider konnten die Kinder des Lichts diesen Unterschied nicht immer erkennen. Jesus hat uns erklärt, dass der Weizen die Kinder des Lichts und die Spreu die Saat des Bösen verkörpert. Irgendwie ist diese wichtige Botschaft nie zu uns durchgedrungen.

So konnte die Spreu weiter wachsen und wir werden erst am Tag des Gerichts erfahren, wer in der Quelle des Lichtes lebt. Der Urknall war nicht der Anfang der Schöpfung, sondern die materielle Folge des gewaltigsten und erschütterndsten Vorgangs im Jenseits.

## Die Manipulationen der Gefallenen
*Quelle: Elizabeth Clare Prophet*
*(Gefallene Engel unter uns)*
*Erstauflage 2012/ISBN 987-3-89845-374-5/S. 71-92*

Bis zum heutigen Tag leben die Gefallenen unter uns. Sie bekleiden hohe Positionen in Medien, Wirtschaft, Bildung, Kirche und Staat. Sie verkörpern das spirituell Böse und stehen an vorderster Front wissenschaftlicher Manipulation. Die Kirchenväter haben uns vom Wissen über Wiedergeburt und Engeln in Fleisch und Blut abgeschnitten. Es ist Zeit zu begreifen, dass vieles in unserer Welt Werke von Gefallenen sind, die uns mit ihrem materiellen Schein blenden wollen. Das ist der Grund, weshalb wir inkarnieren müssen. Sie können unser Bewusstsein anzapfen. Gott schenkte den Engeln enorme Gefühle. So verfügen die Vertreter des Lichts wie auch die Engel, die herabgestiegen sind, über dieselbe Ausstrahlung. Wie die Engel des Lichts ihre Emotionen auf kraftvolle Weise vermitteln können, verfügen auch die Gefallenen über diese Emotionen. Daher ist schwer erkennbar, ob jemand ein Engel des Lichts oder der Finsternis ist. Die Saat des Bösen will Gottes Nachkommen zerstören. Deshalb versucht die Pharma-, Alkohol- und Nahrungsmittelindustrie uns mit ihren schädlichen Substanzen zu vernichten **(siehe Kapitel: Was wir nie erfahren sollten)**. Sie haben sich zu Gruppen zusammengerauft (Mafia-Familien, Drogenkartellen und Banden).

Sie inkarnieren meist als Gruppe, weil sie in der Vergangenheit ihre Verbrechen gemeinsam begangen haben. Das ist das sogenannte Gruppen-Karma. Wenn Personen es nicht schaffen, sich vom Gruppenzwang zu lösen, müssen sie immer wieder inkarnieren. Somit besitzen sie ein machtvolles Potenzial. Geld interessiert sie nicht, denn sie kontrollieren bereits das Geld der Welt. Die Machthaber sind Banker, Wirtschaftsbosse, Politiker, Regierungschefs und noch viele andere. Sie wollen die Weltherrschaft. Profit, Gier, Geld und der Drang nach Macht treiben die westlichen Nationen an, um Kriegsgerät (Angriffs- und Verteidigungswaffen) an die Welt zu liefern. Die niederen Energien sollen uns den geistigen Aufstieg verwehren. Und nicht zu vergessen die Großkonzerne (Alkohol-, Tabak-, Werbe-, Film- und Pornoindustrie sowie Radio, TV, Internet, Magazine, Zeitungen und Bücher), die uns einen Lebensstil suggerieren, bei dem es nur um Materialismus und Sinnlichkeit geht. Bei Terroranschlägen verspricht man den Extremisten, dass sie ewigen Lohn erhalten, wenn sie im Namen Gottes töten. Die Selbstmordattentäter suchen ihre Unsterblichkeit nicht in der Entwicklung des Geistes, sondern im Tod. Wenn man die Zehn Gebote kennt, wäre das ein Verstoß gegen das Gesetz: „Du sollst nicht töten."

## Die Revolution der 60er
*Quelle: Elizabeth Clare Prophet*
*(Gefallene Engel unter uns)*
*Erstauflage 2012/ISBN 987-3-89845-374-5/S. 139*

Viele Anführer, die nach dem Untergang von Atlantis nicht mehr inkarnierten, bekamen eine letzte Chance, um das Gesetz der Vergebung in Anspruch zu nehmen, damit ihnen Sünden und Schuld erlassen werden **(siehe das Kapitel: Die Ankunft der Nachzügler (ATLANTER))**. Den meisten gelang es jedoch nicht, die falschen Volksführer infrage zu stellen. Geschickt versuchten diese Kräfte, den mechanisierten Menschen als Trend- und Jetsetter zu benutzen. Jegliche Drogen (Marihuana, Kokain, Heroin, Pharmazeutika, Nikotin und Alkohol) sind auf die Gefallenen zurückzuführen. Die Drogen wurden durch den Wissenschaftsfortschritt Luzifers auf Lemuria und Atlantis erschaffen. Ihre Ziele sind vielschichtig. Mit ihrer Hilfe können sie den Lichtträgern ihr Licht stehlen und sie nach unten ins finstere Tal locken. Ist ein Kind aktiver, erhält es Ritalin zur Ruhigstellung. Ungefähr 60 % von zwei Millionen Grundschülern in den Vereinigten Staaten werden aufgrund eines Aufmerksamkeitsdefizit-Syndroms (ADS) mit Ritalin behandelt. Sie sind meist Lichtträger mit großer kreativer Energie. Sie sollten die Dunkelheit auflösen. Immer wieder hat Gott den Gefallenen eine Chance zur Wiedergutmachung ihrer Sünden gegeben. Doch sie waren nicht daran interessiert und setzten ihr Teufelswerk als Händler von Nikotin, Alkohol und Drogen fort. In Amerika sterben jährlich fünf Millionen Raucher. Zigaretten sind ein Narkotikum, das das Nervensystem angreift. Es beschleunigt den Herzschlag, lässt den Blutdruck ansteigen, und ruft Zittern, Krämpfe und Erbrechen hervor. Die Nikotinwirkung kann mit Zyanid verglichen werden.

Nikotin enthält fast 4.000 verschiedene chemische Stoffe. Das Risiko, durch dessen Konsum an Nieren-, Bauchspeicheldrüsen-, Speiseröhren-, Kehlkopf- oder Lungenkrebs zu erkranken, ist hoch. Für Heroinabhängige ist es leichter, mit Heroin als mit dem Rauchen aufzuhören. Nikotin zählt zu den gefährlichsten Drogen, die in die Abhängigkeit führen. Ungefähr 70 % der Raucher möchten sofort aufhören, aber sie schaffen es einfach nicht. Nikotin ruft Verhärtungen auf der Gehirnoberfläche hervor, die das Einströmen göttlicher Intelligenz blockiert und die spirituelle Entwicklung behindert. Viele haben ihr traditionelles Konzept von Ehe und Familie in den 60ern aufgegeben. Fortan lebten sie in wilder Ehe (Sex außerhalb der Ehe und mit Teenagern). Da war der Schritt zur Empfängnisverhütung, Bevölkerungskontrolle und zur Abtreibung nicht mehr weit. Aus diesem Grund sind viele Seelen des Lichts, die Teil des Wassermannzeitalters werden sollten, nicht inkarniert. Heute ist Abtreibung zum Instrument der Geburtenkontrolle geworden. Seitdem warten schon viele Seelen darauf, zu inkarnieren. Es ist wichtig, dass wir über die Hintergründe des kombinierten Karmas der Gefallenen und der Menschen Bescheid wissen. Die Verstrickungen zwischen den Lichtträgern und den Gefallenen haben ein weltweites Ausmaß angenommen. Wir müssen endlich verstehen, dass wir in diesem wie auch in vielen vergangenen Leben unsere Prinzipien gebrochen haben. Jesus prophezeite uns schon vor 2.000 Jahren, dass sich ein Volk gegen das andere erheben würde. Er sprach von Umbruch, Tumult, Krieg, Geschrei, Erdbeben und Pestilenz. Erschreckt nicht, das muss geschehen, aber das ist noch nicht das Ende. Was wir heute auf der Erde erleben, ist die Rückkehr unseres Weltkarmas. Das Gesamtkarma wäre schon zu Beginn des Fischezeitalters auf uns herabgekommen, wäre nicht Jesus eingeschritten, um es abzumildern.

Erst jetzt wird einem klar, was Jesus mit den Worten „Ich trage die Sünde der Welt" meinte. Deshalb erklärte er sich bereit zu inkarnieren. Der Himmelsschar war schon von Anfang an klar, dass die Söhne und Töchter Gottes sowie die Nachzügler der Gefallenen nicht fähig wären, ihr Karma allein zu bewältigen, weil die Mächte der Finsternis ihnen die wahre Christuslehre geraubt hatten. Aber dass Jesus die Last oder Sünde auf sich genommen hat, bedeutet nicht, dass die Seelen des Lichts oder Finsternis nicht mehr dafür verantwortlich wären. Es bedeutet nicht, dass Jesus sie beiseite gefegt hat, ohne dass wir einen Finger dafür rühren müssen. Dies besagt nur, dass er das Weltkarma für bestimmte Zeit getragen respektive angehalten hat. Kirchen- und Staatsoberhäupter haben uns der wahren Christuslehre beraubt. Daher müssen wir heute das persönliche wie auch das Weltkarma ernten. Seuchen, Hungersnöte, Dürren und Überschwemmungen sind durch den Abbau unserer Ressourcen entstanden. Heute müssen wir den Preis unserer Unfähigkeit bezahlen, mit Gott und der Natur im Einklang zu leben. Die Sorge um die Ökologie ist die Folge von Ursache und Wirkung. Wären wir uns dessen bewusst, könnten wir viele Probleme, die wir in der heutigen Zeit haben, auf einen Schlag lösen.

# Das Geheimnis der Bundeslade
*Quelle: transinformation.net*

Das Geheimnis der Elemente der Bundeslade ist der Wissenschaft unter dem Namen **O.R.M. (Orbitally Rearranged Monotomic Elements)** bekannt.

Diese Elemente bestehen aus acht Metallen: Ruthenium, Rhodium, Palladium und Silber bilden die leichte Platingruppe und Osmium, Iridium, Platin und Gold gehören zur schweren Platingruppe. Die Einnahme jener Metalle in monoatomischer Form verlängerte das Leben und verbesserte die Körperfunktion. Die Letzten waren die Juden, welche die Bundeslade von Ägypten ins Gelobte Land trugen. Vorher verweilte sie bei den Sumerern, Babyloniern und Tibetern. Menschen, die sich ihr näherten, hatten ein langes und wohlhabendes Leben. Der Bekannteste von ihnen war Methusalem, der 950 Jahre alt wurde. Wo immer sich die Bundeslade befand, erblühte die Kultur. Im Verlauf der Jahrhunderte zog sie von Jerusalem nach Rom und London und soll sich nun in den Vereinigten Staaten befinden. In jedem Land wurden einer oder mehrere Obelisken als Machtsymbole errichtet. In Zukunft wird die Bundeslade nach China, Russland und in den Iran reisen, bis sie wieder in Jerusalem ankommt. Das bedeutet, dass sich die Welt unter dem Einfluss Luzifers befindet. In Zukunft wird auf Erden das Anunnaki- respektive das Nephilim-Reich wieder aufgebaut. In verschiedenen Städten stehen schon Gebäude mit luziferischen Symbolen wie beispielsweise im Pentagon mit dem Pentagramm, das mit jüdischer Symbolik auf die Bundeslade hinweist. Oder beim Gerichtshof von Israel mit seinen satanischen Symbolen: das Auge Luzifers, ein umgekehrtes Kreuz, auf dem man gehen kann, und viele andere numerische Auffälligkeiten. Der Bau des Gerichtshofs dauerte 750 Tage lang.

Dafür wurden 250.000 Steine verwendet. Sie wurden alle eigenhändig gelegt. Finanziert wurde dieses Projekt durch die Gründer der Zentral- und Weltbank: die Rothschilds. Die Gebäude zelebrieren das Kommen Luzifers.

## Ist das Jüngste Gericht tatsächlich nahe?
*Quelle: Roselis von Sass*
*(Das Buch des Gerichtes)*
*Auflage 1995/96/ISBN 85-7279-031-4/S. 14-15*

Ist das Jüngste Gericht nah? Immer wieder hört man alarmierende Nachrichten. Sind die Warnungen und Offenbarungen alter und neuer Propheten, die alle auf einen Weltuntergang hinweisen oder den Beginn eines neuen Zeitalters ankündigen, wahr? Die Astronomen beobachten schon lange die starken Sonnenexplosionen, die in ihrem Ausmaß nichts Gutes bedeuten. Die Erde wird, wenn wir so weitermachen, durch zunehmende Katastrophen zugrunde gehen. Dazu kommt noch die Atombombe, die wie ein Medusenhaupt über uns schwebt. Handelt es sich dabei um ein Phantasiegebilde? Was ist von den Wahrnehmungen und Berechnungen der Mathematiker und Astronomen zu halten? Sind ihre Hinweise glaubwürdig? Man braucht kein Prophet zu sein, um zu sehen, dass die Menschheit ihrem Ende zustrebt. Dies geschieht jedoch anders, als wir denken. In der Schöpfung gibt es keine willkürliche Vernichtung. Jedes Geschehen ist vorbestimmt und sorgfältig geplant. Es ist nicht möglich, dass wir in wenigen Tagen oder in zwei bis drei Jahren durch Naturkatastrophen, wie sich einige Pseudopropheten das vorstellen, hinweggerafft werden. Würde so etwas geschehen, müsste die Erde und alles, was auf ihr lebt, ausnahmslos vernichtet werden. Die Menschen hätten keine Zeit zur Besinnung oder Selbsterkenntnis. Nein, nicht die Welt wird untergehen, sondern all die Menschen, die seit Tausenden von Jahren durch ihr falsches Tun dem Untergang zustreben. Wir befinden uns mitten im Gericht. Das Gericht vollzieht sich nicht nach dem kleinen und beengten Menschenverstand, sondern nach dem Willen Gottes!

## Müsste die Menschheit nicht auf ein Gericht vorbereitet werden?
*Quelle: Roselis von Sass*
*(Das Buch des Gerichtes)*
*Auflage 1995/96/ISBN 85-7279-031-4/S. 20-21*

Warnungen? Muss die Menschheit tatsächlich noch gewarnt werden? Jeder, der sehen und hören will, soll die Umwelt beobachten, in der er lebt, um seine Schlüsse zu ziehen. Wohin er sich auch wendet, wird er die Zeichen der Zeit sehen. Selbst diejenigen, die jeden Gedanken an ein Gericht entschieden ablehnen und jeden Hinweis mit den Worten abtun, dass alles, was heute geschieht, auch schon früher geschah, können sich nicht vor der Tatsache verschließen, dass die Völker sich mit wissenschaftlicher Genauigkeit darauf vorbereiten, sich gegenseitig zu vernichten. Oder gibt es noch jemanden, der glaubt, dass die schrecklichen Atomwaffen nicht in Aktion treten werden? Auch die vielen Krankheiten, nervösen Störungen und Depressionen, unter denen die Menschheit leidet, sind Warnungen. Es sind Warnungen und Hinweise, dass diese unerklärlichen Leiden trotz moderner ärztlicher Errungenschaften nicht aus der Welt geschafft werden können. Die Beruhigungs-, Schlafmittel und sonstigen Arzneien, die heute tonnenweise verbraucht werden, machen niemanden gesund. Sie bringen auch den verlorenen Seelenfrieden nicht wieder. Jeder wird auf seine Art und seinem Karma entsprechend gewarnt. Sei dies durch körperliche oder seelische Schmerzen, durch Sorgen, Not oder Verzweiflung. Es gibt ein untrügliches

Warn- oder besser gesagt Alarmsignal, das jeder früher oder
später fühlen muss. Es ist die Angst.

Diese Angst kann weder weggelächelt noch weggeleugnet
werden, denn sie ist ein Zeichen der Zeit, ein Zeichen des Gerichts. Woher kommt diese Angst? Die Angst kommt aus den
Menschengeistern selbst. Sie ist die anklagende Stimme des
Gewissens, in welchem die große Schuld gegen Gott zum Ausdruck kommt.

## Ja, die Stunde der Menschheit hat geschlagen
*Quelle: Roselis von Sass*
*(Das Buch des Gerichtes)*
*Auflage 1995/96/ISBN 85-7279-031-4/S. 11-13*

Alles, was auf der Erde und auf den kleinen und großen
Sternenkörpern geschieht, vollzieht sich nach einem ge-
nauen Stundenplan. Jedes Geschehen im Weltall ist sorgfältig
vorausgeplant und löst sich dann aus, wenn der Kosmos das
Signal dazu gibt. Milliarden von Himmelskörpern bewegen
sich im harmonischen Lauf auf ihrer vorgezeichneten Bahn.
Jede Veränderung, jede Neuformung und jeder Zerfall beginnt
und endet nach dem vorgesehenen Zeitplan. Ebenso zieht
jede Änderung oder Abweichung unvorstellbare Katastrophen in der Sternenwelt nach sich. Ein vorbestimmtes Ereignis
kann weder aufgeschoben noch aufgehoben werden. Es löst
sich unweigerlich aus, wenn die Welt das Signal dazu gibt. Leider können sich die Menschen nur eine schwache Vorstellung
von der Schöpfungsorganisation machen. Aber auch sie sind
an eine Organisation und Ordnung gebunden. Schon allein
die herrschende Ablösung zwischen Tag und Nacht zwingt sie,
ihr Leben einzuteilen. In früheren Zeiten hatten sich die Völker nach der Natur gerichtet. Sie ruhten nachts und arbeiteten

tagsüber. Sicher, jeder kann sein Leben selbst einteilen. Trotzdem bleiben auch wir an eine Ordnung gebunden. Der Körper braucht Schlaf, Nahrung und Bewegung.

Wie freudvoll war es, als sich der Mensch noch an die Naturgesetze anpasste. Nun hat die Welt das Signal für die Menschheit gegeben. Und dieses Signal besagt, dass die Entwicklungszeit für das Menschengeschlecht abgelaufen ist. Viele Hunderttausende von Jahren wurden jedem Einzelnen gewährt. Die Menschheit müsste jetzt den für sie bestimmten geistigen Höhepunkt erreicht haben, im Diesseits wie im Jenseits. Doch das ist nicht geschehen. Die Mehrzahl hat sich in die falsche Richtung entwickelt und sich an einen falschen Lebensrhythmus angepasst. So stehen sie heute unreif und arm an Liebe vor ihrem Schöpfer. Vier Jahrzehnte Krieg, Revolution und Krankheiten sind über die Menschheit gekommen. Ströme von Blut und Tränen sind geflossen. Doch die Geschehnisse sind unbedeutend gegen das, was kommen wird.

## Lethe und der Schleier des Vergessens
*Quelle: Beat Imhof*
*(Woher wir kommen, wohin wir gehen)*
*Erstauflage 2014/ISBN 978-3-89427-655-3/S. 330-334*

Zum Glück wurde uns eine Lebensrückschau verwehrt. Sonst würden wir uns nur noch mit der Vergangenheit beschäftigen und die Gegenwart vernachlässigen. Wenn der Mensch gestorben ist, legt er sein grobstoffliches Kleid (den Körper) ab. Was bleibt, ist die Seele, der Geist, der in ein neues Kleid (Körper) inkarniert. Geburt und Tod liegen nah beieinander. So ist dem Menschen nach dem Tod die Geburt und nach der Geburt der Tod sicher, bis er seinen höchsten Gang zum ewigen Leben antreten kann. Seelenwanderung ist die Wanderung des Geistes durch die Grobstofflichkeit und zurück bis zur wahrhaftigen geistigen Reife. Die Wiedergeburt ist zeitlich begrenzt und endet mit dem Jüngsten Gericht.

Die Gefahr, sich auf die falsche Seite zu schlagen, ist groß. Nur wahres Wissen befreit uns. Aber warum hinken wir in der Entwicklung so weit hinterher? Warum ist so wenig Fortschritt ersichtlich? Warum gibt es in unserer Welt so viel Krieg? Und warum vergeuden die Menschen ihre Zeit mit Tausenden von Nebensächlichkeiten, die sie geistig nicht weiterbringen? Die meisten scheinen nur zum Vergnügen auf Erden zu sein. Sie gehen in ihrer Geschwätzigkeit und Geschäftigkeit auf, ohne viel im Geist zu bewirken. Sie sind dauernd unterwegs, ohne sich zu fragen, warum, wieso oder für was das alles gut ist. Sie sind Gefangene ihrer selbst und bleiben im Netzwerk der Bedürfnisse hängen. Nicht das äußere Erscheinungsbild, der Name oder der Personalausweis überleben den Tod, sondern nur die geistige Empfindung. Der Körper wird von der Vitalseele belebt. Was überlebt, ist die Geistseele. Der Geist bildet unsere Identität. Viele denken, dass es zwecklos sei, wiedergeboren zu werden, da wir uns ja sowieso nicht mehr erinnern. Wie kann es aber sein, dass so viele Leute bei einer Rückführung von einem früheren Leben erfahren? Und wie ist es mit der Sühne? Würde es keine Sühne geben, wer würde dann die Verantwortung für Mörder und Verbrecher übernehmen? Es ist sinnvoll zu vergessen. Wenn wir diese Möglichkeit nicht hätten, würden wir den gesamten Erinnerungsballast mitschleppen. Nicht auszumalen, wenn wir uns an alle Taten erinnern könnten. Nicht nur wir würden uns an das Vergessene erinnern, sondern auch alle, die mit uns verbunden sind. Dann würde das Gewächs aus Zwietracht, Neid und Hass weiter wachsen. Gegner der Wiedergeburtslehre fragen sich immer wieder, woher die Seelen denn kommen? Dies ist mit einem Skilift vergleichbar: Je schneller er läuft, desto mehr Personen kann man zum Abfahrtsziel bringen. Dadurch wird die Wartezeit verkürzt.

Je mehr Schwangere, desto schneller werden die Seelen wiedergeboren. Früher betrug die Wartezeit Hunderte von Jahren. Heute nur noch Jahrzehnte. Heute sind wir schon über sieben Milliarden Menschen. Das sind elfmal so viele wie vor dreihundert Jahren. Dank gesünderer Ernährung und besserer Medizin nimmt die Lebenserwartung zu. Bis zum Jahr 2050 könnten es sogar neun Milliarden Menschen werden. Die Spirale dreht sich immer schneller. Die Seelen, die ins Leben gerufen werden, sind keine neuen, sondern wiederkehrende. Wir sind erst dann vor Wiedergeburt erlöst, wenn wir alle Aufstiegs- und Entwicklungsstufen durchlaufen haben. Nicht die Anzahl Erdenleben ist entscheidend, sondern die Lernerfahrungen. Vergessen ist ein Selbstschutz, um über tragische Ereignisse im Leben hinwegzukommen. Es kann sein, dass ein Mensch Tragisches und Erschreckendes erfahren musste. Damit ihn diese Ereignisse in der Jenseitswelt und im nächsten Leben nicht allzu sehr zu belasten, reicht ihm ein Engel beim Übergang den Trunk des Vergessens. Könnten wir nicht vergessen, würden wir einen solch immensen Ballast an lästigen und unerfreulichen Erinnerungen mit uns schleppen, dass unsere Aufnahmefähigkeit für neue Eindrücke behindert wäre. Die Herren des Karmas und die Hüter der Schwelle sorgen dafür, dass die Last unsere Lebenskraft nicht übersteigt. Das heißt, es wird uns nur so viel Karma auferlegt, wie wir tragen können.

# Parallelwelten und Gegenwelten

*Quelle: Beat Imhof*
*(Woher wir kommen, wohin wir gehen)*
*Erstauflage 2014/ISBN 978-3-89427-655-3/S. 354-358*

Das Diesseits und das Jenseits können mit zwei benachbarten Zimmern verglichen werden. Das Jenseits ist durch ein Einwegfenster von uns getrennt. Von der feinstofflichen Seite können uns die dortigen Bewohner beobachten, aber in unserer grobstofflich-irdischen Welt wird uns die Sicht auf die andere Seite verwehrt. Doch alles, was in verdichteter und materieller Form vorhanden ist, findet man auch im Jenseits wieder. Wie im Himmel, so auf Erden. Die Erde bildet die Schnittstelle für sieben niedere und sieben höhere Welten. In den höheren Sphären wird es immer heller und in den tieferen immer dunkler. In den Dunkel- und Schattenwelten halten sich Geistwesen auf, die sich vom Licht abwendeten. Deshalb sind wir ständig himmlischen sowie dämonischen Mächten ausgesetzt.

# Das programmierte Schicksal

*Quelle: Beat Imhof*
*(Woher wir kommen, wohin wir gehen)*
*Erstauflage 2014/ISBN 978-3-89427-655-3/S. 187-199*

Der Lebensplan des Menschen ist schon von Geburt an unwiderruflich und bis ins kleinste Detail vorbestimmt. Die Ereignisse geschehen nicht erst, sie sind bereits da. Das Leben kann mit einer Bahnreise verglichen werden: Der freie Wille bestimmt die Fahrt. Sind wir dann im Zug, müssen wir uns mit zahlreichen Begebenheiten abfinden, die wir weder frei wählen noch ändern können, da sie bereits geplant sind.

Die Weichenstellung, das Signal, die Abfahrts- und Ankunfts-
zeit, die Zugkomposition, das Zugpersonal, die Fahrstrecke
sowie das Fahrziel sind vorgegeben. Auch können wir nicht
einfach die Notbremse ziehen, um an einem beliebigen Ort
auszusteigen. Zudem müssen wir bei der Platzwahl auf die
Mitreisenden Rücksicht nehmen. Für kurze Zeit bilden wir eine
Schicksalsgemeinschaft. Oder nehmen wir ein anderes Beispiel:
Das Leben ist wie ein Teppich. Das Muster ist längst gewoben.
Es liegt nun an uns, wie wir ihn gebrauchen. Man kann sich an
dem Teppich erfreuen oder ärgern. Am Gewebe selbst können
wir jedoch nichts mehr ändern, ohne ihn zu beschädigen. Der
freie Wille bestimmt das Schicksal. Unser Wille ist jedoch nicht
so frei, wie wir denken. Vieles ist schon karmisch vorgegeben.
Karma entsteht durch Verstrickungen und Verkettungen vieler
falsch gelebter Leben. Nicht die Rolle des Spiels zählt, sondern
die Qualität. Wir bedienen uns verschiedener Masken (familiä-
rer, beruflicher, privater und gesellschaftlicher). Hier liegt der
Unterschied zwischen einem Biedermann, einem Bösewicht,
einem Straßen- oder einem Hausbengel. Wir lassen uns von
Maskenträgern beeindrucken und täuschen. Dabei kennen wir
unser Gegenüber gar nicht. Das Kind hat das Gesicht, das Gott
ihm gab. Der Erwachsene hat das Gesicht, das er sich erworben hat. Beim Tod hat er das Gesicht, das er sich verdient hat.

## Das geplante Leben
*Quelle: Beat Imhof*
*(Woher wir kommen, wohin wir gehen)*
*Erstauflage 2014/ISBN 978-3-89427-655-3/S. 240-246*

Unser Skript beziehungsweise unser Lebensentwurf wird
bereits vor der Geburt geschrieben. Im Skript sind die Be-
gabungen, Talente, Neigungen, Interessen und das Geschlecht
enthalten.

Wenn wir heiraten, sollten wir wissen, dass wir nicht nur den geliebten Partner zum Altar führen, sondern auch den ganzen verwandtschaftlichen Anhang. Die neuen Verknüpfungen können sich über Generationen auf Gesundheit und Krankheit der Nachkommen auswirken.

**Weshalb** wird ein Kind in ein Wohlstandsmilieu hineingeboren und das andere in die Armut?

**Weshalb** kommen die einen Menschen gesund und andere mit einer Missbildung zur Welt?

**Weshalb** wird der eine Mensch mit vortrefflichen Talenten ausgestattet, während ein anderer nur eine bescheidene Begabung besitzt?

**Weshalb** schwimmt der eine auf einer Erfolgswelle und der andere bringt es kaum auf einen grünen Zweig?

**Weshalb** hat der eine Mensch Glück in Liebe, Familie, Partnerschaft, Gesellschaft, Beruf usw. und ein anderer fristet ein vereinsamtes Dasein?

**Weshalb** erreicht der eine ein hohes Alter, während der andere schon in jungen Jahren stirbt?

Nicht Gott ist dafür verantwortlich. Würde sich Gott ständig einmischen, wäre er auch für die Gewinner, Verlierer, Bevorzugten und Benachteiligten verantwortlich. Würde er fortwährend, korrigierend und regierend in den Naturgesetzen herumpfuschen, würde die Welt aus ihren Fugen geraten und nichts würde mehr funktionieren.

Das Gesetz des Ausgleichs und der Gerechtigkeit ist das Karmagesetz. Alles, was uns im Guten wie im Schlechten trifft, haben wir selbst verursacht. Es sind die Gesetze der geistigen Gegenläufigkeit und Wiederkehr. Es ist keine Strafe, die man uns auferlegt hat, sondern eine Gnade Gottes zur Wiedergutmachung.

## Der freie Wille
*Quelle: Beat Imhof*
*(Woher wir kommen, wohin wir gehen)*
*Erstauflage 2014/ISBN 978-3-89427-655-3/S. 201-205*

Es ist ein Missverständnis, wenn man denkt, der Wille sei frei. Nicht der Wille sagt uns, zu welchem Ziel unser Tun führt, sondern die eigene Erkenntnis. Jeder Einsatz des Willens setzt ein Motiv oder einen Beweggrund voraus. Ein Mensch ohne Willen lässt sich treiben, einer mit starkem Willen verfolgt strikt sein Ziel. Die Erde ist ein Schulungsplanet. Es steht jedem frei, die nötigen Lernschritte zu vollziehen. Wer sie nicht vollzieht, muss die Klasse wiederholen. Viele Aufgaben wurden deshalb noch nicht gestellt, weil sie zu schwer wären. Die Menschen können ihr Schicksal erst begreifen, wenn sie den Blick über die Kette aller Leben haben. Der freie Wille entscheidet, wie wir unser Bewusstsein ausrichten. Die Freiheit liegt in der Verantwortung unserer Handlung. Wir sollten uns bewusst sein, dass wir von himmlischen Mächten geleitet werden, sofern wir das wollen. Es existieren aber auch böse Geistwesen, die versuchen, an den Schalthebeln der Geschichte zu drehen und uns auf ihre Seite zu ziehen.

# Unser Schulungsplanet Erde

*Quelle: Beat Imhof*
*(Woher wir kommen, wohin wir gehen)*
*Erstauflage 2014/ISBN 978-3-89427-655-3/S. 237-240*

Wer glaubt, die Erde sei ein Lustgarten, eine Spielwiese oder ein Vergnügungspark, hat sich auf dem Planeten geirrt. Sie ist eine Schule, um geistiges Wissen zu erwerben. Die Erdenbewohner sind jedoch noch blutige Anfänger. Mit zaghaften Schritten suchen sie ihren Weg im Geist. Viele sind aber noch immer auf der Vorstufe des Kindergartens oder der Kinderkrippe. Unser Bewusstseinsgrad entscheidet, welcher Klasse wir zugeführt werden. Die Lektion und das Lernprogramm sind bereits vorgegeben. Es liegt an uns, die nötigen Lernschritte zu vollziehen, um die vorgesehenen Prüfungen zu bestehen. Nur so können wir geistig reifen. Jeder, der sein Lernprogramm nicht erfüllt, wird es in einem neuen Leben wiederholen müssen. Das bezieht sich auf alle Lektionen der Erde. Nun kann sich jeder selbst denken, dass dies in einem Leben gar nicht zu bewerkstelligen wäre. Deshalb ist Wiedergeburt keine Strafe, sondern eine neue Gelegenheit und heilsame Gnade, um eigenes Karma abzuarbeiten. Je mehr man ablöst, desto schneller ist der geistige Aufstieg gewährleistet. Es geht darum, richtig zu handeln, sowie Begierden und Leidenschaften, die nur Leid schaffen, zu entsagen. Denn im Jenseits wird es schwer sein, diese abzulegen. Auf der Erde sind wir vor den zahlreichen Anfeindungen durch die Bewohner der niederen Astralwelt besser geschützt. Leidvolle und schwierige Lebensumstände sind deshalb oft notwendig, um zur besseren Einsicht zu gelangen. Wenn uns Menschen in irgendeiner Weise auf die Nerven gehen, ist das immer ein Zeichen, dass etwas in uns negativ darauf reagiert und wartet, diesen Einfluss zu überwinden.

Um die Fäden des Karmas abzutragen, bedarf es mehrerer
Leben. Deshalb ist es wichtig, um Vergebung zu bitten. Die
himmlischen und die irdischen Erfahrungen brauchen wir, um
geistig weiterzukommen. Da wir immer älter werden, steht uns
eine deutlich längere Ausbildungszeit zur Verfügung. Würden
die Menschen diese nutzen, könnten sie die Gunst des körperlichen Älterwerdens mit der Gunst des geistigen Jungbrunnens
verbinden, um dem Leben nicht nur mehr Jahre, sondern auch
den Jahren mehr Leben zu schenken. Die körperliche Last würde mit der leiblichen Lust schwinden. Die Erfahrungen zeigten,
dass sich die Menschen über Jahrhunderte oder Jahrtausende stets gleich verhielten. Die Geschichten wiederholen sich.
Es kommt einem vor, als wäre das Schulhaus mit den Klassen-
zimmern immer dasselbe. Mit denselben Lehrern, denselben
Schülern und demselben Unterrichtsstoff.

## Die Jenseitige Reise
*Quelle: Beat Imhof*
*(Woher wir kommen, wohin wir gehen)*
*Erstauflage 2014/ISBN 978-3-89427-655-3/S. 347-350*

Es ist ratsam, nur das wichtigste Gepäck mitzunehmen. Alle
Denkgewohnheiten, Neigungen, Bedürfnisse, Bindungen
und Abhängigkeiten würden uns belasten und am Aufstieg
hindern. Viel wichtiger sind Gesinnung, Liebe, Erkenntnis, Er-
rungenschaft und geistige Erfahrungswerte. Nach dem Tod
geht es in der feinstofflichen Welt weiter. Doch viele Menschen
interessiert es gar nicht, was nach dem Tod geschieht. Sie sind
noch viel zu sehr mit den materiellen Gütern beschäftigt. Das
Gesetz der Schwere bestimmt, wohin die Seele nach dem Tod
kommt: Je nachdem, ob wir sie leicht oder schwer gemacht haben, steigt oder sinkt sie. Aber die Seele muss sich auch nach
dem Tod bewegen. Im Jenseits herrscht regste Tätigkeit.

Alles, was wir auf der Erde dachten und empfanden, finden wir im Jenseits wieder. Bereits dieser Umstand würde genügen, um nicht zur Ruhe zu kommen. Auferweckung bis zum Jüngsten Gericht bedeutet, alles Tote und nicht nur die Toten zu erwecken. Wer das Gericht durch Eigenverschuldung nicht besteht, verfällt dem „ewigen Tod". Das Gewissen ist die Stimme jenseitiger Verstorbener und Führer, die uns schützen, helfen und leiten. Wir können sie auch um Rat fragen. Sicher hatten wir alle schon mal ein schlechtes Gewissen. Das heißt, wir haben uns gegen die jenseitigen Helfer gestellt. Aber was nützt es, wenn Sie sich von den Helfern nicht ins Gewissen reden lassen, sondern versuchen, dieses einzuschläfern? Es ist immer der freie Wille. Deshalb können uns jenseitige Helfer zu nichts zwingen. Die Schwelle zum höchsten geistigen Reich kann erst dann betreten werden, wenn alle Karmafäden im Dies- und im Jenseits gelöst sind.

## Leben im Jenseits
*Quelle: Beat Imhof*
*(Woher wir kommen, wohin wir gehen)*
*Erstauflage 2014/ISBN 978-3-89427-655-3/S. 350-354*

Wir leben alle mehrmals. Daher endet unser Leben nach dem Tod nicht. Die Jenseitsforschung spricht klar für ein Weiterleben nach dem Tod. Viele Menschen, die während eines Unfalls, einer Operation oder durch ein Koma aus ihren Körpern ausgetreten sind, hatten beeindruckende Erfahrungen. Für kurze Zeit konnten sie die Jenseitsschwelle überschreiten, waren jedoch durch die Silberschnur noch mit der irdischen Welt verbunden. Sie stellten fest, dass es den Tod gar nicht gibt. Verstorbene, die sich in tieferen Sphären aufhalten, sind von niederen Bedürfnissen und Abhängigkeiten noch nicht befreit.

Diese Unwissenden können mithilfe von Geistwesen, Gebeten und gläubigen Menschen zur Einsicht gebracht werden.

Je nach Fortschritt wird von hohen Engelwesen ein erneutes Erdenleben geplant oder die Seele wird mit anderen wichtigen Aufgaben betraut. Sie kann aber auch am Heimführungswerk der Menschheit teilnehmen.

## Lernschulen im Jenseits
*Quelle: Beat Imhof*
*(Woher wir kommen, wohin wir gehen)*
*Erstauflage 2014/ISBN 978-3-89427-655-3/S. 417-420*

Der Planet Erde ist wahrlich eine gute Schule, um sich geistiges Wissen anzueignen. Deshalb ist der Übertritt vom Diesseits ins Jenseits wie vom Kindergarten in die Grundschule. Leider leben hier noch zu viele wie im Kindergarten. Viele sind durch Alltagssorgen, Probleme und oberflächliche Lustbarkeiten noch weit davon entfernt zu wissen, wozu der Betrieb auf Erden eigentlich gut ist. So kommen sie unwissend und unerfahren im Jenseits an. Doch im Jenseits beginnt erst der Ernst des Lebens. Sie können dort entweder den Weg des Leidens oder den des Lernens wählen. Wer nie an Gott oder eine höhere Macht glaubte, stur an falschen Vorstellungen festhält und nicht einsieht, dass er gestorben ist, wird in engere Verhältnisse geführt. Dort hat er Zeit, über sein Leben nachzudenken. Solche, die sich wieder in die Ordnungsgesetze einfügen wollen, werden in Gruppen mit Gleichgesinnten eingeteilt. Die Herausforderung besteht darin, sich in der Gemeinschaft zu bewähren. Dabei treten ihre wahren Wesenszüge hervor. Diese Unterrichtsorte sind nur für jene Geistwesen vorgesehen, welche die Schöpfungsgesetze beherzigen wollen. Sie werden über ihre Rechte und Sühnemöglichkeiten belehrt.

In der geistigen Welt gibt es viele Lernschulen. Die Neuankömmlinge werden in Gruppen über ihre Verhältnisse und die geistigen Gesetze aufgeklärt.

Im Jenseits bekommen sie ihren erforderlichen Unterricht. Das gleiche Recht wird auch allen anderen Menschen zuteil, die auf der Erde entweder benachteiligt waren oder sich aus anderen Gründen kein höheres Wissen aneignen konnten. Die früh verstorbenen Kleinkinder kommen ins Kinderparadies und erhalten dort ihren Anfangsunterricht. Die Fortgeschrittenen haben die Möglichkeit, in große Hörsäle überzuwechseln, wo hochrangige Engel lehren. Die Lernhallen sind enorm große Gebäude mit herrlichen Säulen und domähnlichen Dächern. Dort werden Bilder aus vergangener Zeit auf die Kinoleinwand projiziert. Die Einrichtungen werden von erfahrenen Lehrmeistern geleitet, die ein sorgfältig durchdachtes Lernprogramm bieten. Hier wird das Wichtigste aus der Menschheitsgeschichte in einem Film vorgespielt. Die eine Halle ist der Kunst gewidmet. Dort sind die Originalwerke von großen Meistern untergebracht. In einer anderen Halle befinden sich die Werke der Literaturgeschichte. Hier gewährt man den Besuchern Einblick in die Gedankenwelt von großen Schriftstellern, die aus politischen oder weltanschaulichen Gründen vernichtet wurden, wie damals die Werke in der Bibliothek von Alexandria. In weiteren Hallen sind die Tonwerke von großen Musikern und Komponisten zu finden. Und in den Hallen der Naturwissenschaft kann man die Entwicklung entscheidender Entdeckungen und Erfindungen verfolgen. Für die Geisteswissenschaft sind spezielle Räume vorhanden. Alle Aufzeichnungen und Chroniken sowie die Werke von Bibliotheken und Videotheken werden in einer feinstofflichen Astralmatrize aufbewahrt. Dort lernen Schüler die Zusammenhänge richtig zu erkennen und zu bewerten.

Dafür werden ihnen erfahrene Lehrmeister zur Seite gestellt. Hier werden ihnen die wahren Abgründe und Hintergründe der Menschheit offenbart.

Dabei geht es nicht nur ums Irdische, sondern auch um unser geistiges Urwissen, dass wir einst hatten, bevor wir gefallen sind. In den jenseitigen Unterrichtstätten geht es darum, Taube hörend und geistig Blinde sehend zu machen, damit sie für das Wissen im Jenseits empfänglicher werden. Für Uneinsichtige und besonders Unwissende gibt es Einzeltherapien oder Einzelunterricht. Es kann sein, dass sie nach bestandener Reifeprüfung in die Hochschulen übertreten, um anspruchsvollere Aufgaben zu übernehmen. Wer die oberste Stufe der Entwicklung erreicht hat, kehrt nicht mehr in ein Erdenleben zurück, außer freiwillig, um seinen Brüdern und Schwestern zu helfen.

## Das Jenseits ist anders
*Quelle: Beat Imhof*
*(Woher wir kommen, wohin wir gehen)*
*Erstauflage 2014/ISBN 978-3-89427-655-3/S. 386-390*

Viele Theologen können schon heute nicht mehr erklären, was nach dem Tod geschieht. Jesus war der Einzige, der wusste, wie es im Jenseits aussieht. Viele Male hat er durch Gleichnisse zu seinen Jüngern gesprochen, doch die haben es nicht verstanden. Sie hörten, aber verstanden nicht, sie sahen, aber erkannten nicht. Sie schlossen die Augen und hielten sich die Ohren zu. Und wie ist es 2000 Jahre danach? Im Jenseits ist man von materieller Bindung, körperlicher Einschränkung, Behinderung und Gebrechen befreit. Die höheren Ebenen werden als raum- und zeitlos empfunden, die tieferen als Blockade und Einengung. Den Zustand, den wir jetzt formen, ist auch derjenige, den wir ins Jenseits hinübernehmen. Darum ist es jetzt schon wichtig, seine Umgebung in Gedanken nach konstruktiven Vorstellungen zu gestalten.

## Jenseitige Aufenthaltsorte
*Quelle: Beat Imhof*
*(Woher wir kommen, wohin wir gehen)*
*Erstauflage 2014/ISBN 978-3-89427-655-3/S. 407-412*

Das Jenseits ist unbegrenzt. Es gibt dort zahlreiche Aufenthaltsmöglichkeiten. Sie sind so vielschichtig und vielfältig, wie es Wesenheiten mit unterschiedlichem geistigen Bewusstseinsgrad gibt. Von den tiefen Dunkelwelten bis zum höchsten kosmischen Bewusstseinszustand ist alles vorhanden. Den Seelenzustand wählen wir selbst. Je reiner unser Bewusstseinszustand ist, desto heller wird es. Geistwesen, die blind für geistige Werte waren, haben sich die eigenen Dunkelwelten und Abgründe geschaffen. Menschen, die sich nicht so schwer belastet haben, kommen ins Sommerland – in eine Landschaft mit blauem Himmel, taufrischer Luft und wohlriechenden Blumendüften. Diese Sphäre leuchtet wie klares blaues Glas und das schöne, warme und lichtdurchflutete Land ist voller Leben. Überall sieht man buntes Treiben: Vögel, Schmetterlinge, schillernde Insekten, eine bunte Blumenpracht und Bäume mit köstlichen Früchten. Vor allem aber begegnet man dort menschlichen Wesen mit bunten Kleidern und einem Astralkörper ohne festen Umriss. Diese Sphäre liegt außerhalb unserer Anziehungskraft. Die Fahrkarte ist aber nur für diejenigen vorgesehen, die den Glauben an Gott an erster Stelle setzen. Der Hauptunterschied zwischen der Erden- und der Astralwelt liegt in den verschiedenen Schwingungsebenen. Wenn sich die Seele in diesem Paradies erholt hat, wird sie verabschiedet. Einige Geister wenden sich bedeutsamen Aufgaben zu. Sie übernehmen schwere Missionen, inkarnieren oder beginnen eine Spezialausbildung. In einer anderen Sphäre gibt es eine große Ausbildungsschule für höhere Erkenntnis. Für diese Ausbildung sind nur die wenigsten vorgesehen.

Dabei handelt es sich um Schutzgeister und Lichtboten, die schon große Erfolge aufweisen konnten. Nach der Schulung werden sie zu himmlischen Helfern. Menschen, die zeitlebens nicht an ein Weiterleben im Jenseits glaubten, kommen nicht automatisch in paradiesische Zustände. Sie kommen zu gleichgesinnten Nichtwissenden. Von den tieferen Sphären gibt es beängstigende Berichte. Da ist die Rede von dämonischen Gestalten mit boshaften Gesichtern und höhnischem Grinsen, von einer furchterregenden Umgebung, die Kälte und Hass ausstrahlt. Eine 26-jährige Frau, die Suizid begehen wollte, schildert ein solches Erlebnis. Sie war aus ihrem Körper ausgetreten und fand sich vor einem Höhleneingang mit Spinnweben wieder: „Ich sah menschenähnliche, groteske, hässliche Wesen, die stöhnten, schrien, klagten und mit den Zähnen knirschten. Todesangst hielt die gequälten Wesen im Griff." Diese Unterwelt haben sich die Bewohner durch ihre Boshaftigkeit sowie durch Hass, wilde Leidenschaft und engstirniges Denken selbst geschaffen. In diese Sphäre kommen solche, die Gott bewusst verdrängten. Hier glimmt nur noch eine spärliche Glut des Guten. Doch nach reumütiger Einsicht über ihr Fehlverhalten kann diese Glut wieder entfacht werden. Im Folgenden ist noch eine Aussage eines Verstorbenen, der sich in dunkler Sphäre aufhielt, sich jedoch später dem Göttlichen zuwandte: „Die Liebe Gottes leuchtet wie ein himmlisches Licht. Die Liebe hatte ich fest im Herzen verankert. So konnten mich die Wesen nicht mehr in ihre Gewalt bringen. Ich ließ mich nicht mehr versuchen. Für solche, die bereuen, gibt es keine Finsternis. Die Erde befindet sich zwischen den sieben aufsteigenden und absteigenden Welten. Wir unterliegen dem höchsten Verdichtungsgrad."

Im Jenseits halten sich erstaunlich viele Verstorbene auf, die glauben, noch zu leben. Sie haben noch nicht begriffen, dass sie bereits gestorben sind. Andere hängen noch an irdischen Verhältnissen und Bedürfnissen fest und können sich nicht lösen.

## Erholungs- und Anpassungsschlaf
*Quelle: Beat Imhof*
*(Woher wir kommen, wohin wir gehen)*
*Erstauflage 2014/ISBN 978-3-89427-655-3/ S. 368-372*

Alle Verstorbenen bekommen einen Erholungs- respektive Anpassungsschlaf. Im Jenseits muss der Zustand des geschwächten und kranken Körpers überwunden und neue Stärke aufgebaut werden. Für jeden individuellen Fall steht ein Helferengel mit einem Stärkungsmittel bereit. Eine achtzigjährige Frau erzählte, dass nach ihrem mühseligen Leben während des Genesungsschlafs drei Geistwesen bemüht waren, sie innerlich vom Erdenleben zu lösen und über ihre Unwissenheit aufzuklären. Solche, die sich durch ihren Unglauben oder durch Verbrechen schwer belastet haben, befinden sich im unbewussten Dämmerzustand. Sie müssen sich ihrer Situation erst bewusst werden. Den Erholungsschlaf brauchen diese Seelen, um sich anzupassen. Sie müssen ihre niedere Schwingung in eine höhere, jenseitige Schwingung umwandeln. Je reifer ein Verstorbener im Jenseits ankommt, desto schneller gewöhnt er sich an die neuen Lebensbedingungen. Hätten die Seelen ein wenig mehr von den geistigen Dingen gewusst, wäre ihr Erwachen um einiges glücklicher gewesen.

Die Erdgebundenen klammern sich noch oft an frühere Denk- und Verhaltensmuster. Solange die Muster nachwirken, ist die Geistseele nicht bereit, sich neuen Erkenntnissen zu öffnen. Der Anpassungsschlaf kann je nach geistigem Entwicklungsstand, Tage, Wochen, Monate oder Jahre dauern.

Solche, die sich zu Lebzeiten nur wenig bis gar keine Gedanken über den Tod machten, bedürfen einer grundlegenden Neuanpassung. Fürs Richten sind hohe Richterengel zuständig. Alle Daten eines Verstorbenen sind „Im Buch des Lebens" eingetragen. Nach Einsicht ins „Buch des Lebens" erfolgt eine entsprechende Beurteilung und Weisung für die weitere Zukunft.

## Bilanz des Lebens
*Quelle: Beat Imhof*
*(Woher wir kommen, wohin wir gehen)*
*Erstauflage 2014/ISBN 978-3-89427-655-3/S. 391-395*

Am Ende jeden Lebens wird unter Führung hoher Engelwesen eine Bilanz gezogen respektive eine Gewinn-und-Verlust-Rechnung gemacht. Nach dem Anpassungsschlaf wird jeder mit seinem Leben konfrontiert. Wenn der Geist sich vom Körper löst, wenn er gestorben ist, nimmt er das Buch des Lebens mit hinüber. Er muss für seine Taten Rechenschaft ablegen. Im Buch des Lebens sind die wichtigsten Daten für die Beurteilung und Bewertung eines Verstorbenen aufgezeichnet. Die weiteren Daten zu den Werken und Worten (auch in Gedanken) sind an einem anderen Ort abgelegt. Eine Frau beschrieb ihre Nahtoderfahrung folgendermaßen: „Jede Tat, jedes Wort und jeder Gedanke wurde mir mit Schärfe bewusst. Alles stand gleichzeitig vor meiner Seele. So konnte ich erkennen, wo ich gefehlt habe. Auf Erden werden uns je nach Entwicklungsstand schwierige oder leichte Aufgaben zuteilt. Wir werden getestet, ob wir richtig handeln und uns richtig verhalten. Ausführlich wird dann mit den Heimkehrenden über die Schatten- oder Lichtseiten des Lebens gesprochen – wo sie sich bewährt oder wo sie gefehlt haben.

Dass es für ihre weitere geistige Entwicklung wichtig sei. Der Wille und die Einsicht zur Reue ist entscheidend. Den Plan oder die Aufgabe, die mir zugedacht war, hatte ich weder begriffen noch erfüllt. Sie schickten mich zurück."

## Auf was es ankommt
*Quelle: Beat Imhof*
*(Woher wir kommen, wohin wir gehen)*
*Erstauflage 2014/ISBN 978-3-89427-655-3/S. 395-400*

Der geistige Reifezustand ist entscheidend. Mancher führt das Wort Gottes im Mund und trägt den Teufel im Herzen. Reden wir wirklich, was wir meinen? Wir bitten Gott „Dein Wille geschehe" und hoffen, dass sein Wille zugleich der unsere ist. Wir beten, dass sein Reich komme, und freuen uns, wenn es noch lange nicht kommt. Nicht Gebete und Glaubensbekenntnisse sichern uns im Jenseits einen guten Platz. Es ist wichtig, selbstständig und unabhängig von den Kirchen zu denken. Genauso wichtig ist es, die Würde anderer nicht zu verletzen. Eigen- oder Geltungssucht kennt man im Jenseits nicht, aber solche mit hoher Spiritualität sind bei uns bestens bekannt. Nicht Lippenbekenntnisse von Kirchen- und Sektenanhängern machen uns selig, sondern nur die guten Taten und Nächstenliebe. Jede Seele muss reif in ihrem Handeln, in ihren Gebeten und Gedanken werden. Sie muss bewusst in Gerechtigkeit, Glauben, Brüderlichkeit und Liebe leben.

# Gleichgestimmte Schwingungswelten

*Quelle: Beat Imhof*
*(Woher wir kommen, wohin wir gehen)*
*Erstauflage 2014/ISBN 978-3-89427-655-3/S. 364-367*

In gleichgestimmten Schwingungswelten gibt es keine Ruhe, alles ist in Bewegung. Das Resonanzgesetz wirkt sich im Diesseits wie im Jenseits aus. Treffen mehrere Energiefelder aufeinander und treten sie in Resonanz, verstärken sie sich. Gleichgesinnte Energien kann man in Politik, religiösen Gemeinschaften, Sport, Arbeit, Familie, Partnerschaft und Gesellschaft feststellen. Je reiner ein Gedanke ist, desto stärker ist seine Ausstrahlungskraft, die eine weitreichende Resonanzwirkung zur Folge hat. Ein Alltagsgedanke hat nie die Tragweite eines konzentrierten Schöpfungsgedankens. Wesen mit höherem Bewusstsein haben eine viel stärkere Ausstrahlung als Wesen mit niederem Bewusstsein. In niederen Ebenen herrschen Schatten und Dunkelheit. Hier regiert eine Stimmung von Verlassenheit, Verzweiflung, Einsamkeit, Isolation, Hass und Ablehnung. Diese üblen Schwingungen hat der Mensch selbst verursacht. Kein Wesen kann in ein höheres Dasein aufsteigen, das der geistigen Eigenschwingung nicht angepasst ist. Hingegen können hohe Geistwesen in tiefere Sphären hinabsteigen, um denen zu helfen, die sich in den Dunkelwelten aufhalten.

# Nichts von „Ewiger Ruhe"

*Quelle: Beat Imhof*
*(Woher wir kommen, wohin wir gehen)*
*Erstauflage 2014/ISBN 978-3-89427-655-3/S. 400-407*

Der Pfarrer fragte den Teufel, was die Hölle denn so schrecklich mache? Es sei die Unruhe, die Betriebsamkeit, die Hast, der Stress und der Lärm, so die Antwort.

Dann muss der Himmel ja das pure Gegenteil sein. Ein Ort der Bescheidenheit, Stille und Ruhe. Plötzlich waren sie sich einig, dass ein solcher Himmel ja total langweilig sein muss! Solche, die nicht an ein Weiterleben glauben, sprechen von ewiger Ruhe. Ein ruhiges oder unruhiges Jenseits gibt es nicht. Der Tod ist für sie etwas Endgültiges. Bei Bestattungen betten wir die Verstorbenen zur letzten Ruh'. Sie hoffen auf einen ewigen Schlaf und wollen fortan in Ruhe gelassen werden. Die Floskeln auf den Grabsteinen lauten: Ruhe in Frieden, ruhe sanft, das Schicksal setzte hart dir zu, nun bis du gegangen zur ewigen Ruh', nun bis du befreit von Leid und Schmerz, ruhe sanft, du liebes Mutterherz. Das sind Ausflüchte, um sich nicht weiter mit dem Tod zu beschäftigen. Aber auch Geistige beten: Herr, gib ihm die ewige Ruh'. Oder: Lasst sie ruhen in Frieden. Der Mensch beschränkt sich nur aufs Irdische. Nach großer Anstrengung haben wir das Bedürfnis zu ruhen. Aber die Vitalseele braucht keine Ruhe. Nach dem Buch Hiob ruhen all diejenigen im Schatten und in der Finsternis, die viel Mühe im Leben hatten. Die katholische Kirche glaubt noch immer, dass die Toten entweder im Himmel oder im Fegefeuer enden. Es sei empfehlenswert, für sie zu beten und Messen zu lesen. Mit „ewiger Ruhe" wollen sie nur den Schmerz, das Leid, eine Behinderung oder die Befreiung von Geburt und Tod aufheben. Doch in höheren Sphären kennt man keine Müdigkeit. Nur in den tieferen Sphären fühlt man sich matt und elend. Und selbst dort herrscht keine ewige Ruhe. Die Unwissenden, Unruhigen und Rastlosen fühlen sich vom Wunsch umhergetrieben, ihre Taten nicht begangen zu haben. Die Uneinsichtigen sind in den Dunkelwelten so lange zur Unrast verurteilt, bis sie zur Einsicht gelangen. In den oberen Lichtwelten existiert keine Raum- und Zeitbegrenzung. Dort setzen sich die Gedanken und Gefühle mit Lichtgeschwindigkeit fort. So wie es keine ewige Verdammnis gibt, so gibt es auch keine ewige Ruhe.

Würde es eine ewige Ruhe geben, wären Verbrecher, Mörder und Pädophile von jeglicher Strafe befreit. Soll das die Gerechtigkeit sein? Solche, die gegen Gottes Gesetz „Du sollst nicht töten" verstoßen, hätten keine Chance zur Sühne oder Wiedergutmachung. Viele Seelen warten bereits, um wiedergeboren zu werden. Und wie ist es mit den früh verstorbenen oder ungeborenen Kindern? Sie würden in ihren Anfängen stecken bleiben. Es würde keinen Sinn machen, für sie zu beten, da sie ja schon im Todesschlaf wären. Wir würden nur ihre Ruhe stören. Je nach Talent und Frömmigkeit wird dem Verstorbenen im Jenseits eine Aufgabe zuteilt, die zu neuen Lernzielen führen soll. Einerseits geht es darum, die Vergangenheit aufzuarbeiten und daraus die richtigen Lehren zu ziehen. Anderseits warten neue Aufgaben auf ihn, die ihn zu neuer Erkenntnis führen soll. Wer sein Karma vollends abgearbeitet hat, wird nicht wiedergeboren. Aber man erwartet von ihm, dass er noch dreimal aus freiem Willen inkarniert, um beim Aufstieg seiner Brüder und Schwestern zu helfen.

## Aufstiegs- und Entwicklungsstufen
*Quelle: Beat Imhof*
*(Woher wir kommen, wohin wir gehen)*
*Erstauflage 2014/ISBN 978-3-89427-655-3/S. 413-416*

Um den Gefallenen eine neue Möglichkeit zur Rückführung in die himmlische Welt zu ermöglichen, wurden Besserungs- und Aufstiegsstufen geschaffen. Dort bekommt er Gelegenheit, sich auf sein Fehlverhalten zu besinnen, sich zu ändern und sich geistig aufwärts zu entwickeln. Jedes Leben ist eine weitere Prüfung. Wer sie nicht besteht, muss sie in einem nächsten Leben unter denselben oder ähnlichen Umständen wiederholen. Jeder Mensch wird so viel Mal einverleibt, bis er die nächsthöhere Stufe erreicht.

Für viele ist der Tod etwas Endgültiges. Aber welchen Sinn macht es, täglich katholische Messen zu feiern, um der Verstorbenen zu gedenken und für sie zu beten, wenn längst alles entschieden ist? Jeder bringt die Errungenschaften seines Tuns in Gedanken, Worten und Werken ins Jenseits mit. Dementsprechend wird ihm dort ein Aufenthaltsort zugewiesen. Ein geistig Mittelloser wird zuerst in ärmliche Verhältnisse geführt. Dort bleibt er so lange besitzlos, bis er seine Gesinnung ändert. Ein Schwerverbrecher in finsterer Sphäre wird erst nach Jahren oder Jahrhunderten vorwärtskommen. Jeder Neuankömmling trägt im Jenseits eine geistige Identitätskarte. Eine Art Gradmesser, von dem sein geistiger Entwicklungszustand abzulesen ist. Jede gute Absicht, die wir im Leben gezeigt haben, behält im Jenseits ihren Wert. Dort zählen freilich nur spirituelle Werte. Es wird nichts geschenkt. Jeder erhält, was er verdient. Sie entscheiden, ob Sie lieber den Leidens- oder den Weg des Lernens einschlagen. Im Jenseits ist alles nach Ordnungs- und Entwicklungsgesetzen geregelt. Es gibt Schutz-, Führer- und Helferengel, die sich um jeden bemühen. Wer sich ausruht, fällt zurück. In mittlerer Sphäre muss jeder aufsteigende Geist einer Erwerbstätigkeit nachgehen. Dadurch kann er geistiges Eigentum, Mitgefühl, Hilfsbereitschaft, Anteilnahme, Glaubensüberzeugung oder den Willen zur Besserung erwerben. Jemand mit einem ertraglosen Erdenleben muss nicht zurückgestuft werden. Zuerst sollte er aber die Belastung seiner Seele beseitigen.

# Gefahr droht von unten

*Quelle: Beat Imhof*
*(Woher wir kommen, wohin wir gehen)*
*Erstauflage 2014/ISBN 978-3-89427-655-3/S. 421-427*

Die niederen Astralebenen sind ein Tummelplatz für viele Verstorbene, die noch unwissend, uneinsichtig und eigenwillig ihren Lüsten und Lastern frönen. In dieser Gesellschaft verstecken sich nicht selten dämonische Wesen in der Gestalt von verführerischen Geistern, die uns mit Lügen und Ablenkungsmanövern in die falsche Richtung führen wollen. Dass diese dunklen Kräfte existieren, beweist das Übel auf dieser Welt. Sie wirken als Draht- und Strippenzieher hinter den Kulissen. Und offensichtlich begnügen sie sich nicht nur mit den Versuchungen frommer Seelen, vielmehr greifen sie in die Machtzentralen von Politik und Konfessionen ein. Diese werden von den dunklen Mächten infiltriert und kontrolliert. In der Astral- und Mentalwelt gibt es negative Gedankenschöpfungen, die auch für normale Menschen wahrnehmbare Formen annehmen können. Einige können in menschlicher Form erscheinen und einflussreiche Positionen bekleiden, um die Weltgeschichte zu manipulieren. Ohne Zweifel gibt es bösartige Wesen aus der Dunkelwelt, die unser Leben zu zerstören versuchen, indem sie beeinflussbare Menschen zu ihren Handlangern machen. Damals wie heute ging es um Verführung, Lügenpropaganda, Irreführung und Terror. Es kommt vor, dass sich uns dämonische Gestalten im Jenseits nähern, die sich als Bekannte oder Verwandte ausgeben. In Wahrheit wollen sie uns aber böswillig in die Irre führen. Gleich nach dem Übergang vom Diesseits ins Jenseits versuchten sie mich auf ihre Seite zu ziehen. Als ich starb, glaubte ich, dass meine ganze Verwandtschaft um mich war. In Wahrheit war kein einziger Verwandter dabei.

Erst nach einiger Zeit bemerkte ich, dass sie nicht meine Verwandten waren. Sie sahen nur so aus. Bis vor Kurzem hatte ich an kein Weiterleben nach dem Tod geglaubt. Und da sie viel über mich wussten, spielten sie mit mir. Sie redeten nie von Gott und versuchten mir den Gedanken an ein Gebet auszureden. Für solche Wesen ist es leicht, ihre Lügen- und Verführungskünste an Opfern anzuwenden, die über keine Kenntnis verfügen und die noch nicht gemerkt haben, dass sie gestorben sind. Sie beziehen das notwendige Wissen aus den bewussten und unbewussten Erfahrungswerten ihrer Opfer. Schon am Sterbebett finden sich jenseitig böse Wesen ein, die sich des Toten bemächtigen wollen. Ein heftiges Ringen zwischen guten und bösen Geistwesen findet statt. Gefährlich wird es dann, wenn unkontrollierte Jenseitskontakte zu egoistischen Zwecken angerufen werden. Viele Wesen im Jenseits halten sich noch in der Dunkelheit ihrer Unwissenheit auf und können deshalb keine wahren Auskünfte geben. So werden Menschen in die Irre geführt. Es kommt auch vor, dass übel gesinnte Geistwesen versuchen, Macht über leichtgläubige und ahnungslose Menschen auszuüben. Unsere Gebete sollten bewusst Gott zugewendet werden. So haben wir nur jene Geistwesen bei uns, die sich den göttlichen Gesetzen fügen. Auf diese Weise können wir uns von Lug- und Truggeistern schützen. Entscheidend ist, auf welcher Seite wir zeitlebens standen. Ein Verstorbener erzählt, wie er von bösen Wesen beeinflusst wurde. Er habe nichts über ein Weiterleben gewusst. Aber plötzlich befand er sich im Kreis von Gleichgesinnten. Sie waren Abgesandte der anderen Seite. Nie verloren sie ein Wort über Gott: „Nie hatte ich einen Gedanken daran verloren, wohin Verstorbene nach dem Tod geführt werden, und ob das Böse existiert. Es kommt vor, dass dämonische Geister eine Gehirnwäsche an Verstorbenen durchführen, indem sie diese benebeln, ihre Gedanken trüben und ihren Willen ausschalten.

Ihr könnt euch kaum vorstellen, wie es ist, wenn der eigene Geist ausgeschaltet wird. Jeden Tag wird einem etwas suggeriert, das nicht von einem selbst kommt. Man wird apathisch und kann keinen klaren Gedanken fassen." Im Dies- und Jenseits sind die bösen Geister stets bemüht, Konflikte anzuzetteln, Unfrieden zu stiften, Zweifel zu wecken und Menschen auf Abwege zu führen. Mit bösartiger Suggestion, Negativpropaganda und Massenmedien versuchen sie ein Millionenpublikum zu beeinflussen. Betrachten wir nur das tägliche abendliche Fernsehprogramm mit seinen zahlreichen Gauner-, Verbrecher- und Horrorgeschichten. Diese erzeugen bei den Zuschauern nicht nur spannende Unterhaltung, sondern setzen aufgrund von Sympathie und Resonanz Nachahmungsgelüste und kriminelle Energie frei. Solchen, die es gewohnt sind, im Gebet die göttliche Welt anzurufen, können die übel gesinnten Gesellen nichts anhaben. Aber da uns die Kirche kein klares Wissen vermittelt, sondern nur Dogmen auferlegt, haben es die heutigen Menschen schwer, die nötigen Lerninhalte zu erkennen. Leider richtet sich das Interesse der Kirche kaum mehr auf himmlische Inhalte. Zum Glück hat sie ihren Einfluss auf die Menschen zunehmend verloren. Es gibt Verstorbene, die versuchen, einen Menschen zu schädigen oder sich an ihm zu rächen. Damit Verstorbene nicht Opfer einer Täuschung oder Verführung werden, ist es sinnvoll, sie mit segnenden Gebeten ins Jenseits zu begleiten. Man sollte eine Schutzmauer gegen das Böse aufbauen. Solchen, die einen ungenügenden Schutz haben, wird dringend davon abgeraten zu channeln. Bei ihnen haben niedere Geistwesen leichten Zugang.

# Gibt es eine ewige Verdammnis?
*Quelle: Beat Imhof*
*(Woher wir kommen, wohin wir gehen)*
*Erstauflage 2014/ISBN 978-3-89427-655-3/S. 485-492*

Zeiten wie Tages- oder Jahreswechsel sind im Jenseits gänzlich unbekannt. In höheren Sphären ist es stets hell und in der Dunkelwelt stets finster. Durch die Rebellion der Engel haben Letztere ihr göttliches Licht verloren und sind in die lichtlose Finsternis weit weg von Gott gestürzt. Die Dunkelwelt erstreckt sich von tiefer Finsternis bis hinauf zur Dämmerwelt. In der oberen Sphäre, die noch zum Einflussbereich der höllischen Mächte gehört, treiben sich zahlreiche Astralwesen herum, die sich den Gesetzen Gottes noch immer nicht fügen wollen. Diese Lügen- und Plagegeister wollen gutgläubige Menschen verführen. Jeder schafft sich seine Hölle selbst. Durch diese Erkenntnis kann er die Bürde wieder ausgleichen. Die Hölle hat die Kirche erfunden.

# Hilfe kommt von oben
*Quelle: Beat Imhof*
*(Woher wir kommen, wohin wir gehen)*
*Erstauflage 2014/ISBN 978-3-89427-655-3/S. 427-434*

Die Grenze zwischen dem Dies- und dem Jenseits ist transparent. Daher sind von beiden Seiten Hilfeleistungen möglich. Wir leben gleichzeitig in der feinstofflichen Wunsch- und Gedankenwelt und in geistigen Sphären. Die verborgenen Helfer können ehemalige Menschen sein, die es sich zur Aufgabe gemacht haben, von der jenseitigen Welt zu wirken. Es können aber auch Engelwesen sein, die die Menschen durch Einflüstern auf den richtigen Weg führen wollen.

Eine weitere Aufgabe der Engel und aufgestiegenen Geister ist es, Menschen nach ihrem Tod abzuholen. Hierzu werden auch verstorbene Ehepartner, Verwandte oder Freunde aufgeboten. Es ist ihre Aufgabe, die Heimkehrenden zu betreuen, zu belehren und nach Möglichkeit Familienangehörige zusammenzuführen. Die Schutz- und Führerengel haben den Auftrag, die ihnen anvertrauten Menschen durch das Leben zu führen und sie vor Gefahren zu warnen. Die Engel stehen den Menschen auch als Sterbebegleiter bei. Beim Sterbevorgang betätigen sie sich als Geburtshelfer, indem sie den feinstofflichen Körper aus dem grobstofflichen lösen und die Silberschnur durchtrennen. Für die Dauer des irdischen Lebens wird uns ein Schutzengel als ständiger Begleiter zugeteilt. Nehmen wir seinen Schutz nicht an, zieht er sich zurück. Es liegt an uns, sich ihm anzuvertrauen. Auf eine Bitte, in der Not oder bei einem Hilferuf eilt er herbei. Doch ob wir seine Hilfe annehmen, liegt bei uns. Je reiner unsere Absicht, desto stärker kann uns der Schutzengel behüten. Engel und Verstorbene werden auch als Missionsgeister in die Dunkelwelt gesandt, um die Wesen, die sich von Gott abwendeten, zum Gesinnungswechsel zu bewegen und ihnen den Weg ins Licht zu weisen. Sogar erdgebundene Verstorbene, die den Weg ins Jenseits noch nicht gefunden haben, werden von Missionsgeistern aufgesucht. Ein Geistwesen schildert die mühselige Arbeit an jenen Verlassenen, die kaum ansprechbar sind und jede Hilfe ablehnen: „Sie sind stumpfsinnig, bösartig und durch nichts aufzurütteln. Sie lassen niemanden an sich ran." Andere, die nie gebetet haben, werden von niederen Geistwesen in die Irre geführt. Sie haben keinerlei Kenntnis über die Zusammenhänge und bleiben lange am selben Ort stecken. Engelwesen versuchen unserer Erde positive Energie zu senden, um den Planeten in eine höhere Schwingung zu bringen und die negativen Gewaltenergien zu minimieren.

Aber da heute nur wenig Liebesenergie fließt, ist dies ein schwieriges Unterfangen. Anstelle des positiven Denkens, konnten sich Negativenergien wie eine teerige und klebrige Masse verbreiten. Sie haben uns die Sinne verstopft. Zwischen dem göttlichen Baumeister, dem Architekten des Universums, und der kleinen Menschenwelt befindet sich kein leerer Raum. Er ist bevölkert von dienstbaren Engelwesen, von Geistern der Verstorbenen sowie von feinstofflichen Naturgeistern und dämonischen Gestalten. Wir bestimmen selbst, welche Geschöpfe wir anziehen und wem wir uns anvertrauen.

## Belehrungen kommen von drüben
*Quelle: Beat Imhof*
*(Woher wir kommen, wohin wir gehen)*
*Erstauflage 2014/ISBN 978-3-89427-655-3/S. 434-440*

Über mehrere Wege und Kanäle versuchen uns jenseitige Geistwesen spirituelle Weisungen und Belehrungen zukommen zu lassen. Ohne die Hilfe der Geistwesen würden wir nie zu tieferer Erkenntnis gelangen. Kirchen sprechen gern und oft von Glaubensbekenntnissen. Wenn es aber um die Fragen geht, woher das Böse kommt, wohin wir gehen oder weshalb wir hier sind, fühlen sie sich in die Enge getrieben. Sie sind keine Stellvertreter Gottes, Lehrmeister oder Propheten, die uns etwas beibringen können. Jesus war der Einzige, der vom Haus seines Vaters berichtete. Nicht einmal Nikodemus, Mitglied des Hohen Rats, hat die Rede über die Wiedergeburt im Geist verstanden: „Wie könnt ihr das, was über dem Himmel ist, begreifen, wenn ihr nicht mal an die Dinge glaubt, über die ich mit euch spreche?", so Jesus.

## Was bedeutet Erlösung?
*Quelle: Beat Imhof*
*(Woher wir kommen, wohin wir gehen)*
*Erstauflage 2014/ISBN 978-3-89427-655-3/S. 441*

Die Erde ist eine Art Durchgangsstation. Wir sind auf Erden, um zu lernen und uns geistig weiterzuentwickeln, damit wir die Heimreise ins Paradies antreten können. Dieses Ziel erreichen wir aber nur, wenn wir uns ernsthaft darum bemühen.

## Das Entsprechungsgesetz
*Quelle: Beat Imhof*
*(Woher wir kommen, wohin wir gehen)*
*Erstauflage 2014/ISBN 978-3-89427-655-3/S. 358-361*

Alle Taten, Gedanken und Worte hinterlassen eine Spur. Es sind die Werke, die uns in den Tod nachfolgen. Wie oben, so unten, und unten wie oben. Im Diesseits wie Jenseits. Auf Erden wie im Himmel. Nichts tritt auf Erden in Erscheinung, was nicht im Himmel schon existiert. Viele Kirchengänger beten: „Dein Wille geschehe, wie im Himmel, so auf Erden", haben jedoch keine Ahnung, was damit gemeint ist. Es geht ums Entsprechungsgesetz. Erst im Jenseits wird den Verstorbenen ihr Tun in Gedanken und Worten richtig klar. Es sind ihre Werke, die ihnen in den Tod nachfolgen. Ihr Inneres wird zum Äußeren. Sie werden ihren Taten gegenübergestellt. Jeder Mensch ist frei im Willen. Daher sollten wir jeden Tag bewusst handeln, um so wenig Karma wie möglich anzuhäufen, bevor wir ins Jenseits treten.

# Die Umgebung des Menschen
*Quelle: Herbert Vollmann*
*(Ein Tor öffnet sich)*
*Einzige Ausgabe 1983/ISBN 3-87860-129-8/S. 372-376*

Was aber prägt einen Menschen? Ist es die Umgebung oder ist er das Produkt seiner Umgebung? Die einen sagen, dem Menschen wird alles in die Wiege gelegt. Andere sagen, die Umwelt ist alles; sie begabt einen Menschen oder nicht. Um zu einer Lösung zu kommen, müssen wir zuerst herausfinden, was vor der Geburt geschieht, denn die Ausgangslage einer irdischen Geburt ist dafür nicht geeignet. Die Seele entsteht nicht erst zwischen Zeugung und Geburt. Sie ist bereits vorhanden und kann schon viele Erdenleben gehabt haben. Wie aber kommt die Seele in einen Erdenkörper? Durch die Inkarnation! Die Seele hält sich schon nach der Zeugung in der Nähe der Mutter auf und tritt um die Mitte der Schwangerschaft in den Kindskörper ein, wodurch sich die Inkarnation vollzieht. Die ersten Kindsbewegungen sind die Anzeichen dafür. Das geschieht nicht willkürlich, sondern richtet sich nach dem Gesetz der Gleichart. Dabei kann es sich um einen religiösen, beruflichen, wirtschaftlichen oder politischen Zusammenschluss handeln. Die alten Völker wussten nichts über diese Gesetze, befolgten sie jedoch unbewusst, indem sie die Gesellschaft in Berufsstände und Bildungsklassen aufteilten. In den Klassen bekam jeder die notwendige Kraft zur Weiterentwicklung. Doch war die Einteilung in obere, mittlere und untere Klassen falsch. Das erzeugte einerseits Neid und Hass, anderseits Dünkel, Hochmut und Trägheit - und als Folge davon schließlich den Klassenkampf.

In Wahrheit aber kann nur das Zusammenwirken aller Klassen eine harmonische Entwicklung erzeugen, denn jede Klasse ist in ihrer Art vollwertig, hat Fähigkeiten und Vorzüge, welche die anderen nicht haben, und ist ein notwendiges Glied des Ganzen. Ein dauerhaft sozialer Friede und geistiger Aufstieg ist nur dann gewährleistet, wenn die einzelnen Klassen in gegenseitiger Achtung und Rücksicht nebeneinander bestehen und sich ergänzen. Wie bereits gesagt, hält sich die Seele schon bald in Nähe der werdenden Mutter oder des Vaters auf. Die Anziehung kann beispielsweise aufgrund der musikalischen Neigung eines Elternteils erfolgen, was später als körperliche Vererbung erscheint. In dieser Umgebung kann die Seele ihre Fähigkeit voll entfalten. Anderseits besteht die Möglichkeit, dass ein Alkoholiker eine Seele anzieht, die sich der gleichen Sucht hingibt. In diesem Fall lässt die gleiche Umgebung die inkarnierte Seele die eigenen Schwächen erleben. Das kann eine so große Abscheu erwecken, dass sie ihr Laster aufgibt. Oder - wenn sie keine Einsicht gewinnt - der Sucht noch mehr verfällt. Außerdem können karmische Bindungen mit einem Familienmitglied aus einem früheren Leben bestehen. Wenn ein Kind durch einen Umstand (Vertauschen, Unfall, Tod, Adoption usw.) aus einer schlechten Umgebung herausgenommen und in bessere Verhältnisse geführt wird, so ändert sich nicht gleich seine feinstoffliche Umgebung. Deshalb ist es gut möglich, dass beim Erwachsenwerden die Verbindung mit seiner gleich gebliebenen feinstofflichen Umgebung auflebt und die alte ungute Art durchschlägt, was sich auf den Erziehenden sehr enttäuschend auswirkt. Nicht die Umgebung formt und prägt den Menschen, sondern der Mensch formt die Umgebung. Die Umgebung ist sein Spiegelbild! Deshalb ist es unmöglich, dass Opfer einer Umgebung oder von Verhältnissen zu werden.

# Das Gesetz der Anziehung
*Quelle: Beat Imhof*
*(Woher wir kommen, wohin wir gehen)*
*Erstauflage 2014/ISBN 978-3-89427-655-3/S. 361-364*

Durch den Verstand hat sich der Mensch die Fähigkeit genommen, die Schöpfung als Ganzes zu betrachten. Er versperrt sich die Sicht auf die andere Welt, die ihm folgerichtig aufzeigen würde, wie er die Probleme, mit denen er sich abmüht, meistern könnte. Bevor eine Seele in einen Körper inkarnieren kann, wirkt das Gesetz der Gleichart – durch die Art der Umgebung oder der Eltern. Werden die Fäden fester, bewirkt das die Inkarnation, den Eintritt der Seele in den werdenden Kindskörper. Der Eintritt erfolgt erst um die Mitte der Schwangerschaft. Der Geist ist nicht mit dem Körper, sondern mit den Wesens- und Schicksalsfäden der Eltern verbunden. Die Eltern geben dem Kind bei der Geburt nicht etwas von ihrem Geist mit. Es ist auch keine Vererbung, wie viele das meinen, sondern die Anziehung nach dem Prinzip der Gleichart. Wie viele Male ein Mensch wiedergeboren wird, hängt von seinem Entwicklungsstand im Geist ab. Jesus hat manches Geschehen in der Schöpfung nicht erklärt oder erwähnt, weil wir es nicht verstanden hätten. Aber der geistige Entwicklungsstand ist maßgebend dafür, von welcher Ebene die Seele nach dem Tod angezogen wird. Jeder kommt auf die Ebene, die seinem Geisteszustand entspricht. So bilden sich gleichgesinnte Gruppen im Jenseits. Hier kann man durch das Erfahren des eigenen Fehlverhaltens von anderen wachsen.

# Karma und Reinkarnation
*Quelle: Beat Imhof*
*(Woher wir kommen, wohin wir gehen)*
*Erstauflage 2014/ISBN 978-3-89427-655-3/S. 526-532*

Jedes bewusste oder unbewusste Tun beziehungsweise Unterlassen zieht seine Folgen nach sich. Die Ursache, die sich auswirkt, ist von jedem selbst verursacht. Dies ist das Gesetz von Säen und Ernten. Die Ernte ist die Saat aller Taten von gestern, die das Schicksal von heute für uns bestimmt. Vieles blieb in der Vergangenheit unerledigt und muss nun aufgearbeitet und abgetragen werden. Nicht Gott ist dafür verantwortlich, sondern wir selbst. Wer alle Karmafäden aufgelöst hat, muss nicht wiederkommen, außer auf freiwilliger Basis für seine Erdengeschwister. Karmafäden sind Rückwirkungen unserer guten und schlechten Taten. Dafür muss aber keine höhere Macht strafend oder belohnend eingreifen. Wir werden durch die Sünde und nicht für die Sünden bestraft. Das persönliche oder familiäre Schicksal ist keine Strafe, sondern die Spätfolge unseres Tuns. Um das zu begreifen, müssen wir in mehrere Leben hineinschauen. Der Zeitabschnitt zwischen Ursache und Wirkung kann erst dann überblickt werden, wenn der Schleier des Vergessens gehoben wird. Im Jenseits wird uns ein Überblick über die lange Kette von Ereignissen aus der Vergangenheit gegeben, um die Zusammenhänge besser zu verstehen.

**Drei Gesetze gibt es dafür:**

**Das Gesetz von Ursache und Wirkung**, also dass unsere Taten nicht wirkungslos bleiben.

**Das Gesetz der Gegenläufigkeit.** Das heißt, dass auf jede Aktion eine Reaktion erfolgen muss.

**Das Gesetz des Ausgleichs**, also dass wir die Möglichkeit erhalten, unser Fehlverhalten zu ändern.

Jede Übertreibung im Guten wie im Schlechten kommt wie ein Bumerang zurück. Die Retourkutsche lässt oft lange auf sich warten, aber sie kommt bestimmt. Auch für ungesühnte Taten. Jeder bewusst gedachte Gedanke kann sich verselbstständigen und als energiegeladener Informationsträger weiterwirken. Wir schaffen unser Karma selbst. Wir können einen Hassgedanken in einen Liebesgedanken umwandeln, indem wir ihn zurückrufen. Deshalb ist Verzeihen so wichtig. Unser Tun und Handeln hinterlässt auch dann noch Spuren, wenn wir es bereits vergessen haben. Niemanden trifft etwas Gutes oder Böses, Freud oder Leid, das er nicht selbst geschaffen hat. Die bösen Taten müssen früher oder später durch gute Gedanken, Worte und Werke aufgelöst werden.

**Es gibt vier Schichten des unbewussten Seelenlebens:**

1. Das persönliche Karma
2. Das familiäre Karma
3. Das Teilkarma
4. Das Kollektivkarma

Das erste Karma ist das persönliche Urkarma, das in der Rebellion gegen die göttliche Ordnung entstanden ist. Das zweite ist das familiäre Lebenskarma, das sich erst zu einem späteren Zeitpunkt auswirkt. Das dritte ist das Teilkarma mit den uns aufgetragenen und zumutbaren Aufgaben, die wir im gegenwärtigen Leben lösen müssen. Das vierte ist das Gesamtkarma aller Leben, im Diesseits wie im Jenseits.

Ein Kollektivkarma kann durch Verbrechen, Katastrophen, Epidemien, Unglücksfälle oder wo viele Menschen zur gleichen Zeit am selben Ort unschuldig zu Schaden kommen, entstehen. Das kann ganze Völker, Rassen, Sippen und Familien treffen, die aus karmischen Gründen wieder in dieselben Lebensumstände hineingeboren werden, um ihr Schicksal erneut zu erleben. Meist gehen mehrere Ursachen ineinander über und wirken sich kollektiv aufs Geschehen aus. Die Ich-Sucht eines Menschen entsteht durch seine Unwissenheit. Er schafft sich sein Negativkarma selbst. Nur in der Absichtslosigkeit eines Tuns schafft man sich kein Karma, da man weder Lob noch Anerkennung dafür erwartet.

## Wiedergeburt als Chance
*Quelle: Beat Imhof*
*(Woher wir kommen, wohin wir gehen)*
*Erstauflage 2014/ISBN 978-3-89427-655-3/S. 532-536*

Wir können in jedem Leben altes Karma abtragen. Wir können unser Karma mit positiven Gedanken, wohlwollenden Worten und edlem Tun auflösen. So einfach, wie es die frommen Inder glauben, ist es jedoch nicht. Es genügt nicht, knietief in den Fluss des Ganges zu steigen, um sich die Sünden abzuwaschen. Ein selbst verschuldetes Karma lässt sich weder durch ein Sühnebekenntnis noch durch eine rituelle Waschung aus der Welt schaffen. Ein Schüler mit ungenügender Leistung kann auch nicht einfach so befördert werden. Allerdings erhält er im Folgejahr die Chance dazu. Dies ist keine Schande, Schikane oder Strafe, sondern als Gunst zu werten. Deshalb ist das Wiederholungsjahr kein verlorenes, sondern ein gewonnenes Jahr.

Durch die Inkarnation wird ihm die Gnade zuteil, auf dem Lern- oder Leidensweg voranzukommen. Zwischen den Etappen halten sich die Schüler in einer Zwischenwelt auf, wo sie ihre Lern- und Leidenserfahrung aufarbeiten können. Den Uneinsichtigen und Unverbesserlichen bleibt sowohl der direkte als auch der indirekte Aufstieg bis auf Weiteres versagt. Dort in dunklen Sphären können sie über ihr verpfuschtes Leben nachdenken, bis sie zur Einsicht gelangen und Hilfe von Lichtwesen annehmen. Wir müssen so lange auf Erden inkarnieren, bis wir unser Schuldkarma abgetragen haben. Dies bedarf mehrerer Leben und hängt von der Ertrags- und Verlustbilanz ab. Es ist eine Gnade, geradebiegen zu dürfen, was krumm gewachsen ist, und gutzumachen, was falsch gelaufen ist. Wir dürfen wiederaufrichten, was gefallen ist, und heilen, was verletzt wurde. Wir werden so lange mit einer Aufgabe oder einem Problem betraut, bis wir dessen Ursache behoben haben. Wenn wir die Lektion nicht lernen, werden wir irgendwann später wieder vor derselben Lektion stehen. Den weniger fortgeschrittenen Geistwesen werden leichtere Aufgaben zuteil, den reiferen schwierigere Aufgaben. Ein schweres Schicksal ist also nicht gleich ein schweres Karma. Tatsächlich haben Menschen mit einer Behinderung oder Krankheit ein erfüllteres Leben als solche ohne Beschwerden. Nicht nur für die Betroffenen, sondern auch für Angehörige kann es eine Chance sein. Man kann immer wieder beobachten, dass sich Eltern oder Geschwister von schwer benachteiligten Kindern oder Jugendlichen mit bewundernswertem Eifer für deren Pflege, Schulung und Ausbildung einsetzen. Ohne sie würde es keine heilpädagogischen Kindergärten, Schulen, Pflegeheime und Werkstätten geben. Es gibt Geschwister, die später einen heilenden Beruf wählen. Wer vor Leid verschont bleibt, ist verpflichtet, anderen zu helfen.

Wir alle tragen die Last dieser Welt. Bis zur nächsten Inkarnation befinden wir uns in der feinstofflichen Sphäre, wo wir uns von vergangenen Leben erholen. Diese Zeit sollte man nutzen, um aus der Vergangenheit die nötigen Schlüsse zu ziehen. Nach dem Ableben ist noch recht viel ungelöst und unerledigt. Ganz zu schweigen davon, wie bescheiden der geistige Fortschritt in nur einem Leben oft ist. Jetzt können wir erahnen, wie viele Erdenleben nötig sind, um von der Geburt und Wiedergeburt befreit zu sein. Wir werden erst dann am letzten Ziel ankommen, wenn wir alle irdischen Wünsche und Begierden ablegen.

## Rückführung als Therapie
*Quelle: Beat Imhof*
*(Woher wir kommen, wohin wir gehen)*
*Erstauflage 2014/ISBN 978-3-89427-655-3/S. 536-541*

Um ein Leid zu heilen, muss zuerst nach der Ursache gesucht werden. Viele Ursachen liegen in vergangenen Leben, seien sie durch einen Konflikt, eine Negativprägung, vererbte Verhaltensmuster oder durch unverarbeitete Schocks in Kinder- und Jugendjahren entstanden. Die Ursache des Leids kann bis in ein früheres Erdenleben führen. Eine Reinkarnationstherapie könnte helfen. Auf diese Weise kann man verborgene Störungen an der Seele aufdecken, denn das unbewusste Karma kennt nur die Gegenwart. Ohne es zu wissen, schleppen wir ganz viel Karma mit uns rum. Es kann vorkommen, dass man Déjà-vu-Erlebnisse hat, etwa durch Personen, die man wiederzuerkennen meint, oder durch Orte und Gegenden, die uns aus längst vergangener Zeit vertraut vorkommen.

# Der mehrdimensionale Mensch

*Quelle: Beat Imhof*
*(Woher wir kommen, wohin wir gehen)*
*Erstauflage 2014/ISBN 978-3-89427-655-3/S. 165-182*

Der Mensch ist ein vielschichtiges Wesen. Er besteht nicht nur aus Körper, Seele und Geist, wie wir fälschlicherweise annehmen, sondern aus sieben Körpern: physischer Körper, Äther-, Astral-, Mental-, Kausal-, Geist- und Lichtkörper.

## Der physische Körper

Schon in der embryonalen Entwicklung bilden sich drei Keimblätter: Ekto-, Meso- und Entoderm, die für drei Körpertypen verantwortlich sind: Bewegungs-, Ernährungs- und Empfindungstyp. Unser Körper unterliegt einem fortlaufenden Aufbau- und Abbauprozess. Daher altert er schon ab dem 36. Lebensjahr, wenn mehr Körperzellen abgebaut als aufgebaut werden. Der grobstoffliche Körper kann mit einem Schutz- oder Abwehrpanzer verglichen werden. Es ist unsere Aufgabe, diesen leistungsfähig und gesund zu halten. Das können wir nur erreichen, indem wir unsere Ernährung, Lebensgewohnheiten, Denkmuster und Verhaltensweisen veredeln sowie in Harmonie bringen. In der ersten Lebenshälfte geben wir viel Geld aus, um die Gesundheit zu ruinieren, in der zweiten, um sie wiederherzustellen. Dabei rinnt uns das Leben weg. Unser Körper ist nicht als Lust-, Räucher- oder Speckkammer zu betrachten, sondern als Tempel des Geistes anzusehen.

# Der Ätherkörper

Der Ätherkörper besteht aus einer hauchdünnen, fast unsichtbaren Substanz, die vom Körper ausgeht und ihn schleierartig umgibt. Dabei handelt es sich um ein feinstoffliches Fluidum, das diesen wie eine zweite Haut umhüllt. Der Ätherkörper ist ein Kraftfeld von strömender Energie, der verrät, was für eine Ausstrahlung wir gerade haben und in welcher seelischen Verfassung wir uns gerade befinden. Die seelische Verfassung eines Menschen kann über einen Duft oder Geruch wahrgenommen werden. Der Körper unseres Gegenübers wägt blitzschnell zwischen Abstoßung, Anziehung, Sympathie und Antipathie ab. Auf Wohlgerüche reagieren wir positiv, auf schlechte wie von verdorbenen Nahrungsmitteln, Ausdünstungen, Alkohol, verrauchten Räumen und usw. negativ. Das Fluidum schützt uns vor innerer Verletzung, so wie die Haut uns von einem äußeren Stich oder Schlag schützt. Reflexartig streichen wir über die verletzte Stelle oder blasen sie an. So wird ebenfalls das Loch im Ätherkörper wieder geschlossen. Wir können auch Getreide, Früchte und Wasser mit unserer Ausstrahlung und Energie aufladen. Der Ätherkörper ist der Spiegel der Seele. Er zeigt die Schwächen und Stärken der Menschen auf. Die Vitalkräfte werden durch das Sonnenlicht mit dem lebenswichtigen Vitamin D sowie durch intensives Atmen oder Yogaübungen gestärkt. Umgekehrt kann der Körper durch zu starke Lichteinwirkung, Lärm und eisiges Wasser sowie durch schlecht gelüftete Räume, Smog und Feinstaub geschwächt werden.


# Der Astralkörper

Der Astralkörper kann mit einem feinmaschigen Kleid verglichen werden. Der Begriff „astral" kommt vom griechischen „aston" und steht für „Stern" oder „Gestirn".

Im Astralkörper sind all unsere Empfindungen, Gefühle, Instinkte, Triebe, Ärger, Nöte, Sorgen, Freuden, Wünsche und Bedürfnisse zu Hause. Er dient zum Aufbau des physischen Körpers vor dem Eintritt in die Materie. Bei Nahtoderfahrungen, Seelenaustritten im Schlaf, schweren Autounfällen oder Narkose kann sich der Astralkörper vom grobstofflichen Körper lösen. Er bleibt jedoch mit der sogenannten Silberschnur weiter verbunden – so wie beispielsweise Astronauten über ein Kabel mit der Raumkapsel verbunden sind, um ihre Rückkehr zu sichern. Der Geist hat zu diesem Zeitpunkt das volle Bewusstsein. Er kann denken, seine Umgebung und den bewusstlosen fleischlichen Körper wahrnehmen. Er kann sich jedoch nicht bemerkbar machen. Der Phantomschmerz nach der Amputation eines Körperglieds ist der Beweis für den Astralkörper. Deshalb sind solche Menschen gegenüber Witterungseinflüssen von Sonne, Mond, Erdstrahlen und Wasserstrahlen viel empfänglicher. Im Jenseits legen wir den grobstofflichen Körper ab und das feinstoffliche Untergewand kommt hervor. Der feinstoffliche Astralkörper vermag die grobstoffliche Materie leicht zu durchdringen. Er kann durch Glasscheiben, Beton, Stahlwände und massive Mauern hindurch, denn er wird durch die Grobstofflichkeit nicht mehr begrenzt. Deshalb können uns auch Verstorbene erscheinen.

## Der Mentalkörper

Die Mentalsphäre gehört zur nächsthöheren Stufe der Astralwelt. Der Begriff „mental" wird vom lateinischen Wort „mens" (für Denkfähigkeit, Einsicht, Absicht, Vernunft und Verstand) abgeleitet.

In der Art unseres Denkens spiegeln sich unsere Phantasie sowie unsere Vorstellungen, Ideen, Interessen, Neigungen und

Gesinnungen wider, aber auch unsere Weltanschauung, religiöse Glaubensinhalte sowie all unser Hass und die Liebe. Auch Erinnerungen werden dort aufbewahrt. Anhand der Beschaffenheit des Mentalkörpers kann man erkennen, welchen Charakter man vor sich hat. Je reiner die Gedanken, desto selbstloser die Liebe und desto edler das Kleid. Der Mentalkörper ist Träger des Ego-Bewusstseins. Selbst nach dem Tod gehen die bewussten und unbewussten Erinnerungen nicht verloren. Man kann den Mentalkörper mit vielem belasten: mit Stress, Lärm, Umweltgiften, Suchtmitteln, Medien, Fernsehprogrammen, Negativgedanken sowie Verbrecher-, Horror- und Skandalgeschichten. Es ist nicht gut, einen solch brutalen Gedankenmüll in uns einzulagern. Die vier Körper (physischer Körper, Äther-, Astral- und Mentalkörper) bilden vorübergehend eine Einheit.

## Der Kausalkörper

Der Kausalkörper wird durch unsere Worte, Werke und das Tun in Gedanken gebildet. „Kausal" bedeutet „ursächlich verursacht". Das lateinische „causa" steht für Absicht, Ursache, Beweggrund oder Karma. Im Kausalkörper sind alle Spuren des Lebens aufbewahrt, die guten wie die schlechten Taten. Es sind die Werke, die nach dem Tod weiter auf uns wirken. Gute Taten werden uns förderlich sein, schlechte werden uns belasten und am geistigen Aufstieg hindern. Die Gnade ist kein Schuldenerlass, sondern dient zur Schuldtilgung und Wiedergutmachung. Der Kausalkörper ist für Ursache und Wirkung verantwortlich. Nicht Gott trägt dafür die Verantwortung, sondern wir selbst. Wir müssen die Suppe, die wir uns in zahlreichen Leben eingebrockt haben, selbst auslöffeln.

Das ist das Gesetz des Ausgleichs und der Gerechtigkeit. Dazu gibt es viele Redensarten: „Wer zum Schwert greift, wird durch das Schwert umkommen", „Nach dem Maß, mit dem wir messen, werden auch wir gemessen", „Wie man sich bettet, so liegt man". Erst wenn wir alle Taten in den vergangenen wie auch zukünftigen Leben aufgearbeitet haben, werden wir vom Zwang der Wiedergeburt befreit sein.

## Der Geistkörper

Die zweithöchste Existenzform ist der Geistkörper. Er ist Träger des Geistbewusstseins und besteht aus einer hochschwingenden Energie. Er ist durchsichtig, schwerelos und besitzt keinerlei Glieder oder Organe. Durch eigene Kraft kann er jede denkbare Gestalt oder Form annehmen. Die Entfernung spielt dabei keine Rolle. Raum und Zeit verlieren ihre Bedeutung.

## Der Lichtkörper

Der Lichtkörper besteht aus lauter Photonen und Lichtzellen. Die Seele leuchtet wie ein Stern. Alles ist erfüllt von reinstem Licht und göttlicher Strahlung. Auf dieser Ebene trägt er das allumfassende, kosmische Bewusstsein. Auch wir trugen das Licht einst in uns, aber es wurde uns abgenommen. Wir haben uns von Luzifer verführen lassen. Daraufhin beriet man im Himmel, wo man das göttliche Licht verstecken solle, damit die Gefallenen, die nun Mensch geworden sind, es nicht so schnell wiederfinden. Die Engel beschlossen, dass man den Gottesfunken am besten im Herzen der Menschen versteckte, denn dort würden die Gegner am wenigsten suchen. Die höchste Sphäre besteht aus reinstem Licht.

Es ist die Sphäre, in der wir mit der Liebe eins werden. In diesem kosmischen Bewusstseinszustand erlebt man jedes Blatt und jeden Stein als Ganzes. Alles ist in allem und alles ist mit allem verbunden. Zu den sieben Körpern gehören auch sieben Schwingungsebenen. Der Zustand auf der Ebene des Lichts hängt von der seelisch-geistigen und körperlichen Befindlichkeit ab. Diese Ebene wird durch die Sinngebung unseres Lebens, das sittliche Streben, die geistige Ausrichtung, die Gesinnung und durch unser Denken geprägt. Der gegenwärtige geistige Entwicklungsstand gibt Aufschluss darüber, in welchem Zustand wir uns gerade befinden und welche Hülle wir gerade tragen. Der äußere Zustand der Seele ist zugleich der Spiegel unseres Inneren. Das Innere spiegelt sich im Äußeren wider.

## Die himmlischen Sphären
*Quelle: Beat Imhof*
*(Woher wir kommen, wohin wir gehen)*
*Erstauflage 2014/ISBN 978-3-89427-655-3/S. 492-501*

Der Himmel besteht aus verschiedenen Schwingungsebenen. Wir bestimmen die Frequenz und den Verdichtungsgrad selbst. Je reiner unser geistiges Bewusstsein, desto höher steigen wir auf.

## Das Paradies

In die erste Himmelssphäre kommen die meisten Verstorbenen. Sie müssen aber bereit sein, ihren Körper von Bindungen und alten Verhältnissen zu lösen. Das Paradies ist eine Art Vorhimmel für gutgesinnte Seelen, die sich fürs Göttliche entschieden haben. Hier kommt es bald zur Lebensrückschau und moralischen Bewertung des vergangenen Lebens.

Je nach Gesinnung oder Eigenschwingung wird die Seele einem Läuterungs- und Besserungsprozess zugeführt oder kann direkt in die himmlische Sphäre aufsteigen.

## Das Sommerland

Die zweite Himmelssphäre ist das Sommerland. Die Region hat große Ähnlichkeit mit unserer Landschaft: Es gibt ein mildes Klima sowie eine üppige Pflanzen- und Tierwelt. Die Bewohner können sich entsprechend ihren Wünschen sinnlichen Freuden hingeben. Daher wird die Sphäre auch „Wunschwelt" genannt. Es ist der Wiedersehensbereich für alle Gleichgesinnten, die auf Erden in Liebe und Wohlwollen miteinander verbunden waren. Unabhängig von zeitlichen und räumlichen Abständen finden sich hier Eltern, Kinder, Ehepaare, Freunde, Brüder, Schwestern, Verwandte und Bekannte wieder, sofern sie derselben Schwingungsebene angehören. Auch solche, die man beim Fall der Engel aus den Augen verlor, trifft man hier an. Viele Entwicklungsstufen waren dafür nötig, um den Wiederaufstieg zu gewährleisten. Von hier aus werden zahlreiche Geistwesen, die eine jenseitige Schulung und Weiterbildung in den „Hallen des Lernens" erfahren haben, für ein neues Erdenleben vorbereitet.

## Das Land der Seligen

Das Land der Seligen ist die dritte Himmelsstufe. Diese Sphäre nimmt jene Geister auf, die sich von belastenden Abhängigkeiten und Leidenschaften befreit und geläutert haben. An die Stelle des Leids ist Glückseligkeit getreten. Hier hat man seine triebhaften, leidenschaftlichen und selbstsüchtigen Neigungen überwunden.

Diesen Zustand können nur jene verwirklichen, die ihren Seelenfrieden im Irdischen oder durch einen Läuterungsprozess erreicht haben. Den Zustand von Liebe, Harmonie und Frieden hat man sich durch die eigene Vorstellungskraft geschaffen.

## Die Lichtwelten

Die vierthöchste Himmelssphäre gehört den Lichtwelten. Sie sind von Liebe und Harmonie erfüllt. Liebe ist ein Gut, das uns zu großartigen Höhenflügen antreibt. Hier bestehen die Geistwesen aus reiner Licht- und Photonenenergie. Träger des Bewusstseins ist buchstäblich nur Licht.

## Die Engelwelten

Die Engelwelten bilden die fünfte Himmelsstufe. Diese werden von erhabenen Lichtwesen, die im Glanz erstrahlen, bewohnt. Es handelt sich um Boten Gottes, auch Erzengel genannt, die am Anfang der geistigen Schöpfung nach dem Willen Gottes ins Dasein gerufen wurden. Sie sind die Anführer und Ordnungshüter großer Engelscharen.

## Die Christus-Sphäre

Die Christus-Sphäre ist jener zweithöchste Himmelsbereich, in dem aufgestiegene Geistseelen mit ihrem Bewusstsein in jenes Reich eintreten können, in dem ihr die unmittelbare Christusbegegnung ermöglicht wird.

## Die höchste Himmelssphäre

In der höchsten Himmelssphäre sind jene Geistwesen anzutreffen, die sich von all ihren ich-bezogenen Wünschen befreit haben. Die Sphäre strahlt vor Licht, Klarheit und Liebeskraft. In sie kommen nur solche Seelen, die frei von jeglicher Absicht sind wie Egoismus und Eigennutz. Hier kennt man weder Langeweile noch Müdigkeit, denn die Unendlichkeit Gottes lässt uns nie am letzten Ziel ankommen. Nie wären wir imstande, in eine solche Pracht, Glanz und Herrlichkeit zu schauen. Hier ist man von Gebundenheit und Täuschung erlöst.

## Das Rätsel der Krankheiten und Leiden
*Quelle: Roselis von Sass*
*(Das Buch des Gerichtes)*
*Auflage 1995/96/ISBN 85-7279-031-4/S. 125-126*

Solange der Geist, die Seele und der Körper harmonisch zusammenwirkten, waren Krankheiten unbekannt. Die Erdenkörper waren perfekt funktionierende Wunderwerke, welche die Vollkommenheit des Schöpfers widerspiegelten. Das wurde anders, als der ganze Lebensrhythmus gestört wurde. Der Mensch öffnete sich bösen Geistern, die alles mit Keimen von Lüge, Eitelkeit, Misstrauen, Neid, Eifersucht, Hass, Untreue, Rachsucht, Verleumdung, Geiz, Falschheit, Feigheit, Lasterhaftigkeit, Schamlosigkeit und Perversität durchsetzten. Diese Missbildungen treten an den Seelen immer hervor.

Niemand würde kranke, blinde, hässliche, taube und verkrüppelte Kreaturen, die die Erde und das Jenseits bevölkern, mit den schönen und freudestrahlenden, gesunden Menschen in Verbindung bringen. Traurig ist, dass es gegen diese seelischen Angstzustände und Depressionen kein Medikament gibt, welches diese Leiden ernsthaft heilen könnte. Diese Leiden können nur vom Betroffenen selbst geheilt werden.

# Das Sonnengeflecht

*Quelle: Roselis von Sass*
*(Das Buch des Gerichtes)*
*Auflage 1995/96/ISBN 85-7279-031-4/S. 128-129*

Die seelischen Leiden, denen verschiedene Angstzustände, Depressionen, schwere und leichte Neurosen gehören, werden durch das Sonnengeflecht auf den Erdenkörper übertragen. Das Sonnengeflecht ist das wichtigste Nervenzentrum des vegetativen Nervensystems und wird mit Recht als Bindeglied zwischen Seele und Leib bezeichnet. Die chemisch-elektrischen Vorgänge des vegetativen Nervenzentrums arbeiten nicht selbstständig. Die Kraft und der Antrieb kommen aus der mittleren Grobstofflichkeit, die der irdischen Grobstofflichkeit am nächsten ist. Es ist die Kraft der Seele, die das autonome Nervennetz in Vibration und Tätigkeit erhält. Das Sonnengeflecht liegt auf der Aorta, dicht unter dem Zwerchfell. Das ist auch der Grund, weshalb seelische Empfindungen zuerst in der Magengegend verspürt werden. Nie gab es so viele Krankheiten wie heute, die aus Oberflächlichkeit, Nichtachtung des Erdenkörpers und der allgemein ungesunden Lebensweise entstanden sind.

Dazu gehören: falsche Ernährung, Rauchen, übermäßiges Trinken, Vergeudung der Sexualkraft, ungenügend Schlaf oder Schlaf zur falschen Zeit. Während des nächtlichen Schlafs nimmt die Seele geistige Kraft auf, welche dem Erdenkörper während des Tages zugutekommt. Die falsche Lebensweise führt zu Störungen am Organismus. Der Körper ist ein kostbares Gut! Ein an die geistige Gesundheit denkender Mensch ist bedacht, seinen Erdenkörper durch eine gesunde Lebensführung zu erhalten.

# Strafvollzug
*Quelle: Herbert Vollmann*
*(Ein Tor öffnet sich)*
*Einzige Ausgabe 1983/ISBN 3-87860-129-8/S. 28-31*

Wie kann eine irdische Strafe nach den Schöpfungsgesetzen so angepasst werden, dass sie nicht nur geistig wirksam ist, sondern auch zu einem Sühnebekenntnis führt? Mit Verbüßung einer irdischen Strafe ist die Schuld noch lange nicht abgetan! Aber wenn wir das Gesetz der Gleichart anwenden, erhalten wir eine brauchbare Grundlage: Im Strafvollzug ist es üblich, dass man die Häftlinge in Gruppen von Gleichgesinnten einteilt. Wichtig dabei ist, für alle eine nützliche und gerechte Strafe zu erwirken. Die Einteilung kann nach dem Grad der Straftat, der Affektivität der Verbrechen oder nach anderen Kriterien erfolgen. Innerhalb jeder Gruppe wäre dann wieder nach der Gleichart zu trennen. Angefangen bei denen, die hartnäckig und zu keiner Besserung bereit sind, bis hin zu jenen, die einer inneren Wandlung zustimmen.

Die Gründe zu üblen Tun liegen in den Fehlern und Schwächen der Menschen. Es gibt viele Laster, wie beispielsweise Habsucht, Geiz, Diebstahl, Lust an Brandstiftung, Mord, Nachlässigkeiten, schmutzige Sinnlichkeit und Übervorteilung. In Fällen, in denen Einzelhaft nicht unbedingt notwendig ist, sollte das Zusammenleben innerhalb einer Gruppe versucht werden. Gerade in der Abgeschiedenheit dieser Gleichgesinnten hat die Strafe einen großen erzieherischen Wert. Wenn Menschen unter Zwang zusammenleben müssen, wird manch einer seine eigene falsche Art durch seine Mitmenschen erleben. Das kann Ekel oder Scham auslösen. Es steht jedem frei, den anderen, die in ihrer Erkenntnis noch nicht so weit sind, zu helfen. Diese Hilfen wirken gründlicher und schneller als bei einer bunt zusammengewürfelten Zellengemeinschaft. Gleichzeitig werden die willigen und die nicht willigen Häftlinge voneinander getrennt. Wer aus der Strafgemeinschaft entlassen wird, hat seine Schuld gesühnt. Eine gelöste Schuld ist geistig und irdisch vergeben. Infolgedessen darf die Rechtsprechung einen solch geläuterten Menschen nicht mehr als vorbestraft werten. Er muss wieder in die Gesellschaft aufgenommen werden. Eine Straftat kann erst dann verjähren, wenn sie geistig gesühnt ist.

## Der Richter
*Quelle: Herbert Vollmann*
*(Ein Tor öffnet sich)*
*Einzige Ausgabe 1983/ISBN 3-87860-129-8/S. 31-33*

Die den Schöpfungsgesetzen innewohnende Auffassung des irdischen Rechts verlangt von den Richtern und Beteiligten eine große Verantwortung und geistige Reife. Doch welche Hilfe hat ein irdischer Richter bei seiner Aufgabe? Er müsste Hellseher sein!

Allerdings hat er die Möglichkeit, durch die Empfindung in seinem Geiste zu handeln. Mit Redensarten wie „Er fasst sich ein Herz", „Der Kummer nagt am Herz" oder „Ein Stein fällt vom Herzen" sind Empfindungen gemeint. Die Empfindung, oder auch innere Stimme genannt, ist Teil des Gewissens. Das Gewissen ist die innere Stimme von jenseitigen Helfern oder Menschen, die sich noch in Nähe der Erde aufhalten. Wir können uns auf unser Gefühl verlassen. Der erste Eindruck zählt. Unsere Empfindung wägt blitzschnell ab und erkennt sofort, in welcher Verfassung ein Mensch sich befindet. Sie ist die beste Grundlage, um eine gerechte Strafe zu erwirken. Mit der Empfindung und dem Wissen über die Zusammenhänge in der Schöpfung ist der Richter wahrhaft ein Diener Gottes!

# Psychotrope Stoffe

*Quelle: Roselis von Sass*
*(Das Buch des Gerichtes)*
*Auflage 1995/96/ISBN 85-7279-031-4/S. 126-127*

Alle Medikamente, die Neurologen und Psychiater anwenden, sind psychotrope Stoffe. Durch diese Medikamente können sie nur eine vorübergehende Besserung erzielen. Die psychotropen Stoffe wirken auf das zentrale Nervensystem ein und bringen Entspannung und Beruhigung. Diese Medikamente sind keine Rauschgifte, trotzdem sind sie genauso gefährlich, denn die Menschen gewöhnen sich daran und werden süchtig. Und sobald der betäubende Effekt nachlässt, kommen die alten Konflikte zurück.

# Psychiatrie

*Quelle: Roselis von Sass*
*(Das Buch des Gerichtes)*
*Auflage 1995/96/ISBN 85-7279-031-4/S. 127-128*

Hier noch etwas über die Psychiatrie: Der Begriff Psychiater bedeutet „Seelenarzt". Das heißt, dass der Arzt seelisches Leid heilen kann. Doch bis auf wenige, die sich ernsthaft um die menschliche Psyche bemühen, tragen viele zu Unrecht den Namen „Seelenarzt", denn sie wissen weder etwas über die Seele noch vom Zusammenhang zwischen Geist und Körper. Sie besteht nur aus Mutmaßung, Theorie und Phantasie. Mit dem Wissen, das die Psychiater heute haben, werden sie keinen einzigen Menschen von seinem seelischen Leid befreien können. Gerade heute könnte ein Psychiater viel helfen. Dazu müsste er aber ein lückenloses Wissen über das menschliche Sein besitzen. Angstzustände und Depressionen sind Rückwirkungen falsch gelebter Leben. Das Gleiche gilt für schwere körperliche

Krankheiten und andere Gebrechen. Rückwirkung ist heute ja alles, auch Krieg, Hunger, Miseren und Massenvernichtungen durch Naturkatastrophen.

## Realitätsflucht

*Quelle: Roselis von Sass*
*(Das Buch des Gerichtes)*
*Auflage 1995/96/ISBN 85-7279-031-4/S. 133-135*

Es gibt viele Menschen, die sich in die Ausrede einer Krankheit flüchten. Sie fühlen sich krank und weisen Symptome auf, die schwer zu kategorisieren sind. Die Gründe für die Flucht in eine scheinbare Krankheit sind meist in schwierigen Verhältnissen des Lebens zu suchen. Der Mensch flieht vor etwas, anstatt diesem mutig entgegenzutreten.

Ein weiterer Grund für eine solche Flucht liegt in Minderwertigkeitskomplexen. Der Betreffende fühlt sich ständig zurückgesetzt und übergangen. Nur durch seine scheinbare Krankheit kann er die Aufmerksamkeit auf sich lenken.

## Eheliche Gemeinschaften

*Quelle: Roselis von Sass*
*(Das Buch des Gerichtes)*
*Auflage 1995/96/ISBN 85-7279-031-4/S. 156-161*

Die zum Teil vernichtenden Urteile über Ehe und Liebe haben oberflächlich betrachtet viel Wahres an sich. Die reine Wahrheit sieht jedoch anders aus: Die Menschen halten ihre Liebesgefühle für die wahre Liebe. Aber Liebesgefühle, mögen sie noch so intensiv sein, gehen nicht über die Grob- und Feinstofflichkeit hinaus. Liebesgefühle allein können nie von Dauer sein. Anders verhält es sich mit der wahren Liebe.

Die wahre Liebe ist ein geistiger Strahlungsvorgang, der nicht an die Stofflichkeit gebunden ist. Sie ist keiner Veränderung unterworfen und kann nicht sterben. Wahre Liebe verbindet Ehepaare immer fester miteinander. Eine große Liebe, die nach wenigen Ehejahren verschwindet, war dagegen nur Illusion. Der heutige Mensch dürfte das Wort Liebe überhaupt nicht mehr aussprechen, da der größte Teil von ihnen keinen Geist mehr besitzt. Liebesgefühle, welche viele Menschen irrtümlicherweise für Liebe halten, wurzeln nur in der Stofflichkeit. Ihnen fehlt die Basis jeder wahren Liebe. Die Basis dafür ist Treue. Treue kann man mit der reinen Empfindung der Gedanken gleichsetzen. Sie ist Teil jeder wahren Liebe und ein höherer Strahlungsvorgang. Viele Ehen scheitern daran. Untreue in Gedanken, Wünsche und Begierden sind wie ein schleichendes, zersetzendes Gift, das überall dort tödlich wirkt, wo es Einfluss nimmt. Die Menschen brauchen diese Gedanken gar nicht in die Tat umzusetzen.

Manch einer wird nun einwenden, dass es noch viele Menschen gibt, deren Geist noch nicht abgeschnitten ist. Aber auch diese Ehen sind gefährdet. Sie sind nicht das, was sie sein könnten. Die Ursache liegt in der geistigen Entwicklung. Ist die Distanz zwischen den Reifegraden nicht allzu groß, kann sie überbrückt werden. Solche Ehen können glücklich verlaufen, wenn es sich um Menschen handelt, die nach höheren Erkenntnissen streben. Doch selbst unter solchen guten Voraussetzungen werden diese Ehen Schwankungen unterworfen sein, da die Distanz nur überbrückt und nicht aufgehoben wird. Guter Wille, Geduld und Verständnis wirken stets ausgleichend. Oft sind Menschen durch Schicksalsfäden so verbunden, dass eine Ehe zustande kommt. Wie solche Ehen ausgehen, hängt vom gegenseitigen Karma ab. Sie sollten dem Typ und der Rasse entsprechen. Das sind Grundregeln. Wer sie nicht beachtet, darf sich nicht wundern, wenn die Ehe in Feindschaft oder Hass endet. Wir befinden uns mitten im Gericht. Heute gilt: Sein oder nicht sein. Die Menschen sollten nach Wahrheit und geistiger Erkenntnis streben. Irdische Liebe und irdisches Glück sind im Grunde nebensächlich. Die Menschen sind in ihrer geistigen Entwicklung zurückgeblieben und karmisch gehemmt. Heute hätten alle geistig frei sein müssen. Dies müsste das höchste Ziel sein. Ein geistig freier Mensch hat kein Karma mehr. Er ist frei von Negativempfindungen, Begierden und egoistischen Wünschen, die quälend und störend auf ihn einwirken. Ihn umgibt eine Schutzwand, die durch keine Schwäche durchbrochen werden kann. Die geistige Freiheit können nur solche Menschen erreichen, die noch geistig wach sind. Es kostet Mühe, doch sie lohnt sich.

## Liebe und Glück
*Quelle: Roselis von Sass*
*(Das Buch des Gerichtes)*
*Auflage 1995/96/ISBN 85-7279-031-4/S. 162-164*

Liebe! Was ist Liebe? Zu keiner Zeit wurde so viel über die Liebe gesprochen wie heute. Und zu keiner Zeit wurden so viele Sünden im Namen der Liebe begangen. Die Liebe wird aufs Schändlichste missbraucht! Wahre Liebe ist ein Strahlungsvorgang des reinen, lichtverbundenen und karmafreien Geistes. Die Ursprungsliebe liegt im Herzen der Schöpfung. Im Heiligen Gral. Ein lichtverbundener Geist besitzt eine magische Anziehungskraft. Wenn ein Mensch falsche Wege einschlägt oder gegen Gottes Gesetze verstößt, wird seine Anziehungskraft schwächer, bis er sie ganz verliert. Er ist selbst schuld, wenn die Verbindung zur göttlichen Liebe in der Lichtsphäre unterbrochen wird. Nur ein lichtverbundener Geist findet Anschluss an die lebendige Kraft. Eine andere Möglichkeit gibt es nicht. Die Liebe verleiht ihm Glanz und lässt ihn höchste Glückseligkeit empfinden. In der Liebe ruht das Glück. Wenn der Mensch von Glück spricht, meint er stets die irdischen, materiellen, greif- und sichtbaren Werte. Dieses Glück ist ein raum- und zeitgebundenes Scheinglück. Die wenigen, die ihren Anschluss an das wahre Glück noch nicht ganz verloren haben, sind kaum einer Erwähnung wert. Die reine Liebe vereint Geist, Seele und Erdenkörper. Sie wirkt in dreifacher Weise und sorgt für den Dreiklang des menschlichen Seins. Heute sucht der Mensch einen Liebesersatz. Es ist der weibliche Körper! Der weibliche Körper ist nur noch Lockmittel, um Begierden, Laster und Leidenschaft zu erwecken. Die Erotik soll die Liebe ersetzen und ein Scheinglück vortäuschen. Hinter diesem Scheinglück lauern Widerwille, Abstumpfung, Enttäuschung, Krankheit, Verzweiflung und das nackte Entsetzen!

Die visuelle Lockung des auf jede erdenkliche Weise zur Schau gestellten Erdenkörpers reißt zum Schluss auch viele Jugendliche ins Verderben. Es geht immer weiter abwärts! „Und es war das Weib, das die todbringenden Tore öffnete!"

## Sexualität

*Quelle: Roselis von Sass*
*(Das Buch des Gerichtes)*
*Auflage 1995/96/ISBN 85-7279-031-4/S. 178-181*

Wichtig ist noch zu erwähnen, dass es in der feinstofflichen Welt keine Sexualität gibt. Die Sexualität gehört zur Grobstofflichkeit und ist an den physischen Körper gebunden. In der Astralwelt können die Geister und Seelen nur reine und echte Liebe empfinden. Dies gelingt aber nur denen, die noch Lichtanschluss haben. Seit längerer Zeit hat sich in der Astralwelt anstelle von reiner Liebe und normaler, gesunder

Sexualität eine Art Sadismus herangebildet, der dekadente Menschen noch mehr an die Finsternis bindet. Der Sadismus wird in der Astralwelt, wo sich die Seelen während des Schlafes aufhalten, immer grausamer. Darunter haben besonders Frauen der weißen Rasse zu leiden. Die Ursache dieses Zustands ist die moralische Dekadenz. Der weibliche Körper, der Anmut und die reine Liebe vermitteln sollte, dient nur noch als Schau- und Lockmittel niedrigster Triebe und Instinkte. Die Mode von eng anliegenden Hosen, kurzen Röcken und Bikinis hat in der Frauenwelt eine weite Verbreitung gefunden. Die weibliche Seele, die sich während des Schlafs von dem grobstofflichen Körper löst, steht gemäß ihren Wünschen in der feinstofflichen Welt völlig nackt da.

Die Verstandesbarriere existiert außerhalb der Grobstofflichkeit nicht mehr. Der Mensch muss sich zeigen, wie er ist! Das Weib, das jede schamlose Mode mitmacht, muss in der Astralwelt nackt dastehen. Auf Erden wirkt der nackte weibliche Körper anregend. In der feinstofflichen Welt, außerhalb der groben Materie, ist gerade das Gegenteil der Fall. Die Liebesbeziehungen dort sind anders. In der feinstofflichen Welt wirkt der nackte weibliche Körper nicht anziehend, sondern abstoßend. Selbst die kleinen Mädchen sind derweilen schon auf eine Art und Weise gekleidet, um die Blicke der Männer auf sich zu lenken. Von Kindheit an sind wir allem Übel preisgegeben! Das beweist, dass viele schon schwer vorbelastet sind. Selbst ihre Träume sind meist mit Angst verbunden. Diese Menschen leben und handeln nicht nach den Gesetzen Gottes. Es ist deshalb nicht verwunderlich, dass viele am Morgen mit Schmerzen im Körper aufwachen und deprimiert sowie lustlos den Tag beginnen. Der Schlaf hat ihnen keine neue Kraft und kein neues Wissen gebracht, sondern nur Erlebnisse, die mit Angst und Grauen verbunden waren. Damit kein Irrtum aufkommt, soll gesagt sein, dass es sich bei den nackten Menschen nicht um besonders schlechte handeln muss. Meist sind es oberflächliche, geistesträge Kreaturen, die alles mitmachen, um ja nicht unmodern zu wirken. Es sind Frauen und Mädchen, deren Aufgabe auf Erden nur darin zu bestehen scheint, ihre Sexualität in jeglicher Form auszuleben, etwa als Sexidol, im Film, im Theater, beim Striptease, durch Pornografie usw. Während des Erdenschlafs werden sie nicht begehrt respektive gejagt, nein, sie werden gemieden! Die übel riechenden Hautkrankheiten, die von den Seelen ausgehen, treiben alle in die Flucht.

## Laster und Hänge
*Quelle: Roselis von Sass*
*(Das Buch des Gerichtes)*
*Auflage 1995/96/ISBN 85-7279-031-4/S. 181*

Andere, nicht minder tragische Gruppen sind die gewohnheitsmäßigen Spieler, Trinker, Raucher usw. Jeder, der ein Laster hat, wird nach Loslösung seiner Seele vom Körper sofort von etlichen anderen Seelen empfangen, die demselben Laster frönen. Er ist diesen Seelen ausgeliefert, denn ihrer gibt es stets viele. Jene Seelen, die sich nachts um ihn scharen, lassen ihn auch tagsüber keine Ruh. Sie hängen sich buchstäblich an ihn ran und entfachen erneut den Wunsch und die Begierde, sich dem Laster hinzugeben. Erst wenn der Betreffende seinen Hang aufgibt, lassen die Jenseitigen von ihm ab. Sie finden keinen Halt mehr und werden gezwungen, sich ein neues Opfer zu suchen.

# Atome

*Quelle: Roselis von Sass*
*(Das Buch des Gerichtes)*
*Auflage 1995/96/ISBN 85-7279-031-4/S. 114-116*

Atome sind die winzigsten Bausteine des Universums. In ihnen findet man das so eifrig gesuchte Geheimnis der Entstehung der Materie. Der Schlüssel zur Erschließung der Atome wurde nur einigen auserlesenen Personen zuteil (siehe Nikola Tesla). Dies geschah zu einem Zeitpunkt, an welchem die Menschheit die geistige Reife erreicht haben sollte. Der Zugang zu einer solch ungeheuren, unerschöpflichen atomaren Energiequelle wäre wahrlich ein Segen für uns gewesen. Deshalb ist es nicht erstaunlich, dass diese Energiequelle zur Herstellung von Vernichtungswaffen verwendet wurde.

Die Atombombe ist die Konkretisierung sämtlicher Negativenergie: Misstrauen, Neid, Machthunger, Angst und Feindschaft. Der Atompilz, der sich nach dem Bombenabwurf in Japan formte, erhob sich wie ein Medusenhaupt vom Himmel. Ein Schreckgespenst der Menschheit, die seit Jahrtausenden am Abgrund dahinbalanciert. Die Angst ist berechtigt, denn es liegen mehr als 50.000 Atombomben bereit! Wer diese Zeilen liest, wird empört sein und denken, dass die Wissenschaftler und die Regierungspersonen, die bei der Herstellung der Bomben beteiligt gewesen waren, zur Rechenschaft gezogen werden müssen. Nie wären solche Mordwerkzeuge hergestellt worden, wenn nicht die ganze Menschheit durch ihre Abkehr vom Licht und der Wahrheit ihren Teil dazu beigetragen hätte.

# Der Marienkult

*Quelle: Roselis von Sass*
*(Das Buch des Gerichtes)*
*Auflage 1995/96/ISBN 85-7279-031-4/S. 74-75*

Wie viel mag wohl zu der einstig vollkommenen Lehre Jesu hinzugefügt worden sein? Oder was wurde weggenommen? Was wurde verändert? Hinzugesetzt wurde auf jeden Fall sehr viel, wie beispielsweise die Verehrung Marias, der irdischen Mutter Jesu. Der Verehrungskult ist eine Erfindung der Kirche! Maria hat die Mission Jesu erst erkannt, nachdem man ihn bereits ans Kreuz genagelt hatte. Vorher stand sie abseits und lehnte seine Lehre ab! Eine weitere Erfindung der Kirche ist die unnatürliche Empfängnis Jesu. Jesus wurde genauso gezeugt wie jedes andere Kind. Der Vater von Jesus war ein Römer. Alle, die Maria kannten, wussten, dass der Vater des Kindes ein Römer war. Die Schöpfungsgesetze kann man nicht verbiegen.

Alles andere ist Phantasie eines erdgebundenen Verstands! Die Bibel bräuchte eine grundlegende Revision, doch dazu ist es längst zu spät. Wir stehen mitten im Gericht! Die katholische Organisation beginnt sich bereits von innen aufzulösen. Das Papsttum neigt sich dem Ende zu. Die Geschichte der Päpste ist von dauernden Machtkämpfen und Intrigen geprägt. Doch nicht nur die römisch-katholische Kirche geht ihrer Auflösung entgegen, sondern auch alle anderen Religionen, die sich auf die Bibel stützen.

# Der Stein der Weisen

*Quelle: Herbert Vollmann*
*(Ein Tor öffnet sich)*
*Einzige Ausgabe 1983/ISBN 3-87860-129-8/S. 194-198*

Nach Annahme der Alchimisten war der Stein der Weisen ein Wunderstein, der den Urstoff aller Dinge enthielt. Er sollte unedles Metall in Gold verwandeln, galt aber auch als Lebensverlängerungsmittel. In Wahrheit liegt im Stein der Weisen ein uraltes Wissen verborgen, das einmal im Besitz begnadeter Menschen war. Wenn wir das Geheimnis des Steins ergründen wollen, müssen wir zuerst die Bezüge zu dem geistigen Reich, dem Paradies, erkennen. - „Wer überwindet, dem will ich vom verborgenen Manna zu essen geben. Vom Himmelsbrot, Wort Gottes." Der Stein der Weisen deutet auf die Schöpfungsgesetze hin. Beides, das Wort und die Schöpfung, sind für den Menschen der Weg zur Gotterkenntnis. Denn nie kann ein Mensch Gott sehen, er müsste vor seiner unermesslichen Kraft vergehen:„Mein Angesicht kannst du nicht sehen, kein Mensch wird leben, der mich sieht." Aber der Mensch hat die Fähigkeit, Gott in seinen Worten und Werken zu erkennen.

Jeder, der nach der Wahrheit sucht, erhält die Gottesgnade. Wer seine Fehler und Schwächen einsieht und seinen Gedanken Reinheit verleiht, dem wird diese Gnade zuteil. Jesus war ein Teil von Gott: Immanuel, der Menschensohn. Er ist das A (Alpha) und das O (Omega), der Anfang und das Ende der Schöpfung: „Ich bin der Heilige Geist und komme aus der Wahrheit." Jesus sagte selbst das Kommen des Menschensohnes voraus. Immanuel heißt auch: Gott mit uns. Immanuel, der Menschensohn, ist die Brücke und der Mittler zwischen Gott und den Menschen. Und der Stein der Weisen befindet sich als leuchtender und strahlender Kristall in den höchsten Höhen der Schöpfung. In ihm sind die Grundgesetze der Schöpfung verankert. Höchste Weisheit und Macht strahlen von ihm aus, denn er ist eng mit der lebendigen Kraft Gottes verbunden. Bis heute hat der Mensch nur einen Bruchteil des unsichtbaren Schöpfungswirkens gelüftet. Weder das Elektronenmikroskop noch das ins Weltall gerichtete astronomische Instrument verhelfen ihm dazu. Die moderne Wissenschaft ist gut für das, was man sehen, greifen, messen und wiegen kann. Aber es macht für sie keinen Sinn, mit dem Gehirn bzw. Verstand über die irdische Grenze hinauszudenken.

## Das Geheimnis der Sphinx
*Quelle: Herbert Vollmann*
*(Ein Tor öffnet sich)*
*Einzige Ausgabe 1983/ISBN 3-87860-129-8/S. 199-204*

Im griechischen Sagenkreis ist die Sphinx von Theben als weibliches Wesen mit Löwenkörper bekannt. Sie gab jedem Wanderer ein Rätsel auf. Konnte er es nicht lösen, wurde er von ihr getötet und in den Abgrund gestürzt.

Das geschah so lange, bis Ödipus das Rätsel löste und die verwirrte Sphinx sich selbst in die Tiefe stürzte. Daher kommt der Ausdruck „rätselhaft wie eine Sphinx", womit etwas Unbegreifliches und Undurchschaubares bezeichnet wird. Dargestellt wurde die griechische Sphinx als ein weibliches Wesen, während die Sphinx bei den Ägyptern männlich war. Später wurde sie von der westlichen Welt als Kunstgegenstand an Eingangstüren von Schlössern, Palästen, Gärten usw. verwendet. Wollen wir die Bedeutung der Sphinx finden, müssen wir uns zuerst mit den Tieren befassen. Tiere gibt es nicht nur auf unserer Erde, sondern auch auf allen anderen Schöpfungsebenen. Die Urschöpfung ist von geistiger Art und liegt über dem

Menschenparadies. Sogar über der Schöpfung befinden sich Tiere: Das erste war gleich einem Löwen, das zweite gleich einem Stier, das dritte hatte ein Antlitz wie ein Mensch und das vierte wie ein Adler. Sie hatten keine Ruhe Tag und Nacht und sprachen: „Heilig, heilig, heilig ist Gott, der Herr, der Allmächtige, der da war, der da ist und der kommt." Nur wenige Sphinxen haben noch ihre ursprüngliche Gestalt. So ist die Sphinx von Gizeh der Mischgestalt der vier Tiere am nächsten: ein Menschenkopf mit Stierkörper, Löwenkrallen und angelegten Adlerflügeln. Die vier Tiere befinden sich in gleichem Abstand auf den Stufen vor Gottes Thron und bilden ein Quadrat, das Schöpfungsquadrat **(siehe Kapitel: Die fliegende Stadt im Himmel)**. Aus dieser Strahlung heraus entstand die stoffliche Welt, welche die Form eines lichtdurchfluteten Würfels hat und aus sechs quadratischen Grundflächen besteht. Die gesamte Schöpfung und Nachschöpfung wird durch diese Kraft in Bewegung gehalten. In dieser Kraft schwingt und lebt alles. Doch diese Harmonie wurde durch die Stofflichkeit des Menschen gestört. Der Mensch verwendete seine geistige Kraft vorwiegend zu üblem Tun.

Dadurch blieben die Menschen in der Stofflichkeit hängen und die geistige Kraft konnte nicht richtig zurückströmen. Die alten und weisen Völker haben über den tieferen Sinn beider Symbole - Kreis und Quadrat - gewusst. Die Spur ihres Wissens können wir noch heute an den Bauten finden. Denken wir an die quadratische Grundfläche und die Dreiecksflächen der Cheops-Pyramide. Und denken wir uns die Ecken eines Würfels mit seinem Mittelpunkt, ergeben sich sechs gleiche, kosmische Pyramiden, genau wie jenes Bauwerk. Die besondere Form und Masse dieser Pyramide zeigen, dass die Erbauer ein umfangreiches Wissen hatten, einschließlich der Kenntnis des Goldenen Schnitts und der Quadratur des Kreises. So ergibt der Pyramidenumfang geteilt durch die doppelte Höhe die Zahl Pi, die für die Berechnung des Kreisinhalts wichtig ist. Nicht umsonst meinte Strabo, die Pyramide gleiche „einem vom Himmel herabgelassenen Bauwerk", sie sei „kein Werk von Menschenhand".

## Mehr Verständnis für den Nächsten
*Quelle: Herbert Vollmann*
*(Ein Tor öffnet sich)*
*Einzige Ausgabe 1983/ISBN 3-87860-129-8 S. 242-244*

Wie lebensnotwendig das harmonische Verhältnis von Mensch zu Mensch ist, geht schon aus den Zehn Geboten hervor. Und „Liebe deinen Nächsten wie dich selbst" lautet das Gebot Jesu. Doch kaum ein Erdenmensch steht neben dem anderen. Misstrauen, Neid und Hass haben Abgründe geschaffen, die fast nicht mehr zu überbrücken sind. Die Nächstenliebe hat an Bedeutung verloren. Es gab einmal eine Zeit, wo der Mensch ausgeglichen war. Die Bewohner hatten das Gesetz des Ausgleichs gekannt. Geben und Nehmen hielten die Waage.

Heute ist der Mensch nur noch ein Nehmender und Fordernder, der rücksichtslos alles an sich reißt, ohne den kleinsten Dank. Doch der Mensch muss sich mit seinem Nächsten befassen, ihn achten, verstehen und als Teil der geistigen Art ansehen. Leider besteht bei der ich-betonten Veranlagung vieler Menschen immer die Gefahr, dass das Beobachten nicht sachlich erfolgt und in ein persönliches Vergleichen übergeht. Solche Leute beginnen sich dann über die Mängel der anderen zu erheben. Das sachliche und objektive Beobachten verlangt jedoch, den ich-bezogenen Standpunkt zu verlassen, um sich in die Lage des Objekts, in diesem Fall des anderen Menschen hineinzuversetzen.

# Was ist Zeit?
*Quelle: Herbert Vollmann*
*(Ein Tor öffnet sich)*
*Einzige Ausgabe 1983/ISBN 3-87860-129-8/S. 259-264*

Mit der Schöpfung entstanden Raum und Zeit. Nichts in ihr ist raum- und zeitlos. Die Schöpfung ist nacheinander entstanden, das heißt, stufenweise in Schöpfungsebenen. Das göttliche Reich war immer da. Gott ist von Ewigkeit zu Ewigkeit. Doch Raum und Zeit können nicht für sich allein bestehen. Sie müssen im Verhältnis zu Dingen stehen, die sich im Raum befinden. Einstein erklärte, dass alles voneinander abhängt. Es gibt im Raum-Zeit-Gefüge nichts Absolutes. Alles steht in Relation zueinander. Die Zeit ist von den Ebenen der Schöpfung abhängig. Jeder Mensch hat ein anderes Zeitempfinden, je nachdem, auf welcher Ebene er sich gerade befindet oder zu welcher Ebene er derzeit Verbindung hat. Auf Erden braucht der Mensch - bedingt durch sein Gehirn - die längste Zeit für Eindrücke.

Im Jenseits ist der Zeitraum dafür bedeutend kürzer. Im Traum erleben wir diesen Unterschied, wenn im Schlaf die Verbindung zwischen der Seele (dem Geist mit den feineren Hüllen) und dem Erdenkörper gelockert wird. Im geistigen Reich ist das Erleben, verglichen mit einem Tag auf Erden, so lang wie tausend Jahre. Wenn es heißt: dreieinhalb Tage, so sind ca. 3500 Erdenjahre gemeint. Das ist die Zeitspanne zwischen Moses' Erdenleben und der jetzigen Weltenwende. Unbewusst deutet der Mensch den Verlust des wahren Zeitbegriffs an, wenn er sagt, er habe keine Zeit. Damit bezeugt er nicht nur den irdischen Zeitmangel, sondern auch das Fehlen eines höheren Zeitbegriffs. Er spricht von Zeiten, die sich ändern, und glaubt, dass die Zeit sich fortbewegt. Doch die Zeit steht still. Nur wir eilen ihr entgegen. Wie klein ist das Begriffsvermögen unseres Verstandes? Schon das Geschehen von Millionen Jahren Erdentwicklung mag er nicht zu erfassen. Das ist allein dem Geist möglich. Wenn der Geist sich regt, spüren wir, dass noch ein anderer Zeitbegriff existiert – auch dann, wenn im Schlaf die Verbindung zwischen Seele und Erdenkörper gelockert wird.

## Selbstbeherrschung
*Quelle: Herbert Vollmann*
*(Ein Tor öffnet sich)*
*Einzige Ausgabe 1983/ISBN 3-87860-129-8/S. 319-321*

Der Mensch verschließt sich seinen höheren Erkenntnissen. Zu sehr ist er an die Materie gebunden. Ein selbstbeherrschter Mensch achtet darauf, die Gedanken und den Verstand unter Kontrolle des Geistes zu halten. Dadurch zügelt er Trieb und Temperament. Er weist Gefühl und Phantasie in ihre natürlichen Schranken. Die Wurzel aller Sittlichkeit ist die Selbstbeherrschung.

Wiederum hat das Sich-gehen-lassen schon viel Leid verursacht. Letztlich sind es die fehlende Selbstbeherrschung und Willensschwäche, die den Weg zur Rauschgiftsucht öffnen. Mögen die Motive dafür noch so vielfältig sein: Neugier, Vereinsamung, Langeweile, Verwahrlosung oder Beseitigung von Konflikten - die giftigen Chemikalien beeinflussen das Gehirn über das Blut. Man stelle sich vor, welche Verwirrung die Giftstoffe in dem empfindsamen Schaltwerk des Gehirns verursachen und wie das geschwächte Kleinhirn, das in Verbindung mit dem Sonnengeflecht und der Seele steht, diesen Einflüssen ausgesetzt ist. Langer Haschischkonsum führt zu Leistungsschwäche, Gedächtnisstörungen und verminderter Reaktionsfähigkeit. Bei einer Reihenuntersuchung an jungen

Drogensüchtigen wurden Veränderungen im Gehirn festgestellt (Hirnverkalkung), die man sonst nur in hohem Alter findet. Zur Materie gehört der Erdenkörper samt den Nerven und dem Großhirn. Sie sind beteiligt am Entstehen von Gedanken, Verstand, Gefühl und Phantasie. Hingegen bewegen sich die Wunschträume, der Farbrausch und die Glücksgefühle von Drogensüchtigen in der feinstofflichen Welt. Doch die gehobene Stimmung kann trügerisch sein, weil sie etwas vorgaukelt, das unwirklich ist. Die Umkehr lässt nicht lange auf sich warten. Schwere Depressionen, Siechtum und ein früher Tod können die Folgen sein. Einmal mehr zerstört der Mensch seinen Körper. In dem Fall durch Gifte, die er sich selbst zuführt.

## Göttliche und menschliche Wunder
*Quelle: Herbert Vollmann*
*(Ein Tor öffnet sich)*
*Einzige Ausgabe 1983/ISBN 3-87860-129-8/S. 66-370*

Die Wunder Jesu kamen nicht durch Eingriffe oder Aufhebung der Naturgesetze zustande. Wenn Jesus Tote erweckte, vermochte er das nur, solange die Verbindungsschnur zwischen Erdenkörper und Seele noch bestand. Das war bei der Totenerweckung von Jairus Tochter der Fall. Deshalb sprach Jesus die Worte: „Weinet nicht, sie ist nicht gestorben. Sie schläft nur, ihr Geist ist wiedergekommen." Wir erkennen, dass Körper und Geist etwas ganz Unterschiedliches sein müssen! Der Geist mit seinen feinen Umhüllungen lebt nach dem Tod weiter und der vergängliche Körper zerfällt mit dem Tod. Doch wenn ein Geist träge oder schwach ist, können andere Geister von seinem Körper Besitz ergreifen, um sich über sein Gehirn zu betätigen. Es wird viel über die Heilung durch Hypnose gesprochen. Der Vorgang ist aber alles andere als ein Wunder. In Wahrheit geht es dabei um einen Einbruch in die Privatsphäre, der eine Bindung des eigenen Geistes verursacht und damit eine zwangsweise Ausschaltung des freien Willens. An seine Stelle tritt der fremde Wille des Hypnotiseurs und macht diesen Menschen von sich abhängig. Durch diesen Fremdeingriff wird nur eine vorübergehende, künstliche Heilung herbeigeführt, die obendrein noch durch mehrmalige Hypnosen gehalten werden muss, bis die Krankheit oder Sucht eines Tages in anderer Weise durchbricht. Viele wissen nicht, wie gefährlich die Hypnoseanwendung ist, weil sie die Auswirkungen im Jenseits nicht kennen. Es ist eine Sünde gegen den Geist. Gegen die Gesetze Gottes. Denn was überlebt, ist der Geist und nicht der Körper. So bleiben die hypnotisierten Personen an ihm haften, auch wenn er gestorben ist.

Betrachten wir noch andere Taten Jesu, die als Wunder überliefert wurden. Jesus sprach zum Meer: „Schweig und verstumme!" Da legte der Wind sich und große Stille herrschte. Doch in Wahrheit sprach Jesus mit den Naturwesen, die in Luft und Wasser tätig sind. Auch das Speisewunder war nur ein Gleichnis. Der Mensch machte ein Gerücht daraus. Vieles aus der Bibel wurde falsch aufgenommen und überliefert. Jesus sagte: „Ich bin das Brot des Lebens." Er meinte damit nicht die irdische Nahrung, sondern die geistige – das Wort Gottes nach seinen Schöpfungsgesetzen. Jesus war nicht in der Lage, aus wenig Brot und Fisch eine Nahrungsmenge für Tausende Menschen zu schaffen. Ebenso konnte er keine Steine in Brot verwandeln, sich unbeschadet von der Zinne fallen lassen oder vom Kreuz steigen. Das wusste Luzifer, als er die Versuchung an Jesus herantrug. Er wollte, dass Jesus sich vor dem Volk lächerlich machte.

# Frei von Zwang

*Quelle: Herbert Vollmann*
*(Ein Tor öffnet sich)*
*Einzige Ausgabe 1983/ISBN 3-87860-129-8/S. 380-383*

Der Entschluss muss immer ungezwungen und ohne Beeinflussung erfolgen. Das Gegenteil ist der durch den Zwang eingeschränkte oder ganz unterdrückte Wille. Es gibt Zwangsarbeit, Zwangsbeziehungen, Zwangsmaßnahmen, Familienzwänge oder Gesellschaftszwang. Man stöhnt unter dem Zwang der Verhältnisse, unter Gepflogen- und Gewohnheiten. Man befindet sich in einer Zwangslage, beugt sich dem Traditionszwang, leidet unter dem Zwang zum Grübeln, einer Zwangsbewegung oder Zwangshandlung. Doch der natürliche Zwang ist schon mit den Gesetzen der materiellen Schöpfung gegeben. Der Verstand verdrängte den Geist.

Ihm fügte man eine ganze Reihe weiterer Zwänge hinzu, die sich auf Machtgefühl, Drohung, Erpressung und Gewalt stützen. So versucht immer ein Teil der Menschen den anderen in seiner Entwicklung zu stören, zu unterdrücken oder ihm das Recht auf eine freie Persönlichkeit streitig zu machen. Erinnern wir uns an den Grundsatz im Augsburger Religionsfrieden von 1555: „Wer das Land beherrscht, bestimmt die Religion." Wenn sich Untertanen weigerten, die Landesreligion anzunehmen, konnten sie zur Auswanderung gezwungen werden. Auch hier zeigt sich ein Verstoß gegen die freie geistige Entwicklung einer Person. Schwere Schuld lastet auf denjenigen, die solche Zwänge ausüben. Wer einen Menschen durch eine Handlung oder durch Duldung und Unterlassung zu etwas zwingt, das mit dem Willen des Schöpfers nicht übereinstimmt, macht sich schuldig und muss die Verantwortung dafür übernehmen. Das beginnt mit der Einschränkung der Handlungsfreiheit und steigert sich bis zur zwanghaften Bindung des Geistes durch Hypnose. Viele sehen die heute angewandte Hypnose als harmlos an. Doch bei diesem Vorgang wird der Geist gebunden und der Wille unterdrückt. Infolgedessen geht die Verantwortung auf den über, der die Bindung herbeigeführt hat. Von einem gebundenen Geist kann keine Verantwortung verlangt werden. Nehmen wir an, ein Bauer will Weizen säen. Er weiß genau, dass er dazu keinen Roggen nehmen darf, wenn er Weizen ernten will. Die Naturgesetze zwingen ihn, Weizen zu säen. Er bekommt dabei immer die gleiche Ernte, ob das nun Pflanzensamen oder in die Feinstofflichkeit gesäte Gedanken und Empfindungen sind.

## Die Schuld von Golgatha (Die Kreuzigung)
### *Quelle: Herbert Vollmann*
### *(Ein Tor öffnet sich)*
*Einzige Ausgabe 1983/ISBN 3-87860-129-8/S. 76-79*

Als Pilatus Jesus fragte: „Bist du ein König?", antwortete dieser: „Du sagst es, ich bin ein König. Ich bin dazu geboren und in die Welt gekommen, um für die Wahrheit zu zeugen." „Was ist Wahrheit?", fragte Pilatus und da erwiderte Jesus: „Die Wahrheit stammt vom Himmel." Daraufhin Pilatus: „Gibt es auf Erden keine Wahrheit?" Jesus antwortete: „Du siehst doch, wie die, welche die Wahrheit sagen, von den Machthabern gerichtet werden." Letztere wollten nicht hinnehmen, dass Jesus immer mehr Einfluss aufs Volk gewann. Ihre Macht und ihr Ansehen waren bedroht. Nachdem sie erfolglos versucht hatten, ihn als unglaubwürdig hinzustellen, verlangten sie seine Vernichtung. Der Gelehrte Kaiphas sprach mit den Worten: „Es ist besser, ein Mensch stirbt fürs Volk, als dass ein Mensch das Volk verderbe." Jetzt musste nur noch eine gesetzliche Grundlage für den Tod Jesu gefunden werden. Judas erleichterte durch seinen Verrat die Gefangennahme und als sich Jesus als Sohn Gottes bekannte, verurteilte man ihn als Gotteslästerer zu Tode. Die Hohepriester übergaben ihn Pontius Pilatus. Doch der Statthalter fand keine Schuld an Jesus, zumal dieser antwortete: „Mein Reich ist nicht von dieser Welt." Pilatus versuchte ihn mehrere Male freizubekommen, aber da drohte der Führer der Juden: „Lässt du ihn frei, so bist du nicht des Kaisers Freund." Das war der ausschlaggebende Satz, um Jesus hinzurichten. Denn Pilatus wollte die Freundschaft des Kaisers nicht verlieren.

Also gab Pilatus dieser Drohung nach, obwohl seine Frau ihn warnte: „Hab du nichts zu schaffen mit diesem Gerechten, denn ich habe seinetwegen im Traum viel erlitten." Pilatus verurteilte Jesus zum Tod am Kreuz und wusch sich die Hände vor dem jüdischen Volk rein. So wandelte sich das einstige Hosianna für Jesus kurze Zeit später in Beschimpfung und Verspottung und führte zu der Forderung: „Kreuzigt ihn!" Jesus konnte seine Mission nur im Volk der Juden erfüllen, weil es nur in ihrer Mitte viele Menschen gab, die durch ihre Geistesreife die nötigen Voraussetzungen zum Verstehen seiner Lehre mitbrachten. Aber wie ist es möglich, dass Gott seinen Sohn von den Menschen ermorden ließ, womit er sein eigenes Gesetz (du sollst nicht töten) zu übertreten schien? Nun, Jesus wurde nicht zur Erde gesandt, um ihn für die Sünden der Menschheit sterben zu lassen: „Ich bin nicht gekommen, um aufzulösen, sondern um zu erfüllen", sagte er.

## Die Kollektivschuld

*Quelle: Herbert Vollmann*
*(Ein Tor öffnet sich)*
*Einzige Ausgabe 1983/ISBN 3-87860-129-8/S. 81-82*

Jesus kam um der Sünden der Menschheit willen. Es waren Sünden wider den Heiligen Geist, also gegen den Willen Gottes. An der Sünde der Menschheit waren nicht nur die Juden beteiligt, sondern auch andere Menschen, die gegen Gottes Gesetze verstießen. Nehmen wir an, ein Mensch empfindet Neid. Nach dem Gesetz der Gleichart formt sich der Neid zu einem Gebilde zusammen. Begeht nun ein Angehöriger der Neidschaft ein Verbrechen, so sind alle daran beteiligt. Die Kollektivschuld verbindet alle.

Die eigentliche Schuld liegt in derselben Denk- und Empfindungsweise. Irdisch gesehen wird meist nur der zu fassen sein, der die Tat ausführte. Trotzdem müssen auch die Mittäter ihre Schuld nach den göttlichen Gesetzen sühnen.

## Die Messias-Frage

*Quelle: Herbert Vollmann*
*(Ein Tor öffnet sich)*
*Einzige Ausgabe 1983/ISBN 3-87860-129-8/S. 84-86*

Höre, Israel, der Einzige ist unser Gott." So lautet seit Jahrtausenden ein Satz im jüdischen Gebetsbuch. „Der Einzige" bedeutet, dass es nur einen Gott für sie gibt. Für sie gibt es keinen Gottessohn oder Mittler. Daher lehnen die Juden Jesus als Gottessohn ab. Zur christlichen Dreifaltigkeit gehören der Gottvater, sein Sohn und der Heilige Geist. Gemeint ist der Gottvater mit seinem Sohn Jesus (Gottessohn) und dem Heiligen Geist als (Menschensohn). Nach außen erscheinen Gottes-

und Menschensohn als zwei Personen. „Wachet, denn ihr wisst weder Tag noch die Stunde, in welcher der Menschensohn kommen wird." Dabei ist hier der andere Sohn gemeint.

## „Der da kommt"
**Quelle: Herbert Vollmann**
**(Ein Tor öffnet sich)**
*Einzige Ausgabe 1983/ISBN 3-87860-129-8/S. 290-294*

In seiner Offenbarung berichtet Johannes über das, was ist (Gott), den, der war (Jesus), und den, der kommt (Menschensohn). Er spricht also von zwei Personen. Gott kann nie in die Schöpfung gelangen. Er kann jedoch einen Teil von sich abtrennen und in die Schöpfung senden.

Der Menschensohn wurde schon vor der Zeit Jesu von einem Propheten namens Jesaja angekündigt (Immanuel = Menschensohn). Der Menschensohn ist der Erschaffer, das Wort und der Wille Gottes: „Am Anfang war das Wort, und das Wort war bei Gott, und Gott war das Wort." Doch viele gingen in der Nachschöpfung (in der Stofflichkeit) falsche Wege. Um die Menschen aus der Verwirrung und Verstrickung zu befreien, trennte Gott einen Teil von sich ab und ließ ihn Fleisch werden. Die Menschen brauchten sofort Hilfe. Deshalb war es ein göttlicher Notakt. Aber als Jesus sah, wie nur wenige sein Wort befolgten, kündete er das Kommen des Menschensohns an, der sie bis zur ganzen Wahrheit leiten solle. Im Reich Gottes ist Immanuel der Erstgeborene und Jesus der zweitgeborene Sohn Gottes. In der Stofflichkeit ist Jesus der Erstgeborene. Der Menschensohn wird im Endgericht als Richter über die Menschheit erscheinen: „Siehe, ich komme, um jedem zu geben, wie seine Werke sind." Aus den Worten geht klar hervor, dass der Mensch den Lohn für seine guten und schlechten Taten selbst empfangen muss. Das Lamm, welches die Sünden der Welt trägt, bedeutet nicht, dass Jesus den Menschen die Sünden abgenommen hat. Eine solch bequeme Sündenabnahme widerspricht den Schöpfungsgesetzen. Es soll gesagt werden, dass an den Wundmalen Jesu zu sehen ist, welche Sünde die Menschheit an ihm begangen hat. Die Menschen können ihre Sünden nicht auf Jesus werfen. Sie müssen ihre Schuldenlast selbst tragen. Der Menschensohn ist das A und O, Alpha und Omega, der Anfang und das Ende, der Erste und Letzte. Jesus ging ganz in den Vater ein und Immanuel wird als Menschensohn beim Endgericht erscheinen. Dabei werden 144.000 Menschen mit einem gleichschenkligen Kreuz an der Stirn versiegelt.

Sie sind die Auserwählten, die in das Tausendjährige Reich mit Gott eingehen. Die zwölf Geschlechter werden aus zwölf verschiedenen Völkern ausgewählt und die Gralsburg, der Quell des Lebens, befindet sich über der urgeistigen Schöpfung und dem Paradies.

## „Wenn aber des Menschen Sohn kommen wird"
*Quelle: Herbert Vollmann*
*(Ein Tor öffnet sich)*
*Einzige Ausgabe 1983/ISBN 3-87860-129-8/ S. 295-308*

Jeder weiß, dass Gehörtes innerhalb kurzer Zeit nicht mehr genau wiedergegeben werden kann. Jesus hat in vielen Dingen nicht so gesprochen, wie es aufgrund falscher Überlieferung gedeutet und gelehrt wird. Hier ein Auszug aus Lukas 14, 26: „Wer nicht Vater, Mutter, Weib, Kinder, Brüder, Schwestern und das eigene Leben hasst, der kann nicht mein Jünger sein." Jesus, der die Liebe Gottes ist, wird seine Jünger nie dazu aufgerufen haben, die nächsten Angehörigen zu hassen. Damit hätte er sie ja zu einer Sünde aufgefordert. Er wird verlangt haben, enge persönliche Bindungen zu meiden und das Ich nicht in den Vordergrund zu stellen. Genauso falsch ist die Überlieferung vom Menschensohn. Jesus kündete seinen Jüngern den Menschensohn an. Damit meinte er nicht sich selbst, sondern eine andere Person. Deutlich prophezeit er das Kommen eines zweiten Gottgesandten: „Es ist gut, dass ich gehe, denn wenn ich nicht gehe, kommt der Tröster nicht zu euch. Und wenn er kommt, wird er die Menschen ihrer Sünden wegen bestrafen. Ich habe noch viel zu sagen, aber ihr könnt es jetzt nicht tragen. Der Heilige Geist wird euch in aller Wahrheit leiten." Mit jedem Gedanken und jeder Empfindung legt jeder seine zukünftige Saat. Und weder Gott noch ein anderer kann ihm die Folgen abnehmen.

Dagegen hat jeder das Recht, ein ihm persönlich zugefügtes Leid zu verzeihen. Wenn ein Mensch einem Mitmenschen Leid oder Schaden zufügt, kann er nur vom Betroffenen selbst Vergebung erhalten.

## Verbogene Begriffe
*Quelle: Herbert Vollmann*
*(Ein Tor öffnet sich)*
*Einzige Ausgabe 1983/ISBN 3-87860-129-8/S. 104-108*

Als sich die Menschen immer mehr dem vergänglichen Irdischen zuwandten und den Geist unterdrückten, verengte sich das Begriffsvermögen. Der Verstand drängte sich immer mehr in den Vordergrund. Nehmen wir beispielsweise das Kreuz. Das richtige Bild ist das gleichschenklige, rechtwinklige Kreuz. Es ist das Zeichen göttlicher Wahrheit. Teils mit Ring umgeben, teils ohne. Das Kreuz darf nicht mit dem Leidenskreuz verwechselt werden. Jesus kannte das Kreuz der Wahrheit. Deshalb forderte er die Menschen auf, das Kreuz der Wahrheit auf sich zu nehmen. Doch später hat man das Kreuz mit ihm zeigt, was den Sinn verbog, und dem Kreuz eine andere Bedeutung zugeschoben: Nun hat man seine Last mit ihm oder jemand macht uns Umstände, ist uns lästig. Es hat schon seinen Grund, wenn das Kreuz mit einer Last gleichgesetzt wird, denn tatsächlich lastet die Wahrheit wie ein Druck auf all denjenigen, die es nicht ernst nehmen oder leugnen. Es gibt die Redensart: „Seitdem seine Frau eingezogen ist, ist das Kreuz da." Gemeint ist, dass mit seiner Frau das Leid ins Haus gezogen ist. Und was hat der Mensch daraus gemacht? Denken wir nur an das hemmungslose Ausleben und Sich-frei-machen von jeglichem Schamgefühl. Die Liebe von heute ist nur noch ein Zerrbild jener idealen Liebe, die Christus lehrte.

Aus dieser wurde eine Liebe der Schwachheit, der Weichlichkeit und Nachgiebigkeit, die das Ziel der geistigen Förderung vernachlässigt und nur noch das tut, was anderen gefällt. Oft sagt man: „Das ist die Strafe Gottes." Doch nicht Gott bestraft, sondern wir bestrafen uns selbst durch unsere Handlungen. Aber da dem Menschen oft harte Schicksalsschläge treffen, die er sich nicht erklären kann und deren Ursache vielleicht in einem früheren Leben liegt, ist er leicht versucht, Gott dafür verantwortlich zu machen. Er bedenkt nicht, dass er damit eine Lästerung begeht. Wir haben Gottes Wort missbraucht, beschmutzt und in den Dreck gezogen.

## Die silberne Schnur und die Organverpflanzung
*Quelle: Herbert Vollmann*
*(Ein Tor öffnet sich)*
*Einzige Ausgabe 1983/ISBN 3-87860-129-8/S. 62-68*

Laut Aussagen einiger Ärzte und Physiologen muss der Todeszeitpunkt keineswegs mit dem letzten Herzschlag zusammenfallen. Hellseher, die von der irdischen Seite den Todesvorgang beobachteten, sagten, dass die Silberschnur noch bis zu fünf Tage intakt bleiben kann. Die Trennung kann aber auch innerhalb weniger Sekunden erfolgen. Nach Zerreißen der Silberschnur blickt der Tote auf seine physische Leiche hernieder. Dies ist ein außergewöhnlicher und eindrucksvoller Moment, weil der Betreffende erkennt, dass sein Körper nicht er selbst, sondern nur eine Hülle ist, die er nun beiseitelegt. Nicht immer geht die Lösung der Silberschnur schnell und leicht vor sich. Für den Zustand, die Dichte und die Löslichkeit ist der Mensch selbst verantwortlich.

Je mehr er sich ans Irdische kettet, desto dichter und schwerer wird er, weshalb er unter Umständen nicht nur die letzten irdischen Schmerzen, sondern auch noch den Zerfall seiner Erdenhülle erleben muss. Auch eine Einäscherung geht an dieser Seele nicht spurlos vorbei. Wenn der Körper verbrennt, wird die Membrane, die dem Körper noch anhängt, schwer verletzt. Sie leidet. Das Leid erstreckt sich auch auf den bereits befreiten Teil des Körpers. Die Membrane ist der Astralkörper, der nach der Loslösung der Seele mit dem Erdenkörper zerfällt. Der Astralkörper ist die Verbindung zum Erdenkörper. Phantomschmerzen weisen auf den Astralkörper hin. Menschen haben meist noch an derselben Stelle Schmerzen, wo das Glied abgenommen wurde. Das kommt daher, weil das entsprechende geistige Glied nicht mit abgenommen werden kann. Es gibt Menschen, die aus dem Körper treten. Auch in diesen Fällen bleibt die Silberschnur bestehen. Jesus' Totenerweckungen funktionierten nur, solange die Silberschnur bestand. Nur so konnten die Seelen in die Körper zurückkehren. Das Sterben ist mit dem körperlichen Tod nicht beendet. Es gibt noch den Astralkörper, der unter Umständen erst viel später stirbt. Solange der Astralkörper mit dem Erden- und dem feinstofflichen Körper zusammenhängt, solange die Verbindungsschnur noch besteht, können Eingriffe in die toten Erdenkörper von der Seele als schmerzhaft empfunden werden: „In diesem Zustand bin ich gestorben. Meinen irdischen Körper war ich los. Ich hatte ihn verbraucht, vollständig zerstört. Dann sezierten sie mich, aber ich lebte ja noch. Man hantierte an mir herum und ich spürte, dass man mich in Stücke schnitt (sezierte). Ich schrie und wehrte mich, denn ich wollte meinen Körper ja wiederhaben, um mein Verlangen zu stillen.

Man zerschnitt mir den Nerv, untersuchte mein Herz und den ganzen Körper. Ich wehrte mich aus Leibeskräften. Endlich gelang es mir, einige Quälgeister zu verscheuchen. Die haben mich dann nie wieder angerührt. Es waren fünf oder sechs Männer mit Messern, die es auf meinen Körper abgesehen hatten. Dann kam einer und schnitt und schnipselte an mir rum und machte mich ganz rasend. Ich versuchte ihn zu erschrecken, wie ich es bei den anderen machte, aber ich konnte ihn nicht von mir wegbringen. Er wich keinen Zoll zur Seite. Ich hatte bis dahin noch nicht begriffen, dass ich meinen Körper verlassen hatte, denn ‚tot' war ich ganz und gar nicht." Man erzählte mir, dass Studenten durch Zergliederung von Leichen den menschlichen Körper kennenlernen mussten, bevor sie ins Examen gingen. Schon allein aus dieser Sicht müssten die Transplantationen von Verstorbenen auf den lebenden Körper genauer betrachtet werden. Es handelt sich um einen Eingriff in die Privatsphäre, dem er wehrlos ausgeliefert ist, weil er sich nicht mehr bemerkbar machen kann. Vor dem Hintergrund des fortbestehenden Astralkörpers dürften Sezierungen und Einäscherungen innerhalb der ersten drei Tage nicht vorgenommen werden. Damit würde man die Organentnahme sowieso ausschließen. Fragen Sie sich, wie oft die zwei Wörter Organspende und Organhandel zusammen vorkommen. Wie viel müssen Angehörige oder Empfänger für das entsprechende Organ an Ärzte bezahlen? Darüber wird nie gesprochen. Der eine spendet ein Organ und ein anderer muss dafür bezahlen? Das ist ja völlig stumpf- und schwachsinnig! Nicht der Spender, sondern der Empfänger und seine Angehörigen sollten diesen Sachverhalt mal klären. Eine Spende ist kostenlos. Kostenlos, was das Organ betrifft.

Würden Ärzte richtig handeln, würden sie dem Empfänger nur die dafür nötige Operation verrechnen. Das wäre die richtige Lösung. Erst dann kann man von einer Spende reden. Doch wenn man so verfahren würde, wären die Ärzte an der Organspende nicht mehr sonderlich interessiert, weil sie daraus keinen Profit mehr schlagen könnten. Niemand braucht den Tod zu fürchten, der Gutes in sich trägt. Auch wenn diese Einsicht erst kurz vor dem Tod entstanden ist: Sie hilft dem Sterbenden sicher über die Schwelle und darüber hinaus führen ihn helfende Hände behutsam weiter.

## Das Blut als Kennkarte
*Quelle: Herbert Vollmann*
*(Ein Tor öffnet sich)*
*Einzige Ausgabe 1983/ISBN 3-87860-129-8/S. 276-277*

Anfang des 20. Jahrhunderts wurden die vier Blutgruppen A, B, AB und 0 entdeckt. Inzwischen sind der Wissenschaft viele Einzelheiten über das Blut und seine Zusammensetzung bekannt. Dazu gehören auch weitere Blutgruppensysteme und Blutformeln. Neueste Forschungen zeigten, welche Krankheiten bei welchen Blutgruppen entstehen können. So neigt die eine Gruppe weniger zu bestimmten Krankheiten und ist weniger anfällig für gewisse Seuchen als andere. Auch für die Annahme, dass der Geist das Blut bildet, gab es einige Hinweise. Dass er daran mitwirkt, zeigt sich darin, dass das Blut nur während der Anwesenheit des Geistes vorhanden ist. Erst mit Eintritt des Geistes in der Mitte der Schwangerschaft bildet sich das Blut. Verlässt der Geist den Körper, fehlt auch das Blut. Doch jeder entwickelt seine Fähigkeit anders. Jeder Geist bildet das Blut durch seine Eigenart. Manch ein Sprichwort oder eine Redensart weist darauf hin.

So bedeutet „in Fleisch und Blut übergehen", etwas zu beherrschen oder in sich aufzunehmen. Dazu gehört nicht nur das Begreifen mit dem irdischen Verstand, sondern auch das Erfassen im Geist. Die Rückwirkung geistiger Äußerungen trifft sofort das Blut, etwa wenn es aus dem Gesicht weicht, durch einen Schreck ins Stocken gerät, jemand vor Scham blutübergossen dasteht oder ein Mensch Blut schwitzt, also große Angst hat. Dies alles untermauert die Erkenntnis, dass der Geist das Blut bildet.

## Weshalb isst man?
*Quelle: Christopher Vasey*
*(Das Blut-Geheimnis)*
*Erstauflage 1993/ISBN 3-87860-229-4/S. 7-13*

Wir ernähren uns, weil der Körper Nahrung braucht, um zu funktionieren. Er braucht energetischen Kraftstoff, Kohlehydrate und Fette, um die physische Aktivität zu ermöglichen, die Körpertemperatur aufrechtzuerhalten und die Stoffe für den Aufbau und Erhalt der Organe bereitzustellen. Viele sind der Auffassung, dass Hunger in wenigen Tagen zum Tod führt. Das ist jedoch falsch. Es kann Wochen oder Monate dauern. Wir essen, damit der Körper funktioniert und auf Lebenszeit erhalten bleibt. Aber gibt es noch einen anderen Grund? Nahrung kann auch zu Therapiezwecken dienen: Spinat und

Eier gegen Anämie, Reis gegen Bluthochdruck und Nierenbeschwerden, Backpflaumen gegen Verstopfung, Milchprodukte gegen Kalziummangel, Kartoffeln gegen Gastritis usw. Sogar Diäten können einen wichtigen Platz in Therapien einnehmen: eine ballaststoffreiche Diät gegen Verstopfung, eine fettarme Diät bei Herzleiden und eine kalziumreiche Kost bei Wachstumsstörungen.

Zahlreiche Krankheiten werden durch unangepasste Ernährung verschlimmert, wie bei der Zuckerkrankheit durch übermäßigen Zuckerkonsum und bei Leberproblemen durch übertriebenen Fettverzehr. Andere Krankheiten werden direkt durch Fehlernährung verursacht wie die Arteriosklerose durch erhöhten Cholesterinverzehr und fetthaltige Speisen, Rheumatismus durch einen Säureüberschuss und Immunschwäche durch Vitaminmangel. Wenn man einen durchdachten Ernährungsplan aufstellt, indem man den Verzehr einiger Nahrungsmittel vermindert oder sie ganz weglässt und dringend benötigte hinzufügt, ist es möglich, eine wirkungsvolle Krankheitsvorsorge zu betreiben. Wenn die meisten essen, um zu leben, leben viele, um zu essen. Die gesunde Essfreude verwandelte sich in Essgier und Gefräßigkeit. Lebensmittel werden nicht mehr genossen, um den Körper zu ernähren, sondern um Begierden zu befriedigen. Der Medizin ist bekannt, dass Fasten und Diäten eine reinigende Wirkung auf Körper und Geist haben. So sind es größtenteils die Abfälle und Rückstände des Stoffwechsels, Gifte und krankes Gewebe, Zysten, Fettablagerungen und Tumore, die sich bei einer Diät selbst verdauen. Das gesunde Gewebe und manche Organe sind erst in zweiter Linie betroffen. Hingegen werden das Herz, das Gehirn und die lebensnotwendigen Organe von der Autolyse gar nicht erfasst. Dafür wird das Blut gereinigt und die Organe werden von belastenden Schlacken befreit. Zahlreiche Beschwerden, die durch Giftanhäufung verursacht wurden, werden geheilt. Über Fastenperioden von einer bis zu mehreren Wochen berichten die Fastenden, dass sich ihre Gedanken klärten und sich eine spektakuläre Verbesserung ihrer Depression, Zwangsvorstellung oder Geisteskrankheit einstellte. Die Reinigung machte sie offener und aufnahmefähiger.

Wenn schon eine kurze Enthaltsamkeit sich so günstig auf den Geist auswirkt, müsste eine längere und besondere Form der Ernährung sich erst recht vorteilhaft auswirken. Dass bei diesen Diäten der Alkohol- und der Drogenkonsum ausgeschlossen sind, verwundert nicht. Aber dass Fleisch vermieden oder weggelassen werden soll, ist für viele schwer verständlich. Doch ein starker Fleischverzehr fördert den Sexualtrieb. Er macht den Menschen aktiver, erregbarer, aggressiver und gewalttätiger - im Gegensatz zu einer fleischlosen Diät, wo die Verbindung zwischen Geist und Körper gelockert wird. Das Interesse an materiellen Dingen wird schwächer und die Leidenschaft nimmt ab. Jemand, der eine fleischlose Diät einhält, wirkt weniger ehrgeizig und kämpferisch. Die Selbstkontrolle wird erleichtert und ein Offensein für höhere Dinge begünstigt. Das kann mit einer vegetarischen Kost erreicht werden, bei der nur Pflanzennahrung, Obst, Gemüse, Getreide und Hülsenfrüchte erlaubt sind – im Gegensatz zur lakto-vegetarischen Kost, die noch tierische Produkte, Eier und Milch zulässt. Auch eine Fruchtdiät, bei der Trockenfrüchte und frische Feldfrüchte die Grundlage bilden, fördert geistige Aktivität. Dass man das Spirituelle und Psychische durch die Ernährung zu beeinflussen kann, war den Okkultisten schon lange bekannt. Damit konnten sie ihre Hellsichtigkeit sowie Hellhörigkeit, Geistverbindungen, Erleuchtung und Visionen begünstigen. Die Nahrungsaufnahme diente nicht nur dazu, den Organismus zu ernähren, sondern auch dafür, geistige Ziele zu erreichen. Es geht darum, herauszufinden, wie die Ernährung die Seele beeinflussen kann.

## Die Geistseele
*Quelle: Beat Imhof*
*(Woher wir kommen, wohin wir gehen)*
*Erstauflage 2014/ISBN 978-3-89427-655-3/S. 303*

Der Geist hängt nicht von der Materie ab. Die Geistseele ist eine unabhängige Wesenheit. Der Geist hängt nicht vom Körper, sondern der Körper vom Geist ab. Wir Menschen sind keine Geister, besitzen aber einen Geist. Der Geist ist in der Lage, über sich nachzudenken, zu lieben, zu hassen und geistige Werte zu erkennen.

## Was ist der Geist?
*Quelle: Christopher Vasey*
*(Das Blut-Geheimnis)*
*Erstauflage 1993/ISBN 3-87860-229-4/S. 15-26*

Für die einen ist der Geist etwas Immaterielles, das während des Erdenlebens in unserem Körper wohnt. Für andere ist er materiell und sitzt im Gehirn. Allgemein wird die Tätigkeit von Gehirn und Verstand als Geistesarbeit gewertet. So sagt man auch von großen Denkern, Wissenschaftlern und Intellektuellen, dass sie Geistesschaffende sind. Und man sagt, dass jemand geistreich ist, wenn er durch die Ausdrucksweise seine Zuhörer beeindruckt. Forscher entdeckten, dass das Gehirn in unterschiedliche Zonen eingeteilt ist und dass jede Zone für eine Körperfunktion Verantwortung trägt. Die eine Zone ist fürs Sehen, Hören und Bewegen der Finger und Beine zuständig, die andere fürs Schreiben, Lesen und Neuprogrammieren. Der Geist kann mit seinen Daten zu jeder Zeit ein neues Sprachzentrum bilden. Dabei geht es nicht um neu erlerntes Wissen, sondern um die Übertragung von Informationen aufs Gehirn.

Das Gehirn, das eine aus Neutronen zusammengesetzte Maschine ist, ist absolut nicht imstande, die notwendigen Integrationen durchzuführen. Dafür bedarf es eines aktiven, unabhängigen Geistes. Unser Gehirn ist nur eine Maschine. Ein Elektronengehirn kann nichts, wenn man es nicht mit Arbeitsinformationen füttert. In der Informatik sagt man „den Computer füttern". Der Computer muss zuerst instruiert werden, wie Informationen zu behandeln sind. Er kann nicht selbstständig denken. Man muss ihm zeigen, wie er vorzugehen hat, indem man ihn programmiert. Für das Gehirn gilt dasselbe. Erst aus verschiedenen Erfahrungswerten kann im Gehirn eine Datenbank entstehen. Die Datenauswertung erwirbt sich das Gehirn durch Erziehung und Erfahrung. Trotzdem gibt es Dinge, die ein Computer nicht machen kann. Er kann seine Arbeit nicht lieben, sich für kein Ideal starkmachen und besitzt kein Verantwortungsbewusstsein. Er kann seine Aktivität weder mit dem Schönheits- noch mit dem Gerechtigkeitssinn, mit ethischen Werten und dem Sinn fürs Gute oder Schlechte abstimmen. Er kann sich nicht begeistern lassen, ungeduldig werden oder sich über eine Arbeit ärgern. Liebe, Hass, Geduld sowie der Sinn fürs Gute und Schöne sind keine Eigenschaften, die eine Maschine besitzt. Diese besitzt nur der Geist. Man liebt mit dem Herzen, ärgert sich, ist bewegt und empört sich mit dem ganzen Wesen. Einen weiteren Hinweis dafür, dass der Geist etwas vom Gehirn völlig Verschiedenes ist, findet man in Berichten zur Zerstörung von Gehirnzonen vor. Jean du Chazaud zitiert den Fall eines Mannes, der eine Ablation, eine Abtrennung seiner linken Gehirnhälfte, erlitt. Durch die Loslösung der Gehirnhälfte verlor er die Sprache. Trotzdem konnte er entgegen aller Erwartung nach acht Monaten wieder sprechen. Wenn man dieses Rätsel in einem anderen Licht betrachtet und das Gehirn als Werkzeug des Geistes ansieht, wird alles klar. Das Sprachzentrum ist nur der Platz, wo Sprachinformationen gespeichert werden, aber nicht die Sprachfähigkeit, die im Geist liegt. Nicht das Gehirn denkt und spricht, sondern der Benutzer (Geist), und zwar durch sein Werkzeug, das Gehirn und die Sprechorgane. Die Informationsvernichtung auf dem Computer löscht nicht gleichzeitig die Kenntnis des Benutzers. Er kann den Computer leicht neu füttern und programmieren. So kann auch der Geist in einem anderen Gehirnteil ein neues Sprachzentrum bilden, da die Grunddaten im Geist bereits existieren. Es handelt sich dabei weniger um neu Erlerntes, sondern um die Übertragung vom Geist aufs Gehirn. Wir wollen nun einige Beispiele erörtern, bei denen der Geist eine Erfahrung machte, ohne dass das Gehirn beteiligt war: „Ich war im Krankenhaus wegen meiner Zuckerkrankheit. Ich bin völlig losgelöst im Zimmer herumspaziert. Ich fühlte eindeutig, dass ich schwebte. Dann sah ich eine alte Frau auf dem Bett liegen, die zu schlafen schien. Plötzlich gab es ein Geräusch, das mich erschütterte, und mir wurde klar, dass ich, eingewickelt im Morgenrock voller Flecken, auf dem Betttuch lag. Musste ich wirklich wieder zurück? Ja, ich musste wieder zurück. Der Zeitpunkt, meinen Körper zu verlassen, war noch nicht gekommen. Ich habe mich wie eine Wolke oder Gas in ihn hineingleiten lassen. Aber wie konnte ich meinen Körper verlassen?" Wir können uns auch fragen, was es war, das den Körper dieser Frau verließ. Das war bestimmt nicht ihr Gehirn. Darum ist es interessant, sich einem anderen Beispiel zuzuwenden, bei dem ein Elektroenzephalogramm gemacht wurde. Dieses zeichnete nichts auf, obwohl die Person eine Situation erlebte, die vollkommen real für sie war.

In der Medizin sind das leere Enzephalogramm und das Aufhören der Herztöne die notwendigen und ausreichenden Anzeichen, um eine Person für tot zu erklären. Solche Untersuchungen werden beispielsweise bei verunglückten oder schwer kranken Menschen durchgeführt, um zu entscheiden, ob die Wiederbelebungsversuche erfolgreich sein können. Wenn die Untersuchungen zeigen, dass der Verunglückte nicht mehr am Leben ist, geht niemand davon aus, dass er noch etwas sehen, fühlen oder sich bewegen kann. Dennoch gibt es erschütternde Erlebnisse, die Tausende Menschen machten und über die Dr. Raymond Moody, ein amerikanischer Arzt, berichtete. In seinen Büchern spricht er von zahlreichen Fällen kranker oder verunglückter Personen, die ihm erzählten, was sie erlebten, während sie für klinisch tot gehalten wurden, während des kürzeren oder längeren Zeitraums, in dem ihr Herz und das Gehirn aufhörten zu funktionieren, ehe die Reanimationsbemühungen von Erfolg gekrönt waren. Auffällig war, dass das Elektroenzephalogramm während dieser Erlebnisse leer blieb. Das Gehirn nahm nicht daran teil. Auch Begebenheiten wie die folgende sind bemerkenswert: Die kleine Maria, die in der Stadt Ill in Amerika lebte, starb mit fünfzehn Jahren. Drei Jahre später, nachdem ihre Mutter nach Dakota umgezogen war, brachte diese ein gesundes Mädchen zur Welt, dem sie den Namen Nelly gab. Nelly bestand aber darauf, dass man sie Maria nennen soll. Sie behauptete, das sei ihr richtiger Name, den ihre Eltern ihr früher gegeben hätten. Bei einer Reise in die Stadt Ill erkannte sie nicht nur das Haus ihrer Familie wieder, sondern auch verschiedene Personen, die sie vorher noch nie getroffen hatte. Nelly gab eine genaue Beschreibung ihrer Schule und der Stadt ab und äußerte den Wunsch, dort zurückzukehren. Ohne zu zögern begab sie sich in den Klassenraum und zeigte auf ihre Bank, in der die kleine Maria gesessen hatte.

Nelly war in der Lage, über vergangene Ereignisse zu berichten, obwohl ihr Gehirn nicht daran teilgenommen hatte. Die Erinnerung war nicht in ihrem Gehirn gespeichert, sondern in etwas, das das Gehirn Marias überlebte und sich in Nelly wiederfand. Dieses Etwas ist nicht körperlich, sondern geistiger Art: Es ist der Geist. Die wenigen aufgeführten Beispiele haben gezeigt, dass Geist und Gehirn nicht dasselbe sind. Der Geist ist eine selbstständige Beschaffenheit. Die geistige Welt liegt höher und bildet den oberen und leichtesten Teil der Schöpfung. Der geistige Teil trägt die Aufgabe, ins Geistige zurückzukehren. Den Drang bestimmt der Reifegrad. Der Geist hat mit dem irdischen Verstand nichts zu tun, sondern nur mit dem Gemüt. Der Geist kommt aus der geistigen Ebene und der Körper aus der irdischen Ebene. Wenn Christus sagte, der Geist ist willig, aber das Fleisch ist schwach, meinte er, dass der Geist nicht vom Fleisch stammt, also kein Teil des Körpers und des Gehirns ist. Der Geist ist vom Paradies ausgegangen und kann nach seiner Entwicklung auf der Erde wieder dahin zurück, um erneut zu inkarnieren. Zwischen der geistigen Welt und der Erde bestehen noch andere Ebenen, auf die Christus hinwies, als er von den vielen Wohnungen (Ebenen) im Haus seines Vaters sprach. Wenn der Geist die verschiedenen Ebenen durchschreitet, legt er nacheinander die jeweilige Umhüllung an, die zur Ebene gehört. Die letzte Hülle ist der irdische Körper und die bekannteste geistige Hülle ist der Astralkörper. Die Notwendigkeit zu inkarnieren, einzutreten in das Fleisch (carne), das von gleicher Beschaffenheit wie die Ebene ist, lässt sich logisch erklären: Der Geist benötigt den Körper, um die dafür vorgesehene Ebene erleben zu können. Er dient ihm als Werkzeug zum Sehen, Fühlen und um sich in ihr zu bewegen.

Ohne Körper hätte der Geist keine Verbindungsebene. Wie kann die Seele (der Geist) samt ihrer Umhüllungen sich mit dem Körper verbinden? Die Antwort auf diese Frage steht im Zusammenhang mit dem Blut.

## Wozu dient das Blut?
*Quelle: Christopher Vasey*
*(Das Blut-Geheimnis)*
*Erstauflage 1993/ISBN 3-87860-229-4/S. 27-36*

Das Blut dient dazu, das organische Gewebe zu durchströmen und die Zellen mit Sauerstoff und Nährstoffen zu versorgen. Man gesteht ihm eine Rolle beim Abfalltransport und bei der Übermittlung hormoneller Botschaften von einer Zelle zur anderen zu. Auch im körpereigenen Abwehrsystem spielt das Blut eine große Rolle. Um eine Rangordnung zwischen Blut und Körper festzulegen, muss man sich fragen: Ist das Blut für den Körper da oder ist der Körper für das Blut da? Das Blut ist weniger für den Körper da als der Körper fürs Blut. Der Körper steht im Dienst des Blutes. Er ist sein Untergebener. Der Körper spielt die zweitrangige Rolle und muss über die Ressourcen seiner Organe wachen, um die ideale Blutverteilung zu gewährleisten. Ohne Blut würde der Körper sterben. Blut ist Leben. Wenn ein Blutgefäß platzt und das Blut sich ergießt, ist es das Leben, das einen verlässt. Blut ist ein besonderer Saft, sagte Goethe. Aber wenn der Körper fürs Blut da ist, wofür ist dann das Blut da? Wenn das Blut tatsächlich wichtiger als der Körper ist, muss das Element fürs Blut noch wichtiger sein. Aber was ist es? Das Blut ist da, um die Brücke für den Geist zu bilden. Ohne Blut könnte der Geist nicht inkarnieren. Der Geist ist nicht unmittelbar mit dem Körper verbunden, sondern mit dem Blut und durch dieses mit dem Körper. Ohne Blut keine Brücke und kein Leben.

Der Körper ist also nicht wegen des Blutes, sondern wegen des Geistes am Leben. Das Blut und der Körper sind von einer anderen Beschaffenheit als der Geist. Doch es muss noch ein weiteres Kettenglied bestehen - und das ist die Blutausstrahlung. Die Blutausstrahlung ist die Brücke zur Bestätigung der Seele. Wie alles andere, so strahlt auch das Blut etwas aus und sendet unsichtbare Strahlen. Der Astralkörper strahlt selbst und die gröbsten Strahlen vereinen sich mit den feinsten im Blut. Zusammen bilden sie die Brücke für den Geist. Um das Leben zu erleben, braucht der Geist eine starke und gesunde Blutausstrahlung. Jede Veränderung der Zusammensetzung verändert auch Letztere und die Verbindung zum Geist. Die Stärke der Strahlungsbrücke hängt von der Blut- und Geiststrahlung ab. Viele Jahre musste man warten, bis Harvey, ein englischer Arzt, 1623 entdeckte, dass das Blut vom Herz zu den Organen und von den Organen zum Herz zirkuliert. Die roten Blutkörperchen wurden im 17. Jahrhundert und die weißen Blutkörperchen und -plättchen im 19. Jahrhundert entdeckt. Bevor man Bluttransfusionen vornahm, ließ man Kranke frisches Blut von Schlachttieren trinken. Das Blut wurde getrocknet und als Pulver verschiedenen Nahrungsmitteln beigemengt: Würsten, Keksen, Brot und Soßen. Tierblut in Pulverform war Bestandteil pharmazeutischer Produkte oder wurde für Medizinalbäder genutzt. Erste Transfusionen wurden im 17. Jahrhundert durchgeführt, indem man Tierblut auf einen Menschen übertrug. Aber da Tierblut nicht dasselbe wie Menschenblut ist, endete die Übertragung tödlich. Die Transfusionen wurden erst im 19. Jahrhundert wieder aufgenommen. Diesmal wurde Menschenblut verwendet. Die Transfusion wurde von einem Arm zum anderen ausgeführt, um das Problem der Blutgerinnung zu vermeiden, das zu der Zeit noch nicht gelöst war.

Das Spenderblut drang mittels Kanüle unmittelbar in die Vene des Empfängers ein. Trotz Menschenblut traten aber zahlreiche tödliche Fälle auf. Das Spenderblut wurde vom Empfänger nicht immer vertragen. Das führte zu der Erkenntnis, dass trotz gleicher Zusammensetzung jedes Blut verschieden ist. Der Gehalt der roten Blutkörperchen und -plättchen konnte derselbe sein, die Beschaffenheit jedoch eine andere. Die ersten Unterschiede wurden 1901 durch den Arzt Karl Landsteiner entdeckt. Er erkannte verschiedene Arten von roten Blutkörperchen, die er in vier Gruppen einteilte: A, B, AB und 0. Die vier Blutgruppen waren endlich bekannt und die Transfusionen, die man nun vor dem Hintergrund der Verträglichkeit der Blutgruppen durchführte, hatten sehr hohe Erfolgsquoten. Trotzdem gab es weiterhin tödlich verlaufende Fälle. 1941 verringerten sich die Todesfälle, nachdem Landsteiner eine weitere Besonderheit entdeckt hatte: den Rhesusfaktor. Später wurden noch andere Blutgruppen identifiziert (Kell-, Duffy- und Kidd-System). Je mehr man entdeckte, desto mehr Mittel gab es, um die Blutgruppen zu bestimmen. Mehr als 30 Marker-Systeme wurden konstruiert, die unendlich viele Kombinationsmöglichkeiten zuließen. Die Chance, einen biologischen Doppelgänger zu finden, lag bei eins zu einer Milliarde. Beim heutigen Stand der Entwicklung kann die Wissenschaft schon jetzt versichern, dass jedes Blut und seine Zusammensetzung einzigartig sind. Damit wird die Erkenntnis bestätigt, dass jedes Individuum nicht nur unterschiedliches Blut, sondern auch eine unterschiedliche Blutausstrahlung hat.

# Das Blut, die Brücke für den Geist

*Quelle: Christopher Vasey*
*(Das Blut-Geheimnis)*
*Erstauflage 1993/ISBN 3-87860-229-4/S. 37-54*

Da Blut das Bindeglied zwischen Geist und Körper ist, muss jede mengenmäßige Veränderung des Blutes auch eine Änderung im Geist bewirken. Einige haben viel Blut und andere zu wenig. Die Vollblütigen wirken wie an die Materie gebunden. Sie lieben Tafelfreuden und sind gern in Gesellschaft. Sie sind aktiv, geraten schnell in Zorn und können gewalttätig werden. Hingegen macht der anämische Typ nicht den Eindruck, als schlüge er über die Stränge. Die Lebensfreuden ziehen ihn nicht an. Er unternimmt wenig und flieht vor der Gesellschaft. Den Ersteren riet man früher, Blut abzunehmen. Damals waren sie diejenigen, die zum Aderlass herangezogen wurden oder denen man Blutegel aufsetzte. Dem anämischen Typ empfahl man hingegen stärkende Lebensmittel. Bei starker Blutung lockert sich das Band zwischen Körper und Geist. Je mehr Blut ausfließt, desto mehr entfernt sich der Geist und der Körper verliert das Bewusstsein. Der Geist trennt sich von ihm. Das entspricht dem physischen Tod. Durch eine zu geringe Blutausstrahlung des Geistes kann dieser den Körper nicht mehr aus eigener Kraft lebendig halten. In diesem Fall hängt die Wirksamkeit einer Transfusion zur Wiederherstellung des Blutvolumens in erster Linie von der Quantität ab (der Blutmenge) und erst in zweiter Linie von der Qualität (der Blutzusammensetzung). Jede Blutveränderung durch Sauerstoff, COX, Glukose, Mineralsalze, Vitamine usw. verändert die Blutausstrahlung. Wir wollen uns ansehen, welche Veränderung der Blutzuckerspiegel auf den Geist hat. Der Blutzuckergehalt für 100 ml Blut liegt normalerweise zwischen 70 bis 110 mg Glukose.

Bei einem Gehalt über 120 mg spricht man von einer Hyperglykämie und bei unter 80 mg von Hypoglykämie. Es ist wichtig, den Zuckerspiegel zu kennen, denn Zucker ist der Kraftstoff des Körpers, damit Muskeln, Organe und das Gehirn richtig funktionieren. Der mittlere Blutzuckerwert liegt bei 90 bis 95 mg. Im selben Maß, wie der Glukosespiegel sinkt, verringert sich auch die erzeugte Energie und eine physische und psychische Mattigkeit tritt ein. Das führt zu Arbeitsunlust und die Denkfähigkeit lässt nach. Bei 70 mg Glukose verwandelt sich Mattigkeit in Müdigkeit und Hunger stellt sich ein. Durch die Nahrungsaufnahme wird der Zuckerspiegel wieder auf 80 mg angehoben und die Körpervorgänge beschleunigen sich. Wenn man den Pegel auf 65 mg absinken lässt, entstehen große Esslust und die Begierde nach süßen Lebensmitteln. Die Müdigkeit nimmt zu, die Gedanken verlangsamen sich und die Konzentrationsfähigkeit nimmt ab. Wenn die Hypoglykämie stärker wird, treten Kopfschmerzen, Übelkeit, Schwäche, Schwindel und Bewusstlosigkeit auf. Die Verbindung zwischen Geist und Körper lockert sich. Wie bereits erwähnt, liegt das Bewusstsein nicht im Gehirn, sondern im Geist. Die Blutausstrahlung und die Strahlungsbrücke verändern sich je nach Zuckerspiegel. Wenn dieser zu hoch ist, wirkt sich dies auf die Blutzusammensetzung aus. Eine vorübergehende Hyperglykämie ist nach einer reichhaltigen Mahlzeit normal. Der Körper kann den Zuckerspiegel selbst auf 80 bis 120 mg senken, indem er das Hormon Insulin aus den Pankreasdrüsen ausschüttet. Bei Pankreaserkrankungen ist die Insulinausschüttung jedoch ungenügend. Als Folge davon entsteht ein erhöhter Zuckerspiegel, der zur Hyperglykämie führen kann. Das kann so weit gehen, dass man das Bewusstsein verliert und ins Koma fällt. Die Verbindung zwischen Geist, Gehirn und Körper ist unterbrochen. Man stirbt.

Der Insulinmangel bei Diabetikern verhindert, dass der Zucker im Blut an die Zellen weitergegeben wird. Um funktionieren zu können, bauen sie Zellfette ab, die nach der Umwandlung die fehlenden Kraftstoffe liefern. Aus Fetten werden die Ketone (Aceton, Atzet-Essigsäuren) gebildet. Diese können, wenn das im Übermaß geschieht, den Säurehaushalt des Körpers belasten. Das Blut wird säurehaltig und verändert die Blutausstrahlung. Ein anderes Beispiel ist die Angst. In einer Angstsituation, verursacht durch eine Bedrohung oder Ähnliches, wird die Ausstrahlung des Blutes durch das hormonelle Sekret Adrenalin verstärkt. Alle Sinne sind wach, der Verstand geschärft, die Muskeln angespannt und bereit, einzugreifen. Die Gedanken sind jetzt auf den Augenblick und die Gefahr gerichtet. Die Blutausstrahlung, die bei einer Gefahr entsteht, ist eine Hilfe und kein Hindernis. Würde man bei einer Blutübertragung eine andere Blutgruppe verwenden, könnte sich die Seele nicht mehr entfalten oder würde ganz abgeschnitten sein, weil die Ausstrahlung nicht mehr der Seele angepasst ist. Im Verlauf des Lebens können auch andere Umstände zur Veränderung der Blutausstrahlung führen, wie beispielsweise bei Altersschwäche, die es dem Organismus nicht mehr erlaubt, eine intensive Blutausstrahlung zu erzeugen. Dann lockert der Körper die Verbindung zur Seele. Zuletzt gibt der Körper die Seele zurück. Das ist ein natürlicher Sterbevorgang, bei dem sich die Seele vom Körper löst. Heute sterben aber die wenigsten auf natürliche Weise. Der Bruch geschieht viel öfter durch eine Schwächung ihrer Ausstrahlung infolge schwerer Krankheit, Gewalteinwirkung, Unfall, Verbrechen, Krieg und Selbstmord. Dass ein kranker Organismus keine normale Blutausstrahlung mehr erzeugt, ist leicht verständlich.

Die Organe tragen nicht mehr zur richtigen Bildung einer normalen Blutzusammensetzung bei. Bei einem unnatürlichen

Vorgang kann das Sinken der Blutausstrahlung mehrere Ursachen haben: Sie entsteht durch eine Schwächung und Zerstörung der Organe oder starken Blutverlust als Folge einer Verletzung. In dem Fall schwächt die fehlende Blutmenge nicht nur die Verbindung zwischen Körper und Geist, sondern senkt auch die Wärme im Körper. Ein starker Blutverlust verringert den Stoffwechsel und die Körpertemperatur fällt ab. Im Normalfall hat der Körper eine Temperatur von 36,5° C. Bei einem Temperaturabfall auf 30° C ist die Temperatur so niedrig, dass der Geist keine Möglichkeit hat, den Körper zu beleben. Das Herz setzt aus, die Atmung stockt und der Körper verfärbt sich blau. Eine Bluttransfusion löst nur den quantitativen Teil des Problems, aber der Wärmegrad des Blutes ist genauso wichtig. Um den Körper wieder zu erwärmen, hat man ihn früher in Decken eingewickelt, welche die Atemluft anwärmen, sowie Magen- und Bauchhöhle mit Warmwasser durchspült. Die Behandlungsmethoden waren nicht immer so wirksam, wie man es sich gewünscht hätte, denn das Blut wurde erst in zweiter Linie erwärmt. Die Bluttemperatur wurde wieder auf 38,8° C angehoben, indem man das Blut durch Röhren leitete, die mit warmem Wasser umspült waren. Durch die Erwärmung konnten die Blutausstrahlung erhöht und der Stoffwechsel reaktiviert werden. Die Körperfunktionen verlangsamen sich auch im Schlaf. Das Herz schlägt langsamer und die Körpertemperatur sinkt. Das Gehirn sendet unterschiedliche elektromagnetische Wellen aus. Im Wachzustand haben die vom Gehirn ausgesendeten Wellen eine Frequenz, die bis auf 30 Schwingungen pro Sekunde ansteigen kann.

Die Frequenz vermindert sich während der Einschlafphase um eine halbe Schwingung pro Sekunde. Die verminderte Blutausstrahlung und die damit einhergehende schwächere Verbindung von Geist und Körper bringt eine Verringerung des

Stoffwechsels mit sich. Beim Einschlafen verliert der Körper den Kontakt mit seiner Umgebung und träumt oft, dass er fällt. Der Eindruck des Falls entspricht der Lockerung zwischen Geist und Körper. Die REM-Schlafphase (Rapid Eye Movements) kann nur liegend erreicht werden. Nur in dieser Position kann der Geist die Verbindung zum Körper lockern. Er braucht eine Muskelanspannung, die nur durch den Geist herbeigeführt werden kann. Die REM-Phase kann schneller erreicht werden, wenn der Körper sich in einem kühlen Raum aufhält. Um ein vollständiges Bild davon zu erhalten, wie das Blut als Brücke dient und die Blutausstrahlung entsteht, müssen wir wissen, wie sich der Geist mit dem Fötus verbindet. Die irdische Hülle dient nur als Werkzeug. Erst in Kindes- und Jugendjahren passt sich der Geist dem Körper richtig an. Während der Entwicklung im Mutterbauch ist der Embryo nicht imstande, eine Brücke für den Geist zu bauen, weil nur ein beschränktes Blutvolumen zur Verfügung steht. Trotzdem muss die Verbindung früh stattfinden, weil die Entwicklung des Embryos für einen bestimmten Geist vorgesehen ist. Die Bildung des Körpers darf nicht nur nach dem biologischen Informationscode vor sich gehen, sondern der Körper muss auch dem Geist angepasst werden. Was aber bildet die Brücke für den Geist? Um eine Brücke für ihn über die Blutausstrahlung zu bauen, kommt nur das Blut der Mutter infrage. Es ist jedoch nicht ihr Blut, das den Embryo durchströmt. Zu keiner Zeit dringt das Blut der Mutter in den Kreislauf des Kindes ein. Beide haben ihr eigenes Kreislaufsystem.

Sicher durchströmt und ernährt das Blut der Mutter die Plazenta, aus welcher der Fötus seine Nahrung bezieht. Die Blutausstrahlung der Mutter erlaubt es der Seele des Kindes, sich dem neuen Körper zu nähern. Bei der Empfängnis handelt es sich nur um eine lockere Bindung von Zellen und Seele. Es ist noch lange nicht die Inkarnation, da der Embryo in dieser Phase der

Entwicklung noch keine menschliche Form hat, die fähig wäre, den Geist aufzunehmen. Die Inkarnation kann erst stattfinden, wenn der Fötus und das Blut so weit entwickelt sind, dass sie dem Geist ein Gefäß - die notwendige Brücke - bieten. In den ersten Tagen nach der Befruchtung ist der Embryo nur eine Anhäufung von sich vervielfachenden Zellen. Er muss jedes Stadium der Evolution durchlaufen. Zunächst ähnelt er den Wassertieren, den Mollusken und Fischen. In diesem Stadium hat er Kiemen. Dann nimmt er die Form von Amphibien und Landtieren an und steigt in seiner Entwicklung zum Säugetier, Primaten und zuletzt zum Menschen auf. Erst am Ende eines Schwangerschaftsmonats nehmen die Organe des Embryos ihre Struktur an. Nach zwei bis drei Monaten werden sie sich vollenden - bis Mitte der Schwangerschaft. Ab dem vierten Monat sind die Organe des Fötus fast identisch mit dem eines Neugeborenen. Auch die Blutgefäße bestehen schon früh. Das Herz beginnt ab dem 24. Tag zu schlagen, aber erst ab dem 29. wirkungsvoll. Doch das Blut in den Gefäßen zirkuliert noch nicht. Es hat auch noch nicht die Zusammensetzung wie bei einem Erwachsenen. Die roten Blutkörperchen werden erst ab der zweiten Woche gebildet und besitzen einen Zellkern, der wieder verschwindet. In der vierten Woche werden durch das embryonale Bindegewebe und das Endothel der Blutgefäße rote Blutkörperchen ohne Zellkern gebildet.

Nach sechs Wochen entsteht Blut durch die Leber und ab dem dritten Monat durch die Milz und das Lymphgewebe. Fast alle Organe, die ab dem vierten Monat an der Blutbildung beteiligt sind, funktionieren. Das Blut hat nun die passende Zusammensetzung, um eine Ausstrahlung zu bilden, die der Seele als Brücke dient. Der Reifezustand der Mutter und der Seele des Kindes führt diese Bindung herbei. Es ist die Ausstrahlung, die durch den gegenseitigen Reifezustand hervorgerufen wird.

Mit der Zeit wird die Ausstrahlung stärker und kettet die Seele der Mutter und des Kindes immer fester aneinander, bis die letztere Seele vom Mutterleib förmlich aufgesogen wird. Nun macht der Geist naturgemäß die ersten Zuckungen in dem neuen Körper. Dadurch tritt bei der Mutter oft eine Wandlung ihrer Empfindung ein. Dies kann beglückend oder bedrückend sein. Der Geist inkarniert weder bei der Befruchtung noch bei der Geburt, sondern in der Mitte der Schwangerschaft. Die Blutausstrahlung der Mutter bildet dabei die Brücke für den Geist des Kindes. Ohne diese Strahlungsbrücke wäre die Verbindung zwischen Geist und Körper nicht möglich. Man kann sagen, dass es keinem Arzt gelingen wird, ein Retortenbaby ohne Strahlungsbrücke herzustellen. Um die Rolle des Blutes als Brücke zu verstehen, muss eine besondere Situation angesprochen werden, in der ein Geist die Blutausstrahlung als Schmarotzer benutzt. Wir haben gesehen, dass der Geist des Kindes anfangs die Blutausstrahlung der Mutter verwendet, um sich anzuschließen. Es kann sich aber auch ein jenseitiger Geist nähern, ohne in eine Erdinkarnation zu drängen. Ein solcher nicht inkarnierter Geist kann sich nicht irgendeinem Blut anschließen, sondern nur einem, das gleich ist - nach dem Gesetz der Gleichart. Im Normalfall kann nur ein Geist inkarnieren, der der Mutter ähnlich ist. Eine geistige Vererbung gibt es nicht, sie ist nur physisch.

Die Ähnlichkeiten zwischen Eltern und Kind haben ihre Ursache in der Gleichart zwischen den Geistern der Eltern und dem Geist des Kindes. Allerdings wirkt sich die seelische Verwandtschaft zwischen Eltern und Kind nicht zwangsweise auf die Blutgruppe aus. Hingegen benutzen die Schmarotzer die Blutausstrahlung zu einem anderen Zweck. Dabei handelt es sich um Seelen, die ohne Inkarnation den Weg zur irdischen Betätigung suchen und dann Phänomene wie das Verrücken von Gegenständen bewirken oder Streiche spielen: Türen öffnen sich von allein, Objekte verändern die Lage, fallen auf den Boden und zerbrechen, Vorhänge bewegen sich ohne Luftzug, Lärm von Schlägen wird gehört. Oft treten diese Phänomene dann auf, wenn eine bestimmte Person anwesend ist. Jedoch bleibt das Geheimnis weiter bestehen, wieso solche Dinge geschehen, zumal sie nach Wochen oder Monaten wieder verschwinden. Das hat mit der Blutausstrahlung der anwesenden Person zu tun. Jeder hat im Lauf des Lebens verschiedene Blutausstrahlungen, wodurch sich die Blutzusammensetzung stets verändert. Aus diesem Grund hält die Wirkung meistens nur eine bestimmte Zeit an. Manchmal währt sie nur Wochen oder Monate, in seltenen Fällen sogar Jahre. Wenn also ein derartiges Geschehen plötzlich aufhört, so ist das kein Beweis dafür, dass der Geist nicht mehr vorhanden oder gelöst ist, sondern er hat in den meisten Fällen nur keine Möglichkeit mehr, sich bemerkbar zu machen. Das geschieht durch die Veränderung der Blutzusammensetzung, deren Ausstrahlung dem nicht inkarnierten Geist keine Brücke mehr bietet.

Gefährlicher wird es dann, wenn der nicht inkarnierte Geist sich nicht nur mit der Blutausstrahlung des Opfers begnügt, sondern auch den Körper benutzt, um in der Materie zu wirken. Diese Situation nennt man Besessenheit. Der Körper wird von einem Geist gelenkt, der nicht sein rechtmäßiger Besitzer ist. Der Eindringling kann den rechtmäßigen Besitzer natürlich nicht vertreiben, da der Körper dazu sterben müsste. Der fremde Geist ist nicht eng genug mit dem Körper des rechtmäßigen Besitzers verbunden, um ihn allein am Leben zu halten. Um einen Körper zu besetzen, benötigt der Eindringling nicht nur einen Erdenkörper mit einer Blutausstrahlung, die seiner eigenen Art entspricht, sondern auch eine gewisse Schwäche und mangelnde Abwehrkraft des rechtmäßigen Besitzers. Schon einfache Abwehrreaktionen reichen aus, um sich zu schützen. Die Besetzung kann kurz oder lange dauern und findet im Gehirn statt. Das Gehirn wird abwechselnd vom eingedrungenen und vom rechtmäßigen Geist oder von beiden Geistern benutzt. Dabei entsteht ein Gedankenwirrwarr. Zwei Benutzer arbeiten mit dem gleichen Werkzeug (Gehirn). Das Durcheinander ist so, als wenn zwei Programmierer gleichzeitig denselben Computer für unterschiedliche Programme benutzen. Das hat verschiedene Auswirkungen wie Aufmerksamkeits- und Konzentrationsschwierigkeiten. Der Betroffene ist gehetzt, zerstreut, abwesend, auf sich bezogen, passiv, aufgeregt, wahnsinnig, aggressiv, unbeständig, unberechenbar, bizarr, legt widersprüchliches Verhalten an den Tag und hat fixe Ideen.

Diese Verhaltensweisen sind von außen gesehen unverständlich. Der Besessene macht den Eindruck, als ob er die Persönlichkeit wechselt. Bei einigen zählte man bis zu zwölf Persönlichkeiten. Ärzte betrachten dies als Rollenspiel. In Wahrheit handelt es sich dabei um einen regelrechten Streit von nicht inkarnierten Geistern. Die Definition der Schulmedizin für Schizophrenie hat große Ähnlichkeit mit der eines Besessenen. Der Schulmedizin fehlt jedoch die Erklärung. Würde sie die Ursache kennen, könnte sie die Kranken wirkungsvoll behandeln. Aber weil die Ärzte von der Blutausstrahlung nichts wissen und die Unterscheidung von Körper und Geist ablehnen, bezeichnet man die Patienten als unheilbar wahnsinnig. Dabei könnten diese Kranken erfolgreich behandelt werden, indem man ihre Blutzusammensetzung verändert und es dem rechtmäßigen Geist ermöglicht, seinen Einfluss wieder zu entfalten. Allerdings ist die Behandlung nur möglich, wenn das Gehirn intakt ist. Eine Erkrankung am Gehirn kann auf diese Weise nicht geheilt werden.

# Der Einfluss des Blutes auf den Geist

*Quelle: Christopher Vasey*
*(Das Blut-Geheimnis)*
*Erstauflage 1993/ISBN 3-87860-229-4/S. 55-72*

Vorher haben wir die Rolle der Blutausstrahlung als Brücke und Bindeglied zwischen Körper und Geist erörtert. Jetzt werden wir sehen, wie sich die Blutausstrahlung auf die Wahrnehmungsmöglichkeiten des Geistes auswirkt. Die Aufgabe des Blutes ist es, dem Geist die nötige Ausstrahlung zu bieten.

Jeder Blutbestandteil - rote Blutkörperchen, Proteine und Mineralsalze - spielt eine wichtige Rolle. Wenn die Blutzusammensetzung sich verändert, verändert sich auch die Blutausstrahlung. Fehlt nur eine Substanz, ist die optimale Ausstrahlung nicht mehr gewährleistet. Auch wenn ein Inhaltsstoff hinzukommt, der kein natürlicher Bestandteil des Blutes ist, wie beispielsweise bei einer Vergiftung, verändert sich die Blutausstrahlung. Je nach Substanz kann dies zu Unausgeglichenheit oder Erschütterung führen und sich sehr unheilvoll auf Geist und Körper auswirken. Jede ungünstige Blutveränderung verschlechtert die Wahrnehmung im Geist. Es ist wie das Sehen durch falsche Brillengläser: Wenn die Gläser für die Nahsicht geschliffen sind, wird die Sicht nicht dieselbe sein wie bei Linsen fürs Sehen in die Ferne. Und sind die Gläser getönt, nehmen wir die Welt dunkler wahr. Deswegen muss die Welt aber nicht unbedingt düster sein. Wenn der Blutzuckerspiegel 100 mg/ml beträgt, fühlen wir uns wohl. Wir haben Schwung, sind dynamisch und unternehmungslustig. Fällt der Blutzuckerspiegel jedoch auf 50 bis 60 mg/ml ab, fühlen wir uns erschöpft und unwohl. Die Energie ist weg und die Sicht verändert sich. In einer Hypoglykämie-Krise wird der Mensch ängstlich. Einfache Fragen sind für ihn ein

Problem. Plötzlich entstehen Ängste und Probleme, die es vor der Hypoglykämie-Krise nicht gegeben hat. Da hilft auch kein Zureden. Doch ebenso schnell, wie sich die Sicht verdüsterte, nimmt man die Welt mit der Anhebung des Zuckerspiegels wieder als sehr schön wahr.

Die Lebensfreude kehrt zurück. Probleme und Befürchtungen verschwinden. Ein anderer Bewusstseinszustand wird durch den Alkoholkonsum hervorgerufen. Wenn jemand betrunken ist, sagen wir, dass er nicht im Normalzustand ist. Nicht normal zu sein, bedeutet, dass man Dinge anders wahrnimmt. Das Realitätsbewusstsein hat sich verändert. Und der Betroffene verändert sich abermals, wenn der Blutalkoholspiegel sinkt und sich die Blutausstrahlung wieder normalisiert. Was man unter Alkoholeinfluss sagt oder tut, wird danach oft bedauert, weil der Trinker durch seine andere Blutausstrahlung nicht mehr derselbe war. Hätte er die Kontrolle über das Gehirn und den Körper gehabt, wären einige Worte und Handlungen anders ausgefallen. Jede Droge - seie es Alkohol, Tabak, Haschisch, Heroin, Kokain, Hypnotika, Medikamente, Barbiturate oder andere Substanzen - haben unterschiedliche Auswirkungen auf den Geist. Wenn ein Mensch mit der Welt nicht mehr zufrieden ist, wie es ihm seine Blutausstrahlung vermittelt, verändert er sie gezielt durch Einnahme von Drogen. Aber es gibt noch andere Substanzen, die ins Blut gelangen und die Ausstrahlung verändern, wie beispielsweise Schwermetalle sowie Verunreinigungen der Luft, des Wassers und des Bodens. Blei kann auf Dauer zu Vergiftungserscheinungen führen, zu Gedächtnisveränderung, Konzentrationsschwierigkeiten und Halluzination. Ein Mensch, dessen Blut viel Blei enthält, ist falschen Wahrnehmungen unterworfen. Das heißt, er sieht, hört und fühlt Dinge, die gar nicht existieren.

Nach einer Studie in der Schweiz war die Bleikonzentration von Sträflingen doppelt so hoch. Blei kann natürlich nicht für die strafbaren Handlungen der Gefangenen verantwortlich gemacht werden. Der Stoff macht nicht kriminell, aber durch die Veränderung des Blutes trägt er dazu bei, die Wahrnehmungs- und Urteilsfähigkeit zu trüben. Mit Kupfer ist es ähnlich. Der normale Kupfergehalt im Blut beträgt 64 bis 143 mcg auf 100 g Blut. Wenn die Kupfermenge steigt, treten unheilvolle Veränderungen auf: Alles, was der Mensch wahrnimmt, macht ihn reizbar, cholerisch, deprimiert und paranoid. Schlechte Laune und übles Benehmen stellen sich ein. Um dagegen anzukämpfen und den Kupfergehalt im Blut zu senken, benutzt man seinen Gegenpart Zink. Die Zinkeinnahme vertreibt das überschüssige Kupfer und verändert gleichzeitig die Blutausstrahlung. Dadurch kann der Mensch seine unausstehliche Laune schnell verlieren und sich mit Freude und Liebe seiner Umgebung widmen. Bei mit Zink behandelten Patienten konnte man beobachten, wie sich ihr Zustand zügig verbesserte. Doch einige vertragen einzelne Substanzen besser als andere. Anfang dieses Jahrhunderts ist bei Jugendlichen ein neues, ungewöhnliches Verhalten aufgetaucht: Sie sind überaktiv, unfähig, still zu sitzen, und bewegen sich ständig. Sie fassen alles an und sprechen viel. Ihre Konzentrationsfähigkeit ist schwach und sie lassen sich leicht ablenken. Sie können keine zusammenhängenden Handlungen ausführen, ändern oft ihre Tätigkeit und beenden keine. Sie sind nachlässig, unbesonnen und haben trotz ihres Bedürfnisses nach Liebe Schwierigkeiten, Kontakte herzustellen. Das führt dazu, dass sie von der Umgebung abgelehnt werden. Als Folge davon hänseln sie andere Kinder und stören sie beim Spiel.

Es gibt laufend Krawalle und Schlägereien. Diese Kinder lassen ihre Gewalttätigkeit an Spielsachen, Möbeln, Gläsern usw. aus.

Bei diesem Gewaltakt hat das Kind keine Kontrolle über sich und den Körper. Das Kind ist seiner nicht bewusst. Im Nachhinein kann es sich nicht einmal daran erinnern. Wenn diese Kinder ertappt werden und man versucht, mit ihnen zu reden, machen sie den Eindruck, als wären sie abwesend. Man kommt nicht an sie ran und sie werden als unverbesserlich eingestuft. Diese Verhaltensstörung begann, als man sie von Babykost auf Normalkost umstellte. Bei Normalkost kommt öfter das Zusatzpräparat Phosphat zum Einsatz, das man zur Konservierung von Fleisch und Wurst benutzt oder als Geschmacksverstärker in Suppen und Cola-Getränken beimengt. Auch als Antiverklumpungsmittel kommt es in Lebensmitteln vor. Wenn die Nahrung eines an diesem Psychosyndrom leidenden Kindes phosphatfrei bleibt, entwickelt es ein normales, freundliches Benehmen. Es ist sich seiner Umgebung bewusst und weiß, was es tut. Dabei ist es bedeutungslos, ob es zuvor viel oder wenig Phosphat aufgenommen hat. Wenn Störungen auftreten und eine phosphatfreie Diät durchgeführt wird, dauert es drei Tage, bis alle Symptome verschwinden. Pharmazeutische Spezialmittel oder Weinessig können den Phosphatgehalt im Blut binnen einer halben Stunde korrigieren. Umgekehrt kann ein Jugendlicher, der regelmäßig Fast Food, Hamburger, Würstchen und Cola konsumiert, ein asoziales Geschöpf werden. Er kann straffällig werden oder sich in Drogen flüchten. Hält er eine strenge und phosphatfreie Diät ein, korrigiert und normalisiert sich die Blutausstrahlung aber wieder. Eine Studie, in der die Probanden ohne Vitamin B1 leben sollten, zeigte, dass am Ende des Monats alle Versuchspersonen reizbar, deprimiert und in Sorge waren, dass ihnen ein Unglück zustieße.

Einige hatten den Eindruck, dass es sich nicht zu leben lohne, und äußerten den Wunsch, Selbstmord zu begehen. Ohne ihr Wissen fügte man ihrer Nahrung später Vitamin B1 hinzu. Nach ein paar Tagen fanden die Versuchspersonen ihre Lebensfreude und innere Klarheit wieder. Sie zeigten sich liebenswürdig, kooperativ und unternehmenslustig. Auch ein Magnesiummangel macht reizbar und nervös, außerdem lärmempfindlich, erregbar, ängstlich und aggressiv. Bei Alkoholikern treten Halluzinationen größtenteils aufgrund von Magnesiummangel auf. Das jähzornige und gewalttätige Benehmen verschwindet, wenn man dem Organismus Magnesium zuführt. Lithium, ein anderes Mineralsalz, wird in der Psychiatrie eingesetzt, um das Verhalten von manisch Depressiven ins Gleichgewicht zu bringen. Der Lithiumbedarf für den Körper ist äußerst gering und da Nahrungsmittel sehr lithiumarm sind, muss es den Patienten in einer Menge von 50 bis 1500 mg täglich zugeführt werden. Die Heilung tritt in ein bis zwei Wochen ein, wenn der Lithiumgehalt im Blut eine ausreichende Konzentration erreicht hat. Auch muss man auf die fundamentale Rolle der endokrinen Drüsen eingehen - der Schilddrüse, der Hypophyse und der Nebennierenrinde. Diese Drüsen heißen „endokrin", weil ihre Absonderungen, die Hormone, direkt ins Blut ausgeschüttet werden. Hingegen geben die exokrinen Drüsen ihr Sekret in die äußeren Körperbereiche ab: Verdauungssäfte im Verdauungssystem, Schweißdrüsen produzieren Feuchtigkeit auf der Haut usw. Wir sind es gewohnt zu denken, dass unser Gehirn das Zentrum von allem ist. Doch ohne Schilddrüse und deren Sekret könnten wir nicht denken. Wir hätten kein Gefühl, kein Bedürfnis oder einen Wunsch. Das Gehirn und die Gefühlsnerven würden schlafen. Zwar würden die Augen sehen und die Ohren hören, aber das Lebewesen ist wie blind und taub.

Das Fehlen von Schilddrüsenhormonen hindert den Geist am Benutzen des Gehirns. Dazu kommt noch, dass jeder bei der Geburt einen Organismus erhält, dessen Organe je nach Veranlagung stark oder schwach sind. Eine andere therapeutische Indikation sind die geistig zurückgebliebenen Kinder, denen man helfen könnte, wenn ihnen die notwendige Brücke zur Verfügung gestellt würde. Voraussetzung dafür ist, dass das Gehirn nicht krank ist. Gewöhnlich werden die Grade von Schwachsinnigkeit nach dem Intelligenzquotienten (IQ) bestimmt.

Der Mensch hat einen Durchschnittsquotienten von 100.
Bei Schwachsinnigen liegt er zwischen 50 und 85.
Bei stark Schwachsinnigen kommt man auf einen Wert zwischen 30 und 50.
Und bei sehr stark Zurückgebliebenen liegt er unter 30.

Aber das Gehirn ist nicht der Mensch. Es wäre sinnvoller, den Geist zu berücksichtigen. Die stark Zurückgebliebenen haben den Entwicklungsstand eines Zwei- bis Dreijährigen und die stark Schwachsinnigen das Niveau eines Sechs- bis Siebenjährigen. Wiederum haben die Schwachsinnigen den Stand eines Zehn- bis Elfjährigen. Warum ist es ihnen in den verschiedenen Inkarnationen nicht gelungen, die Entwicklung voranzutreiben? Weil die Strahlungsbrücke fehlte. Der Geist kann vollständig gesund und entwickelt sein, aber wegen der Mängel des Blutes kann er sich nach außen kaum ausdrücken.

Die Behandlung von geistig Zurückgebliebenen müsste vor allem darin liegen, die Blutausstrahlung zu verändern, damit sie die schlafenden Fähigkeiten entwickeln können. Jedes Blut strahlt in der passenden Farbe. Gesundes Blut enthält alle Farben, nur die Farbverhältnisse sind unterschiedlich. Die Farbmischungen bilden eine unendliche Vielfalt von unterschiedlichen Brücken. Sie können rein, leuchtend, klar, lebhaft oder dunkel sein. Doch eine schmutzige Gelbausstrahlung bietet nicht dieselben Möglichkeiten wie ein Goldgelb. Allgemein nimmt man an, dass Hellsichtigkeit eine besondere Fähigkeit des Geistes ist. Die Hellsichtigkeit hängt mit der Blutausstrahlung zusammen und diese kann sich im Lauf der Zeit ändern. Das erklärt, weshalb Hellsehen plötzlich auftreten kann, abnimmt oder verschwindet. Die meisten Menschen können aufgrund ihrer Blutausstrahlung nur mit den Augen ihres Körpers sehen. Doch zusätzlich zu dem physischen Körper trägt der inkarnierte Geist auch noch die Hüllen der verschiedenen Ebenen mit sich. Diese Hüllen besitzen wie der Erdenkörper Sinnesorgane, etwa Augen. Wenn sie nicht in Tätigkeit sind, so deshalb, weil gewöhnlich nur die Organe des Körpers tätig werden, die der Ebene entsprechen, in der sich der Geist befindet. Die Art des Sehens ist bei Hellsichtigen von einem zum anderen sehr unterschiedlich. Sie sehen nicht alle das Gleiche, das heißt, mit Hilfe der gleichen Augen. Mit Sicherheit reicht das Sehen bis zur Astralebene, in anderen Fällen bis zur Feinstofflichkeit oder einer besonderen Stufe dieser Ebene. Je feiner und reiner die Strahlungen sind - und mit ihnen der betreffende Geist –, desto höher sind die Ebenen, zu denen sich die Sicht der Hellseher erheben wird.

## Der Einfluss des Geistes auf die Blutausstrahlung
*Quelle: Christopher Vasey*
*(Das Blut-Geheimnis)*
*Erstauflage 1993/ISBN 3-87860-229-4/S. 73-86*

So wie es bisher beschrieben wurde, scheint die Blutausstrahlung vor allem durch materielle Dinge bestimmt zu sein, wie die Erbanlage, die Ernährung und das gute oder schlechte Funktionieren der Organe des physischen Körpers. Obwohl die Abstammung des menschlichen Körpers vom Affen leicht festzustellen ist, fragt sich die Wissenschaft, wie sich der qualitative Sprung von der rudimentären Seele des Affen zur Menschenseele vollzogen hat (**siehe Kapitel: Der Adam – ein Sklave, zum Gehorchen geschaffen**). Die Rolle des Geistes bei der Blutbildung ist also sehr viel wichtiger als die physiologische Lehre der Lebensvorgänge. Dies zeigt sich bei der Blutuntersuchung eines Toten: Logischerweise müsste das Blut, wenn es vom Körper abhängig ist, ebenfalls schnell sterben, sich auflösen oder verderben. Tatsächlich lebt das Blut auch Tage nach dem Tod noch fort. In einigen Ländern werden tote Körper dazu genutzt, Blutreserven zu entnehmen, die dann später zur Transfusion verwendet werden. - Transfusionsblut eines Toten, um das Leben eines Kranken zu erhalten! Um das zu verstehen, muss man wissen, dass der Tod nicht zugleich das Ende des Geistes bedeutet und dass sich dieser eventuell erst später von den Umhüllungen löst. Weil der Geist über das Blut mit dem Körper verbunden ist, stirbt er zuletzt. Erst wenn der Geist sich löst, verschwindet auch das Blut. Damit ist der Vorgang des Todes endgültig vollzogen. Tatsächlich kann es vorkommen, dass der Geist noch nicht bereit ist, vom toten Körper zu gehen.

Unter Umständen benötigt er mehrere Tage, um sich neu auszurichten (**siehe Kapitel: Erholungs- und Anpassungsschlaf**). Gegen Ende des Lebens hat der Geist aufgrund von Ermüdung und Abnutzungserscheinungen keine so starke Ausstrahlung mehr. Das Band zwischen Körper und Geist lockert sich. Die Beschaffenheit des Bandes hängt nämlich nicht nur von der Blutausstrahlung ab, auch die Ausstrahlung des Geistes ist daran beteiligt. Im besten Fall hat der Geist genug Weisheit erworben, damit das Verlassen des physischen Körpers nur das Ende seines Erdenlebens und nicht zugleich das Ende seiner geistigen Existenz bedeutet. Die Trennung zwischen Geist und Körper geht äußerst schnell vor sich, wenn der Geist bereit ist, ihn zu verlassen. Aber der Trennungsprozess kann auch Wochen, Monate, ja sogar Jahre dauern. Das geschieht, wenn der

Geist sich fürchtet, sein Leben aufzugeben, weil der Tod für ihn zu früh kommt oder weil er glaubt, dass mit dem Tod alles vorbei ist. Der Geist ist daher weiter bestrebt, mit dem Körper in Verbindung zu bleiben. Daraus kann ein schwerer Todeskampf entstehen, in dem der Mensch zwischen Leben und Tod hin und her pendelt. Er ist gezwungen, weiter zu funktionieren, wenn auch nur durch den Geist. Dabei ist die Strahlungsbrücke bereits so schwach, dass sie zu brechen droht. Die Blutauswirkung auf den Geist erklärt, warum einige Kranke oder Verunglückte trotz ungünstiger Umstände überleben, während andere schon an leichter Krankheit sterben. Lebenswille genügt nicht, um den Körper am Leben zu erhalten. Er lebt nicht ewig, wie es beim Geist der Fall ist. Es kann aber auch sein, dass der Geist die Zeit auf Erden noch nicht ausgeschöpft hat, während der Körper immer schwächer wird. Der Geist ist noch nicht reif genug, um die Erde zu verlassen, und klammert sich weiter am Körper fest.

Aus dieser Sicht erscheinen die lebenserhaltenden Maßnahmen bei Komapatienten in einem anderen Licht. Es ist nicht sinnvoll, Menschen durch technische Hilfsmittel am Leben zu halten. Denn das wahre Leben liegt nicht im Herzen oder in der Lunge, indem man Körperfunktionen künstlich anregt. Durch diese Maßnahmen wird nur eine erneute und schwache Blutausstrahlung erzeugt, um den Geist an den Körper zu binden. Das Leben des Körpers wird vom Geist aufrechterhalten. Das gilt für länger Bewusstlose ebenso wie für Komapatienten. Ist die Strahlungsbrücke stark genug, wird der Mensch aus dem Koma erwachen. Bei einer schwachen Strahlungsbrücke wird dagegen nur eine gewisse Verbindung aufrechterhalten. Sie genügt aber nicht, damit der Geist die volle Kontrolle über den Körper übernimmt. Zwar funktioniert der Körper weiter, er wird jedoch mehr oder weniger bewusstlos sein. Unser Körper ist keine Maschine, die man einfach an einen Stromkreis anschließt, damit sie weiterläuft. Technische Apparate und Medikamente tragen zur dazu bei, eine bereits bestehende Ausstrahlung und Verbindung zu stärken. Der Einfluss des Geistes auf die Blutausstrahlung zeigt sich auch im Schlaf. Bei Müdigkeit werden Toxine erzeugt, die ins Blut eindringen. Die Blutzusammensetzung ändert sich und die Ausstrahlung lädt zum Schlafen ein. Wenn sich diese Ausstrahlung verstärkt, wird der Schlaf uns schnell umfangen. Während des Schlafs ruht sich der Körper aus und das Gehirn stellt seine Tätigkeit weitgehend ein. Doch während der fünf bis sechs REM-Phasen ist der Schlafende trotzdem in reger Tätigkeit. Äußerlich gesehen ruht er, aber die Träume sind Phasen besonderer Aktivität des Geistes. Der Körper und das Gehirn nehmen nicht daran teil.

In dem Augenblick, wo der Geist von dem Gewicht des Erdenkörpers befreit ist, fällt es ihm leicht, in Verbindung mit seiner Ursprungsebene zu treten und geistige Kraft zu schöpfen. Von dieser Kraft hat nicht nur der Geist Gewinn, sondern auch der Körper. Wenn die Blutausstrahlung den Schlaf herbeiführt, kann der Geist dem Drang nachgeben oder ablehnen, um den Körper wach zu halten. Die Ausstrahlung des Geistes verstärkt sich und kräftigt dadurch auch das Blut. Die größte Müdigkeit kann überwunden und zurückgedrängt werden, wenn der Geist das will, denn er kann ja jeden Augenblick die Blutausstrahlung verändern. Schlaflosigkeit wird durch die Blutausstrahlung verursacht, die die Erschlaffung des Geistes und des Körpers hemmt. Eine kranke Leber, Mineralsalzmangel, Medikamente oder Sorgen tragen dazu bei. Auch Schlafmittel wirken sich ungünstig auf den Schlaf und die REM-Phase aus. Solche Substanzen verkürzen sie. Wenn man behutsam geweckt wird, dauert es eine Weile, bis die Blutausstrahlung sich ändert. Der Schlafende reagiert nicht sofort. Erst mit der Zeit wird ihm bewusst, dass er geschüttelt wird. Er weiß aber nicht, wo er ist oder was genau geschieht. Zuerst muss er die Brücke zum Geist aktivieren, indem er die Blutausstrahlung verändert. Dann muss der Geist die Verbindung zum Körper festigen, indem er die Wellenlänge seiner Ausstrahlung an die des Körpers anpasst. Jedes Mal, wenn der Mensch seine Haltung ändert, weil er eine Situation im Leben durchläuft, verändert sich die Blutausstrahlung. Wenn uns Friede und Fröhlichkeit erfüllen, strahlt das Blut in derselben Art. Wir verbleiben in diesem Zustand, bis uns ein neues Ereignis trifft.

Wenn jemand unzufrieden ist, wird auch sein Blut Unzufriedenheit ausstrahlen. Und wenn er nichts unternimmt, um seinen Seelenfrieden wiederherzustellen, bleibt er in seinem unglücklichen Zustand. Ein solcher Mensch ist unzufrieden mit allem, denn das ist die Art, in der sein Blut strahlt. Selbst die angenehmsten Dinge ärgern ihn, auch solche, die ihn früher völlig gleichgültig ließen oder erfreuten. Er ist mit nichts zufrieden, denn sein Geist ist von Unzufriedenheit umfangen. Der Geist fühlt und sieht die Wahrheit nur noch durch die Brille seiner Unzufriedenheit, und nicht mehr, wie sie tatsächlich ist. Wenn heftige und ungute Empfindungen die Seele bewegen, werden oft schlechte, unüberlegte und ungerechte Taten begangen, ohne dass der betreffende Mensch sich ihrer Tragweite bewusst ist: Wut und Hass machten ihn blind. Doch zu jeder Zeit bleibt dem Geist sein freier Wille, um den Seelenzustand zu verändern. Wenn ein Mensch von Hass erfüllt ist, wird es ihm vorkommen, als wäre Hass die einzig mögliche Reaktion. In Wahrheit aber war er es, der die Dinge voller Hass sah. Es liegt also bei ihm, den Hass beiseitezulegen und zu einer ungetrübten Sicht zurückzukehren. Dafür muss er sich jedoch bemühen. Man sagt von jemandem, der sich ständig sorgt, dass er sein Blut trübe. Wenn uns Schrecken ergreift, stockt oder gerinnt es; und wenn wir verletzt sind, entzündet es sich. Starke Wut bringt es zum Kochen und wenn uns der Mut verlässt, fließt es zäh durch die Adern. Und „ein Blut, schwarz wie Tinte" ist der Ausdruck dafür, dass es nicht mehr seine normale Ausstrahlung hat.

Wenn schließlich manche Organe aufgrund des schlechten Blutes erkranken, das wir durch unseren Seelenzustand geschaffen haben, dürfte uns dies nicht überraschen. Examensangst bewirkt Schweißausbrüche, Durchfall oder ständiges Wasserlassen. Wenn schon eine kurze Aufregung eine so deutliche Wirkung hat, welche Folgen werden dann erst Hass, Wut oder Unzufriedenheit haben, die über Jahre dauern oder lebenslang beibehalten werden?

## Wie kann man die Blutausstrahlung verändern?
*Quelle: Christopher Vasey*
*(Das Blut-Geheimnis)*
*Erstauflage 1993/ISBN 3-87860-229-4/S. 87-105*

Heutzutage besteht die Therapie bei einer Krankheit vor allem darin, Medikamente zu verabreichen. Nährsubstanzen oder Medikamente wirken auf die Blutausstrahlung ein. Um aber einen dauerhaften Erfolg zu erzielen, muss direkt auf die Blutausstrahlung Einfluss genommen werden. Tatsächlich ist es die Nahrung, die zu einer guten Blutausstrahlung beiträgt, aber auch Substanzen, die aus der Milz, dem Knochenmark und der Leber kommen. Dabei sollte man sich nicht nur nach dem Appetit oder den Gelüsten richten, sondern auch die Auswirkung des Essens auf die Blutausstrahlung bedenken. Sicher liegt es nahe, nach Lebensmitteln zu fragen, die sich günstig auf unsere geistige Entwicklung auswirken. Jede Gegend dieser Welt besitzt ihr eigenes Nahrungsmittelangebot. Trotz regionaler Unterschiede bietet die Natur eine ganze Palette an Bestandteilen, die fürs Blut förderlich sind. Für jedes Volk genügt es, die Nahrungsmittel seines Bodens zu verzehren.

Es gibt keine geistige Wundernahrung, jedoch eine Gesamtheit von verschiedenen Nahrungsmitteln, die zu einer gesunden Blutausstrahlung beitragen. Wenn ein Europäer nach Afrika reist, findet er dort nicht dieselben Lebensmittel vor. Die dortige Nahrung ist an die Einheimischen angepasst. Wenn er sie verzehrt, wird sich seine Blutausstrahlung den Einheimischen anpassen. Dennoch ist ein europäischer Körper nicht ideal an die afrikanische Nahrung und das dortige Klima angepasst. Er wird sich viel schneller erschöpfen und verbrauchen. Die verschiedenen Nahrungsmittel der Welt sind nicht zufällig so verteilt. Sie sind genau an die jeweiligen Bewohner angepasst. Die kalte Jahreszeit erfordert die meisten Brennstoffe, um die Körperwärme aufrechtzuerhalten. Es ist die Zeit, in der man auf Getreide zurückgreift. Mit verlängerter Sonneneinstrahlung kommt die warme Jahreszeit, in der man am wenigsten schläft. Dafür ist die Gewebeabnutzung größer und der Körper fordert eine höhere Eiweißzufuhr. Wenn man streng fastet oder eine Monodiät hält, bei der man nur Äpfel, Weintrauben oder Karotten verzehrt, hat der Körper mehr Mühe, die optimale Blutzusammensetzung aufrechtzuerhalten. Im Idealfall gleicht sich die Wirkung von Nahrungsmitteln untereinander auf: Alkalische Lebensmittel gleichen saure aus. Süße Nahrungsmittel werden durch salzige im Gleichgewicht gehalten. Das Fleisch brauchen wir vor allem zur Proteinaufnahme. Es ist sehr arm an Vitaminen und Mineralsalzen, aber dafür reich an Toxinen. Chemisch gesehen ist Fleisch leicht durch Milchprodukte und Eier zu ersetzen. Doch der Fleischersatz durch andere Lebensmittel bietet dem Blut nicht das, was richtiges Fleisch in seiner Ausstrahlung bringen könnte. Unser Instinkt schützt uns vor falscher Lebensmittelauswahl. Eine fleischlose Ernährung verursacht auf Dauer ein Ungleichgewicht im Blut.

Eine zwölfjährige Studie zu biologisch und chemisch gedüngtem Gemüse hat ergeben, dass biologisches Gemüse im Durchschnitt 18 % mehr Protein und Kalium sowie 28 % mehr Vitamin C, 10 % mehr Kalzium, 13 % mehr Phosphor und 77 % mehr Eisen enthält. Das trifft auch auf tierische Produkte (Fleisch, Milch, Eier) zu. Wenn man Zuchttiere wie Kühe und Hennen natürlich ernährt und wenn sie sich an frischer Luft und in der Sonne bewegen dürfen, haben das Fleisch, die Milch und die Eier einen ganz anderen Geschmack. Der Anteil an ungesättigten Fettsäuren von Bio-Rindern ist 33-mal höher als bei Kühen aus der Intensivhaltung. Wir denaturieren unsere Lebensmittel auf verschiedene Weise, indem wir einen Teil ihrer natürlichen Inhaltsstoffe entziehen und die falschen Stoffe zusetzen. Man entzieht den Nahrungsmitteln Proteine, Mineralien und Vitamine, um ein in der Herstellung rentableres Produkt zu erhalten. Die am meisten betroffenen Lebensmittel sind Getreide, Öl und Zucker. Getreide enthält in der äußeren Kornhülle viele Spurenelemente (Mineralien, Vitamine, Proteine, Enzyme). Leider wird gerade die äußere Hülle entfernt, um Weißmehl zu erhalten, das sich sehr lange hält und Brot, Teigwaren, Pasteten, Plätzchen sowie Kuchen eine anziehende Färbung verleiht. Wenn man weiß, dass Vollkornmehl im Vergleich zu weißem Mehl 3-mal mehr Vitamin B1, 6-mal mehr Magnesium, 13-mal mehr Eisen und 33-mal mehr Kalium enthält, würde man doch sofort wechseln. Der Unterschied von raffiniertem weißen Zucker und Vollwertzucker ist ebenfalls gewaltig. Vollwertzucker enthält Proteine und Vitamine, während der raffinierte Zucker nichts mehr davon aufweist. Vollwertzucker enthält 5-mal mehr Kalzium, 33-mal mehr Eisen, 46-mal mehr Phosphor, 100-mal mehr Magnesium und 200-mal mehr Kalium als raffinierter Zucker.

Wenn der Nährwertverlust bereits eine solche Auswirkung auf die Gesundheit des Körpers hat, wie unheilvoll werden dann erst die Folgen für die Blutausstrahlung und den Geist sein? Die Zusatzstoffe, die eine Person pro Jahr aufnimmt, betragen circa 3 kg. Und das ohne Berücksichtigung der eingesetzten Schutzmittel (Insektizide, Herbizide, Pestizide, Moosvernichter) und Medikamente, die man den Tieren bei der Aufzucht verabreicht und die teilweise noch in den Nahrungsmitteln enthalten sind, wenn wir sie essen. Wer kann sagen, welchen Einfluss diese Substanzen auf die Blutausstrahlung haben? Um dem Körper die beste Blutausstrahlung zu bieten, müsste man vor allem biologisch angebaute, nicht raffinierte, zusatzfreie Lebensmittel einnehmen. Eine abwechslungsreiche, aus der Region stammende, biologische Kost ist das beste Mittel, um eine optimale Blutausstrahlung zu erwirken. Jeder sollte seine Ernährung mal überprüfen: Woraus besteht die Mahlzeit? In welchem Verhältnis nimmt man was ein? Gibt es ein Ungleichgewicht? Welche Dinge isst man mehr und welche weniger? Welche selten oder gar nicht? Isst man Raffiniertes oder Vollwertiges? Verzehrt man Nahrung aus biologischem Anbau oder Produkte, die reich an Zusatzstoffen sind? Kommen sie aus der Region oder von weit her? Isst man sie roh oder gekocht? Werden die Mahlzeiten regelmäßig eingenommen oder wird zwischendurch genascht? Es gibt grundsätzlich zwei Möglichkeiten, eine Ernährungsumstellung zu erreichen: Entweder man erhöht den Verzehr guter Stoffe oder man reduziert die schlechten Stoffe. Parallel dazu können Kuren mit Heilpflanzen zur Förderung der Leber- und Nierentätigkeit durchgeführt werden. Dabei sollte man regelmäßig einen Heiltrank aus Löwenzahn, Rosmarin, Schwarzrettich oder nierenwirksamen Pflanzen wie Kischenstiele, Goldrute und Birke einnehmen.

Um den Wert einer ausgeglichenen und natürlichen Kost im Vergleich zur gewöhnlichen denaturierten Kost eines amerikanischen Durchschnittsbürgers zu testen, wurde den Gefangenen anstelle ihrer üblichen Kost aus Fleisch, Brot, Teigwaren, raffiniertem Mehl, Öl, verkochtem Gemüse, industriell erzeugter Limonade und raffiniertem Zucker eine Kost verabreicht, die aus Früchten, hochwertigem Gemüse, Getreide, Vollkornbrot, Milchprodukten, Vitaminen und Mineralien bestand. Das Ergebnis nach einigen Wochen war, dass die Gefangenen weniger aggressiv, aufgeregt, rauflustig und gewalttätig waren. Stattdessen wirkten sie viel ruhiger, entspannter, fröhlicher und ausgeglichener. Vergleichbare Ergebnisse wurden bei Schülern erzielt: Ihre normale Mahlzeit war zu fett, verkocht oder mangelhaft und wurde durch eine ausgewogene, vitamin- und mineralreiche Kost ersetzt. Man konnte beobachten, dass die Kinder leichter zu behandeln, aufgeweckter waren und schneller lernten. Ihre Konzentration und Aufmerksamkeit verbesserten sich. Sie waren fröhlicher, weinten und prügelten sich weniger, und waren seltener krank.

## Am Anfang waren die Priester
*Quelle: Armin Risi*
*(Machtwechsel auf der Erde)*
*Siebte Auflage 2006/ISBN 978-3-453-70054-4/S. 152-156*

Eines Tages trat eine Oberschicht von Priestern auf, die zunehmend Macht über die Menschheit ausüben wollte. Sie behauptete, dass Gott Katastrophen als Strafe für die Menschheit schicke, weil sie nicht gehorsam wäre. Die Priester setzten die Menschen unter den Bann und die Furcht Gottes. Gott verlange Blut-, Tier- und Menschenopfer.

Und für diese Opfer bräuchte es Hohe- und Opferpriester. Plötzlich wurden weltweit Rituale von sogenannten Stellvertretern Gottes abgehalten. Die Azteken begannen Menschen zu opfern und zu missbrauchen. Schriftgelehrte ergänzten alte Texte oder redigierten sie. Wollte jemand diese Schriften anfechten, drohte ihm die Todesstrafe. Jedoch gab es immer wieder spirituelle Pioniere oder Einzelkämpfer, die sich den Priestern entgegenstellten. Der Prophet Jeremia war einer davon. Er erkannte die Gefahr solcher Dogmen für die leichtgläubigen und manipulierbaren Menschen.

## Präexistenz-Lehre

Auf dem Konzil von Nicäa, wurde auf Geheiß des Kaisers Konstantin der Erste, die Präexistenz-Lehre über die Wiedergeburt aus den Büchern der Bibel gestrichen. Das Vatikanische Konzil ließ verlauten, dass es nur ein Leben gäbe. Es verkündete, dass Christus die gesamte Sündenlast auf sich genommen und stellvertretend für alle Menschen gesühnt hätte – und dass sich die Wiedergeburtslehre nicht mit der Allbarmherzigkeit Gottes vereinbaren ließe. Allerdings wies Jesus in seinem Gleichnis vom Gefängnis darauf hin, dass keiner herauskomme, bis er nicht den letzten Pfennig bezahlt habe. Das heißt, wir müssen unser Schuldkarma selbst abtragen. Dafür benötigen wir mehrere Leben. Wir sind nicht hier, um uns eines oberflächlichen Daseins hinzugeben, sondern um für unseren geistigen Fortschritt zu sorgen.

## Die Opfer werden die Feinde ihrer Feinde sein

*Quelle: Armin Risi*
*(Machtwechsel auf der Erde)*
*Siebte Auflage 2006/ISBN 978-3-453-70054-4/S. 157-158*

Über zweitausend Jahre lang haben weltliche Mächte als scheinbare Stellvertreter Gottes Millionen von Menschen mit falschen Lehren und Lügen in die Irre geführt, um sie am geistigen Aufstieg zu hindern. Dies taten sie, um an der Macht zu bleiben. Sie starben im Schockzustand und voller Hass. Sie blieben in der Konstellation von Täter und Opfer gefangen. Als sie neu inkarnierten, empfanden sie erneut Hass und wollten Rache nehmen. Sie sind von sich überzeugt und glauben immer zu siegen. Sie bleiben in ihren niederen Schwingungen hängen.

## Der Konflikt zwischen den Kirchen und Logen

*Quelle: Armin Risi*
*(Machtwechsel auf der Erde)*
*Siebte Auflage 2006/ISBN 978-3-453-70054-4/S. 161-166*

So langsam erkennen wir, dass hinter unserem Weltgeschehen eine unsichtbare Macht steckt. Die Mächte im Hintergrund nennt man Logenorganisationen. Sie ist die Parallelmächte zur religiösen Machtorganisation. Die Freimaurer (z. B. Truman, Roosevelt, Stalin, Morgenthau, Chamberlain, Trotzki, Lenin, Rothschild, Wilson, Hitlers Bankier) wollten sich angeblich für eine humanitäre Weltordnung einsetzen. Doch was wollten sie wirklich?

# Die direkte Auseinandersetzung

*Quelle: Armin Risi*
*(Machtwechsel auf der Erde)*
*Siebte Auflage 2006/ISBN 978-3-453-70054-4/S. 167-181*

Am 2. April 2005 starb Papst Johannes Paul II sechs Tage nach der Osterfeier. Schnell wurde Kardinal Ratzinger zum Nachfolger gewählt. Brisante Einblicke in den Vatikan vermittelt das Enthüllungsbuch einer anonymen Gruppe von zwanzig Vatikan-Insidern, den „Prälaten", die im Jahr 1999 an die Öffentlichkeit traten und deren Werk in Italien zum Bestseller wurde: „Via col Vento in Vaticano" (wörtlich übersetzt: Vom Winde verweht im Vatikan). Darin klagen zwanzig römische Prälaten die dunkle Seite des Vatikans an. Zum einen prangern sie die Inkompetenz, die Heuchelei und die Korruption innerhalb des Vatikans an. Sie sprechen von Tyrannei und Despotismus. Der zweite Kritikpunkt betrifft die „okkulten Mächte". Die Millenari (die Verfasser des Buches) führten eine lange Liste von Enthüllungen an, darunter auch die Unterstützung des italienischen Medienzaren Silvio Berlusconi 1994 bei der Wahl zum Ministerpräsidenten durch die Vatikan-Kardinäle. Ebenso finden sich darin Giovanni Montinis Intrigen auf dem Weg zum Papstamt: Mitte der 1950er erfuhr Papst Pius XII. durch den Vatikan-Geheimdienst, dass Giovanni Montini (der damals das Amt des stellvertretenden Staatssekretärs des Vatikans bekleidete) geheimen Kontakt mit dem kommunistischen Regime der UdSSR aufgenommen hatte, um den Katholiken, die nicht seiner Vorstellung oder seinem Ideal entsprachen, in den Rücken zu fallen. Nach diesem Skandal wurde Montini seines Amtes als stellvertretender Staatssekretär enthoben und nach Mailand in die Position eines Erzbischofs versetzt, was einer Degradierung gleichkam.

Durch diesen Schachzug wollte Pius XII. Montinis Möglichkeit, Kardinal oder Papst zu werden, zunichtemachen. In Mailand machte Montini den Freimaurer Michele Sindona zum erzbischöflichen Finanzberater. Nach dem Tod von Pius XII. ernannte Montinis Bruder Roncalli Johannes XXIII., den Erzbischof von Mailand, zum Kardinal. Er wurde sein Nachfolger. Als Papst Paul VI. übertrug er Sindona und Roberto Calvi zentrale Positionen in der Finanzwelt. Die beiden Männer steckten tief in korrupten und kriminellen Affären der Mafia und der Organisation P2. Als sich Calvi in die Enge getrieben sah, wollte er den Vatikan erpressen, indem er ihm drohte, auszupacken. Im Jahre 1982 wurde Calvi erhängt aufgefunden. Der offizielle Bericht: Selbstmord. Später verhaftete man Sidona. Nach seiner Verhaftung im Jahr 1986 wurde er im Hochsicherheitsgefängnis durch Gift ermordet. Die Millenaren traten an die Öffentlichkeit, nachdem sie zwanzig Jahre lang geschwiegen hatten. Da der polnische Papst zu alt und zu krank war, um etwas zu unternehmen, ergriffen die Millenaren die Initiative und halfen Ratzinger ins Papstamt. Ratzinger war schon seit über zwanzig Jahren die rechte Hand von Johannes Paul II. beim „Urbi et orbi". Dieser Segen von der Stadt und dem Erdenkreis enthält bereits die Definition einer neuen Weltordnung. Die gesamte Welt soll von Rom abhängig sein. So wie sich Satan als Engel des Lichtes tarnt, tarnen sich die falschen Apostel Christi. Sie verbreiten falsche Lehren, wie dass die Bibel die einzig wahre Offenbarung sei, dass Jesus durch eine unbefleckte Empfängnis geboren wurde, dass es eine Jungfrauengeburt war, dass Jesus der einzige Sohn Gottes sei und es nur ein Leben gebe.

Im Jahr 2004 besuchte Präsident Bush den Vatikan und beklagte sich beim Kardinalsstaatssekretär Angelo Sodano, dass nicht alle amerikanischen Bischöfe auf seiner Seite stünden. Deshalb bat er die Kirche, Druck auf die Bischöfe der Vereinigten Staaten auszuüben, damit sich diese gegen John Kerry stellten. Dieser setzte sich für das Recht auf Abtreibung und Sterbehilfe ein. Im Juni 2004 verfasste Ratzinger ein Schreiben an die Bischöfe der USA. Darin schrieb er, dass sich ein Katholik schuldig mache, wenn er die Abtreibung oder Sterbehilfe tolerieren würde. Dabei befand sich Ratzinger in einer kniffligen Lage, weil der Vatikan die Todesstrafe und die US-Invasion im Irak verurteilte. Aufgrund seiner Lüge über die Massenvernichtungswaffen im Irak hatte Bush einen Angriff auf dieses Land gestartet und als Gouverneur von Texas mehr als 140 Hinrichtungen durchführen lassen. Ratzinger behauptete nun, dass das Führen eines Krieges nicht dasselbe moralische Gewicht wie die Sterbehilfe habe. Aber Krieg ist viel brutaler. Zivilisten, die beim Krieg getötet werden, sind nicht alt und todkrank wie Patienten, die sterben wollen.

## Blutige Geschichte
### *Quelle Internet: fallwelt.de*

Die Wächter, um die es geht, sind genau genommen Außerirdische, die seit über 5000 Jahren die Menschheit infiltriert haben. Sie haben die Herrschaft unseres Planeten an sich gerissen und bestimmen seither den Lauf unserer Geschichte.

### Dr. John Coleman's Buch
Ein gewisser Dr. John Coleman hat ein Buch mit dem Titel **„Das Komitee der 300"** geschrieben.

### Elite der Macht
Darin geht es um die Elite der Macht. Es soll eine Weltstruktur geschaffen werden, in der eine kleine Elite die vollständige Macht über alle Vorgänge auf Erden, besitzt. Die Mittelschicht verschwindet. Was bleibt, ist die Unterschicht, die zum Sklavendasein verdammt sein wird.

**Der Weg in die Sklaverei**
Der Weg wird brutal sein und fängt mit der Dezimierung der Weltbevölkerung an. Ihr Ziel ist es, die Weltherrschaft zu besitzen. Freiheit, Erziehung, Freizeit und Unterhaltung werden streng reglementiert sein. Jede freie Entfaltung wird schon in den Anfängen erstickt.

**Die Ziele der weltweiten Eliten:**

1. Abschaffung jeder ordentlichen Regierung
2. Abschaffung des Privateigentums
3. Abschaffung des Erbrechts
4. Abschaffung des Patriotismus
5. Abschaffung der Religionen
6. Abschaffung des Familienmodells (keine Ehen und keine elterliche Kinderziehung)
7. Die Errichtung einer Weltregierung mit einem Polizeistaat

**Das Komitee der 300**

Das Komitee der 300 wurde im Jahr 1729 durch die BEIMC (British East India Merchant Company) ins Leben gerufen, um mit internationalen Banken- und Kommerz-Angelegenheiten umzugehen und den Opiumhandel der britischen Krone zu unterstützen. Darin sind die Führer vom gesamten Weltbankensystem plus die wichtigsten Repräsentanten der westlichen Nationen vertreten.

Über das Komitee sind alle Banken mit den Rothschilds verbunden. Dr. Coleman veröffentlichte in seinem Buch „Conspirators of Hierarchy" die Namen von 290 Organisationen und 125 Banken, darunter auch 341 Namen von derzeitigen und ehemaligen Mitgliedern des Komitees.

## Die Debit Card

Geld in der Form, wie wir es kennen, wird bald nicht mehr existieren. Jeder wird eine Kreditkarte erhalten. Bei Fehlverhalten wird sie gesperrt und man wird nichts mehr kaufen oder verkaufen können. In der biblischen Offenbarung steht: „Und es (das Tier) bewirkte, dass Kleine und Große, Reiche und Arme, Freie und Knechte ein Malzeichen auf die rechte Hand oder auf die Stirn bekamen. Dass nur solche kaufen oder verkaufen können, die das Malzeichen des Tieres angenommen haben."

## Sie haben uns schon im Würgegriff

Das Komitee, das die eine Eine-Welt-Regierung anstrebt, hat längst mit der entscheidenden Phase begonnen. Sie haben einen langen Atem und verfolgen zielstrebig ihre Pläne. Die Kriege vergangener Jahrhunderte dürften auf ihr Konto gehen und auch die Unterhaltungsindustrie trägt deutlich ihre Handschrift. Das, was jetzt mit den Geldern passiert, sowie Bankenzusammenbrüche, zahlungsunfähige Länder, astronomische Verschuldung usw. sind Machwerke jener, die uns in die Versklavung schicken wollen.

## Das Lebensnotwendige

Weltweit werden Krisenherde aus nichtigen Gründen geschürt und am Leben erhalten. Das zeigt, dass weltweit jede Region in ein Chaos gestürzt werden kann.

Auch die Versorgung mit Wasser, Lebensmitteln und Energie könnte genutzt werden, um ganze Regionen instabil zu machen. Man braucht nur am Hebel der Macht zu sitzen.

## Werden die Tage verkürzt?

Alles läuft derzeit nach ihren (teuflischen) Plänen! Oder werden Ereignisse eintreten, die ihnen das Handwerk legen? Es hängt davon ab, wie lange man diesen 300 Männern noch gewährt. Den Gefallenen beziehungsweise den Wächtern, Nephilim, Anunnaki, göttlichen Wesen oder Außerirdischen wurde eine Frist gesetzt.

## Alte Programmierungen

Sie wurden einst als Spezies geschaffen, um im Dienst der Götter zu stehen. Während ihres Aufenthalts auf Erden benötigen sie Arbeitersklaven (siehe Kapitel: Der Adam - ein Sklave, zum Gehorchen geschaffen). Das ist ihr Konzept und ihr Ziel, das sie bis heute verfolgen.

## Die Greys

Ein Blick über den Horizont zeigt, dass die Menschheit mit ihrem Schicksal nicht alleine im Kosmos steht. Da gibt es noch die Grauen (Greys), die Arbeitersklaven, die über ähnliche Muster verfügen (siehe Kapitel: Der Adam - ein Sklave, zum Gehorchen geschaffen). Die Greys sind eine Spezies, der man die Emotionen weggezüchtet hat. Sie wurde umkonstruiert, um (roboterhaft) einer Führung zu dienen. - „Ihr müsst eure Emotionen loswerden, damit die Konflikte (ähnlich, wie wir sie haben) ein Ende nehmen."

## Chinesen

Wollen wir schlussendlich wie die Grauen enden? Das Programm liegt bereits in der Schublade. Es ist interessant zu wissen, dass Coleman zufolge (bzw. nach Wunsch des Komitees der 300) die meisten Menschen in ferner Zukunft Chinesen sein werden. Niemand hat gelernt, so arbeitsam und folgsam zu sein wie sie. Die Weltlenker haben ihr System schon so perfektioniert, dass sie sich nur noch ins gemachte Nest zu setzen brauchen.

## Die neue Supermacht

Die Weltbevölkerung wird durch einen nuklearen Konflikt stark dezimiert werden. Dabei soll circa die Hälfte der Menschheit sterben. China wird dann die Weltherrschaft übernehmen. Menschen, die sich nicht fügen, werden ausgestoßen und Bedingungen ausgesetzt, unter denen sie nicht überleben. Die übrigen Menschen werden wieder länger arbeiten.

## Der gläserne Mensch

Zeitreisende berichteten schon damals über eine verbreitete Datenvernetzung. Wir steuern geradewegs auf das zu, was wir einen gläsernen Menschen nennen. Durch unseren technischen Fortschritt (Internet, Facebook, Twitter und iPhone) sind wir zu kontrollierbaren Marionetten geworden.

## Widerstand

Solche, die mehr wissen als andere, müssen mit Widerstand rechnen. So wundert es nicht, dass gesetzte Internet-Links wieder verschwinden. In heiklen Angelegenheiten wäre es manchmal besser, wenn man nicht zu viel wüsste. Normalerweise bietet Wissen Vorteile. In dem Fall kann dies aber das Gegenteil bewirken.

## Eine Frist

Über Außerirdische wird fast nie gesprochen. Bestenfalls werden vage Andeutungen gemacht. Fakt ist aber, dass die USA eine Vereinbarung mit den Außerirdischen traf. In einem Vertrag von 1954 wurde festgelegt, dass die Außerirdischen über die Menschen herrschen dürfen und sie den USA im Gegenzug ihre hochstehende Technologie zur Verfügung stellen. 1979 wurde klar, dass die Amerikaner den Vertrag mit ihnen brachen. Noch im selben Jahr wurde eine unterirdische Stadt nahe Dulce entdeckt. Dies führte zu einer neuen Auseinandersetzung zwischen den Außerirdischen und den amerikanischen Streitkräften, bei der nur wenige überlebten. In der Zwischenzeit wurden die unterirdischen Basen weitgehend geräumt und unbrauchbar gemacht.

## Herrscher der Finsternis

Wir haben es mit einer Macht zu tun, der wir nicht wirklich entgegentreten können. Eine Macht, die im Verborgenen wirkt.

## Feinstofflichkeit

Tatsächlich gibt es Lebensformen, die sich unserem physischen Auge entziehen. Man spricht dabei meist von feinstofflichen Wesenheiten. Ein dichter Schleier liegt über uns und nur wenigen Begnadeten ist es möglich, durch diesen Schleier hindurchzusehen. Das liegt daran, dass viele Fähigkeiten in uns deaktiviert wurden.

## Ungleiches Spiel

Wir können diese Wesen also nicht sehen, obwohl sie direkt neben uns stehen. Und diesen Rebellen wurde Macht über die Menschheit gegeben.

Sie spielen ein sehr hinterhältiges Spiel, in dem die Kräfte ungleich verteilt sind. Letztendlich geht es fast ausschließlich um Macht. Wer im Verborgenen agieren kann, hat eindeutige Vorteile.

## Sie spielen mit uns

Man fühlt sich wie bei einem Computerspiel. Die Spielfiguren werden auf den Gegner angesetzt und wer siegt, hat gewonnen. Es scheint als würden die Wächter bzw. die Nephilim, Anunnaki, göttlichen Wesen oder Außerirdischen mit uns spielen. Dafür werden Länder, Menschen und irdische Ressourcen eingesetzt. Für sie ist alles nur ein Spiel. Vielleicht sollte man ihnen vorschlagen, die Rollen zu tauschen.

## Die Augen

Man sagt, Augen seien der Spiegel der Seele. So wie Seelen aus den Augen in die Welt schauen, können Augen in die Seele schauen. Zum Beispiel nehmen die Augen von Verliebten einen besonderen Ausdruck an. Das Gegenteil ist bei Bosheit und Aggression der Fall. Augen können sogar Farbe und Form verändern. Das geschieht bei Menschen, wenn keine irdische Wesenheit ihren Körper bewohnt. Die Pupillen gleichen dann denen eines Reptils.

## Politiker, Männer von Ruhm

Wer jetzt meint, das Folgende sei übertrieben, der möge sich auf Internetseiten umsehen, auf denen man sich Mühe gab, dieses Phänomen zu dokumentieren.

**ASASEL** brachte den Menschen das Morden und die Kriegsmaschinerie bei. Asasel hat seinen Sitz über dem Konzil der UNO.

**SEMJASA** beeinflusst die Menschen auf die gleiche Weise wie Asasel. Er sucht gezielt Menschen aus, um sie in Pharmazeutik und Chemie zu unterrichten. Er hat seinen Sitz ist über den USA.

**BARAQE** ist ein weiterer Rebell der Neuzeit. Sein Sitz ist über der Wirtschaftsspitze der USA und er steht an höchster Stelle der NASA.

**KOKABEEL** unterstützt das Wirken Baraqels. Er hat seinen Sitz über den höchsten militärischen Ämtern.

**EZEQEEL**  hat den Sitz über Russland und beeinflusst dessen Politik.

**ARAKIEL**  hat den Sitz über China und flößt wichtigen Personen mathematisches Wissen ein.

**SAMSAVEEL** hat den Sitz über dem Europaparlament in Straß-
burg.

**SERIEL**  hat den Sitz über dem Finanzwesen eines dafür
gut ausgestatteten Landes. Er wacht über die
Banken der Schweiz.

**FROQEL**  hat den Sitz über Südafrika und arbeitet mit Dokanael zusammen.

**DOKANAEL** hat den Sitz über Australien und dessen Politik.

**ZONASA**  hat den Sitz über Schweden und vergibt Urkun-
den für noble Errungenschaften.

**ARQDAEL**  hat den Sitz über dem Vatikan.

## Aufklärung ist wichtig

Es ist unerlässlich, Aufklärung zu betreiben. Die Menschen
müssen stets die Gelegenheit haben, sich ein genaues Bild der
aktuellen Lage zu machen. Sie müssen wissen, mit wem sie es
zu tun haben und wer wen manipuliert und weshalb. Die Wesen benutzen ihre Magie, ihre Manipulation und Suggestion
– in Medien, Religionen und dem Web! (**siehe Kapitel: Was wir
nie erfahren sollten**)

## Die Pädophilen

Die Pädophilie füllt seit einiger Zeit die Schlagzeilen. Endlich haben einige Opfer den Mut gefasst und sich geoutet. Die Antwort der Kirche war, dass man sie für Falschaussagen juristisch belangen würde.

## Das Problem aussitzen

In kirchlichen Kreisen hieß es dann weiter, man würde sich der Sache annehmen. Das heißt, alles bleibt beim Alten. Mit ihren Worten können bestenfalls die Dummgläubigen, die in den Kirchen immer noch die Vertreter Gottes sehen, besänftigt werden.

## Gebete für die Opfer

Dann hieß es weiter, dass der Papst für die Opfer bete. Das fühlt sich an, als ob in China ein Sack Reis umfällt. Das hätte die gleiche Wirkung. Wieder versucht man bei Dummgläubigen den Eindruck zu erwecken, dass das Thema beim höchsten Vertreter angekommen sei und alles wieder gut wird.

## Keine wirkliche Reue

Die Kirche zeigt keine wirkliche Reue gegenüber den Missbräuchen. Eine solche Reaktion müsste uns doch übel aufstoßen. Sie ist nicht daran interessiert, den Missbrauch in den eigenen Reihen zu bekämpfen. Sie versucht diese mit Gebeten schönzureden.

## Heuchler

Anstatt christliche Nächstenliebe zu praktizieren, missbrauchen die Geistlichen Kinder. Das sind die wahren Früchte der Kirche, die vorgibt, gerecht zu sein. Mit prunkvollen Gewändern versuchen die Priester uns zu beeindrucken.

## Grausame Wölfe

Sie tun so, als wären sie gerecht, und kostümieren sich mit Gewändern, die eine göttliche Würde suggerieren. Wären sie gerecht, hätten sie es nicht nötig, in solchen Gewändern aufzutreten.

## Sie sind überall

Der Teufel, das Heer der Gefallenen oder die Söhne des Ungehorsams haben zweifellos die Macht über die Erde. Wenn Gläubige in die Kirche gehen, befinden sie sich im Propagandaapparat des Widersachers. Und wenn Menschen eine politische Partei wählen, wählen sie ebenfalls die Vertreter des Ungehorsams. Sie haben das Netz ihrer Macht so geschickt aufgebaut, dass es den Menschen nicht wirklich auffällt.

## Pläne von langer Hand
*Quelle: Armin Risi*
*(Machtwechsel auf der Erde)*
*Siebte Auflage 2006/ISBN 978-3-453-70054-4/S. 90-101*

Mit der Inszenierung des „Ersten Weltkriegs" wurde der technischen Kriegsführung und der Globalindustrialisierung zum endgültigen Durchbruch verholfen. Das Geld wurde zum beliebig manipulierbaren Machtmittel. Das Zarenreich wurde gestürzt und den Manipulatoren zugänglich gemacht. Die „Obertanen" sind die scheinbar Mächtigen und Einflussreichen dieser Welt. Zu ihnen gehören Regierung, Medien, Wirtschaft, Militär, Polizei, Könige, Fürsten, Vögte usw. Die „Hintertanen" waren meist in den politischen Reihen des feudalistischen Adels zu finden. Menschen mit anderer Ansicht oder besonderen Fähigkeiten stellten eine Gefahr dar und wurden hingerichtet. Durch die Inquisition wurde deutlich, dass die Staats- und Glaubenssysteme gemeinsame Sache machten. Durch Repräsentanten und Spitzel konnten sich die königlichen und kirchlichen Machthaber ihr Volk untertan machen. Die Königshäuser begannen systematisch, internationale Verheiratungsstrategien zu betreiben. Die Blutsverwandtschaft verhalf ihnen zu Machtstellungen in Wirtschaft, Finanzwesen und Politik. Letztere bestand hauptsächlich aus Kriegsgeschäften. Durch die Monopolisierung entstand eine Oligarchie, eine Herrschaft von wenigen. Es ist kein Geheimnis, wer diese Männer waren: Morgan, Rockefeller, DuPont, Mellon, Rothschild, Warburg, Harriman, Loeb, Ford und andere. Der Beschluss zum „Ersten Weltkrieg" wurde von diesen Männern gefasst. Im Jahr 1916 sicherte sich Präsident Wilson seine Stellung durch eine knappe Wiederwahl.

Er musste versprechen, dass die USA sich aus dem Krieg heraushalten, was sie jedoch nicht taten. Gleich nach seiner Wiederwahl leitete er den Kriegsbeitritt ein. Nach Kriegsende bekam Wilson 1919 den Friedensnobelpreis. Auch der Fall des Präsidenten Abraham Lincoln zeigt, wer die Fäden wirklich in der Hand hält: Abraham Lincoln, der sich für Schwarze einsetzte, wurde 1865 ermordet. Dabei wurde der Bürgerkrieg der Südstaaten am 9. April 1865 beendet. Stanton plante einen militärischen Vergeltungsschlag, doch Lincoln widersetzte sich ihm. Trotzdem fand der Vergeltungsschlag bereits eine Woche später statt. Noch am selben Abend wurde Lincoln ermordet. Ober- und Untertanen werden von einer Schattenregierung gelenkt. Diese Mächte wurden im 18. Jahrhundert verstärkt aktiv. Durch die Einführung des Papiergelds und der Zinswirtschaft bauten sie eine Machtstruktur auf, die es ihnen erlaubt, ganze Nationen und Regierungen in ihre Abhängigkeit zu bringen.

# „Ordnung aus dem Chaos"

***Quelle: Armin Risi***
***(Machtwechsel auf der Erde)***
*Siebte Auflage 2006/ISBN 978-3-453-70054-4/S. 293-300*

Warum sind gewisse Mächte daran interessiert, Zwist anzuzetteln und Menschen in Abhängigkeit und Elend zu stürzen? Der Grund liegt in der Formel „Ordo ab chao" – Ordnung aus dem Chaos. Der luziferische Leitsatz der Illuminaten wurde schon lange vorher als Novus ordo seclorum definiert. Seit 1933 ist er auf der amerikanischen Ein-Dollar-Note zu finden. Die Umgestaltung des Banknotendesigns drückte aus, dass die staatliche Zentralbank in Privatbesitz übergegangen war, nun als FED, als Federal Reserve Bank bekannt.

Durch das neue Gesetz bekam die Bank das Recht zugesprochen, Papiergeld ohne Gegenwert drucken zu dürfen und es der Regierung von Amerika gegen Zins auszuleihen. Damit erhielt die Bank die offizielle Erlaubnis, Falschgeld zu drucken. Fortan war der amerikanische Staat in den Händen der Banker. Im Jahr 1913 wurde der Startschuss zum Ersten Weltkrieg gegeben. Entgegen dem Wahlversprechen stieg Amerika in den Krieg ein. Durch diesen Entscheid kam es zum Ersten Weltkrieg. Später folgte der Zweite Weltkrieg, der durch die Wiederaufrüstung Deutschlands ermöglicht wurde. Wie konnte die Verlierernation nach so kurzer Zeit an die Macht gelangen? Dahinter steckten dieselben Mächte, die schon die Russische Revolution organisiert und finanziert haben. Auch der Kalte Krieg war nur ein Vorwand, um das Wettrüsten voranzutreiben. Dadurch machte die Technik Quantensprünge. Es wurden Infrastrukturen im Namen der nationalen Sicherheit errichtet. Nach dem Zweiten Weltkrieg 1945 waren die USA im Besitz von Atombomben. Russland war zu dieser Zeit wirtschaftlich geschwächt, trotzdem wurde es plötzlich zur Supermacht. Die USA hatten ihr Verteidigungsbudget verringert, während die Sowjetunion ihr Staatsbudget in die Aufrüstung fließen ließ. 1931 kam es an der Wall Street zu einer großen Bankfusion. Die Harriman Brothers & Company schloss sich mit der britisch-amerikanischen Brown Brothers & Company zusammen. Durch geschickte Investition wurde dieser Bankriese vor und während des Zweiten Weltkriegs zur größten Privatbank Nordamerikas. Dabei wurden horrende Geldsummen nach Deutschland geschleust. Das Geld wurde für die Aufrüstung Hitlers benötigt. Dessen wichtigster Panzerhersteller war Opel, die Tochtergesellschaft des gleichnamigen Ford-Imperiums.

Sieben Monate vor dem Zweiten Weltkrieg, im Jahr 1939, verlagerte das Opel-Werk seinen Produktionsschwerpunkt plötzlich auf Militärflugzeuge. Es unterstützte den Flugzeugbau des Junkers 88, dem besten Bomber der deutschen Luftwaffe. Durch diesen Krieg entstanden Profite in Millionenhöhe.

## Der Bluff des „Kalten Kriegs"
***Quelle: Armin Risi***
***(Machtwechsel auf der Erde)***
*Siebte Auflage 2006/ISBN 978-3-453-70054-4/S. 300-301*

Zur gleichen Zeit versuchte Lawrence Larry McDonald ähnliche Enthüllungen an die Öffentlichkeit zu bringen. Er schrieb das Vorwort zum Buch „The Rockefeller File". Darin sagt er, dass Geld nicht mehr reiche, um den Durst und die Gier der Superreichen zu stillen. Sie wollen immer mehr an Reichtum und Macht gewinnen. Das tun sie seit Generationen, und zwar mit einem unglaublich bösen Endziel geplant. Vom Verteidigungsminister Ustinov hatte General Kornukov im Jahr 1983 die Weisung erhalten, den Jumbo der Korea Airline (KAL007) mit 270 Menschen an Bord vor der russischen Insel Sachalin abzuschießen. Larry McDonald war einer der Passagiere.

## Der Bluff des 11. Septembers
*Quelle: Internet*

Die WTC-Türme brauchten nur knapp zehn Sekunden, um bis zum Grund zusammenzufallen. Das herabgefallene Oberteil des ersten Turmes stieß auf keinerlei Widerstand. In Zeitlupe betrachtet erkannte man, dass ausschließlich Staub- und Trümmerwolken herabregneten, was für eine Sprengung typisch ist.

Wolkenkratzer Nummer sieben brach ebenfalls bis auf die Grundmauern zusammen. Als das Gebäude in sich einstürzte, entstand dieselbe Art von Staub- und Trümmerwolken wie beim Zusammenbruch des ersten Turmes. Und der Einschlag eines weiteren Flugzeugs im Pentagon zeigte in der Erstaufnahme ein Loch mit einem Durchmesser von 5 Metern. Das Dach sackte erst nach einer halben Stunde ein. Keine Spur einer Boeing 757 mit einer Spannweite von 38 Metern und 60 Tonnen Eigengewicht. Sechs Wochen zuvor hatte der Besitzer eine Versicherungssumme von über 3,5 Milliarden Dollar abgeschlossen.

## AIDS wurde in einem US-Labor erschaffen
*Quelle: Christian Anders*
*(Der Mann, der AIDS erschuf)*
*Zweitauflage/ISBN 978-3-937699-39-4*

**Erstens:**

AIDS wurde in einem US-Laboratorium erschaffen. 1969 fand ein Treffen von zwölf Männern statt, um aus über 10.000.000 Dollar, die die US-Regierung zur Verfügung stellte,

einen Virus zu erschaffen, dem gegenüber jegliches Immun-
system wirkungslos wäre.

## Aber zu welchem Zweck?

Das geschah, um an Menschen Krebsexperimente ohne deren
Zustimmung durchzuführen. Um Schwarze und Homosexuelle
zu beseitigen und um die Weltbevölkerung zu kontrollieren.
Die ersten AIDS-Fälle wurden bereits 1979 in Manhattan dia-
gnostiziert. Der Krankheitsausbruch ging eindeutig auf die
Hepatitis-B-Impfung von 1978 bis 1979 zurück.

Die Homosexuellen für diese Tests waren jung, gesund, gebildet und weiß. Sie hatten nie eine Geschlechtskrankheit
oder Immunschwäche. Doch als das Manhattan-Experiment
vorbei war, wurden erste AIDS-Fälle bei einst gesunden und
jungen weißen Männern in New York entdeckt. In den Jahren
1980 bis 1981 wurden ähnliche Experimente in Los Angeles,
San Francisco, Denver, St. Louis und Chicago durchgeführt.
Die ersten AIDS-Fälle der USA traten fast zeitgleich mit den
ersten nachgewiesenen afrikanisch- haitianischen Fällen auf.
Die Impfversuche hatten eine 92-prozentige Erfolgsquote.
Dabei wurden Tausende Blutproben von Homosexuellen
aufbewahrt und auf HIV getestet. Die Tests bestätigten, dass
vor 1978, als das Experiment begann, keiner der Probanden
positiv war. Zehn Jahre später war bereits die Hälfte tot oder
HIV-positiv. Von 1966 bis 1977 verabreichte die WHO weltweit 24.000 Dosen Pockenimpfstoff. Über zwei Milliarden
Dosen wurden mit Hilfe der WHO in neu geschaffenen La-
boren der Dritten Welt hergestellt. Könnte es sein, dass die
Impfstoffsendungen, die im Jahr 1977 ausgeliefert wurden,
mit einem gentechnisch hergestellten Virus infiziert wurden?
Ja, denn die einzige plausible Erklärung dafür, dass sich AIDS
bei Schwarzafrikanern und amerikanischen Homosexuellen

so explosionsartig verbreiten konnte, liegt in der bewussten
Infizierung dieser Bevölkerungsgruppen.

### Zweitens:
Die Regierung hat ein Tesla-Gerät, um Erdbeben zu generieren.

### Drittens:
Die NASA landete nur einmal auf dem Mond.

### Viertens:
Fast 90 Prozent des Drogenhandels werden von den größten
Geheimdiensten der Welt (CIA, NSA, MI5, MI6) organisiert. Seit
Truppen der USA in Afghanistan stationiert sind, hat die Mohn-
produktion neue Höchststände erreicht. Noch nie war so viel
Heroin auf dem Markt.

### Fünftens:
Die Geschichte von der globalen Erwärmung ist ein gewaltiger
Schwindel. Die Erde wird zwar manchmal wärmer, aber nicht
als Ergebnis der CO2-Produktion des Menschen, sondern weil
dies einem Zyklus entspricht, wie beispielsweise dem Jahres-
zyklus.

## Der globale Wahnsinn – Zufall oder Absicht?
*Quelle: Armin Risi*
*(Machtwechsel auf der Erde)*
*Siebte Auflage 2006/ISBN 978-3-453-70054-4/S. 302-303*

Jedes Ereignis macht plötzlich Sinn. Täglich werden tonnenweise Nahrungsmittel vernichtet, nur um den Preis zu halten, während andere auf der Welt verhungern. **Wer** lässt dies
zu? **Wer** organisiert das? **Weshalb** wird unsere Umwelt zunehmend ausgebeutet und zerstört? **Warum** müssen wir uns mit

Handys, Internet usw. vernetzen? Und **weshalb** werden weiter Waffen auf der Welt produziert, obwohl wir keinen Krieg wollen? **Warum** werden bestimmte Technologien und die Schulmedizin vorangetrieben, obwohl man weiß, dass man mit Alternativmedizin mehr erreicht? **Warum** wird das Finanzsystem aus künstlicher Wertschöpfung und ausbeuterischer Zinswirtschaft aufrechterhalten? **Warum** setzt man die Gesundheit des Volkes durch Zigaretten, Alkohol und Drogen aufs Spiel?

**Warum** werden gesunde Nahrungsmittel verboten, unterdrückt und aus dem Verkehr gezogen, um stattdessen einem Pharmakartell das Monopol für die Herstellung von scheinbar heilsamen Pillen zu geben? **Warum** werden wir weiter zum Massenfleischkonsum angehalten? Der Massenkonsum von Fleisch wirkt sich auf die Gesundheit, die Weltwirtschaft, die Nahrungsmittelverteilung und aufs Karma aus. **Weshalb** werden wir täglich mit nutzloser Information in TV, Radio, Zeitung und Internet (Mord, Actionfilme, Sex usw.) bombardiert, wenn erwiesen ist, dass wir dadurch nicht glücklich- oder weiser werden? **Warum** werden Alternativtechnologien und Weltbilder ignoriert beziehungsweise unterdrückt und stattdessen Genmanipulation, Nuklear- und Mikrotechnologie gefördert?

## Einblick in die Pläne der „Erleuchteten"
*Quelle: Armin Risi*
*(Machtwechsel auf der Erde)*
*Siebte Auflage 2006/ISBN 978-3-453-70054-4/S. 303-308*

Der Kurs der Menschheit wird in eine bestimmte Richtung vorangetrieben. Wir können mit Sicherheit annehmen, dass Krieg, Terror, Korruption, Lügen und Krisen von dunklen Mächten inszeniert werden, um die Weltherrschaft zu übernehmen. Viele glauben nicht an diese Mächte. Es erscheint ihnen plausibler, dass Krisen und Kriege auf eine Verkettung unglücklicher Umstände zurückzuführen sind. Doch viele Teilziele vom Plan der Mächtigen wurden bereits erreicht, etwa der Börsencrash, die Monopolisierung des Goldes, die Verschuldung der Staaten, das Schüren von Arbeitslosigkeit, die Zerstörung religiöser Spiritualität, die Feindschaft zwischen Nationen und Völkern, die Verbreitung von Seuchen usw.

## Gibt es eine Weltverschwörung?

*Quelle: Armin Risi*
*(Machtwechsel auf der Erde)*
*Siebte Auflage 2006/ISBN 978-3-453-70054-4/S. 308-309*

Nach der Weltherrschaft zu streben, ist ein verlockendes und diabolisches Ziel. Im Namen Gottes wollen die dunklen Mächte den Menschen zu einem abgestumpften Wesen in einer neuen Weltordnung manipulieren.

## Warum Weltherrschaft?

*Quelle: Armin Risi*
*(Machtwechsel auf der Erde)*
*Siebte Auflage 2006/ISBN 978-3-453-70054-4/S. 315-316*

Der technische Fortschritt ist nicht da, um uns ein bequemes Leben zu ermöglichen, sondern um uns zu kontrollieren. Die Wahrheit wird uns erst dann bewusst, wenn wir unser Geldvermögen und unsere Identität auf einem Mikrochip registrieren müssen. Danach können wir nichts mehr kaufen oder verkaufen, jedenfalls nicht auf die alte Weise. Die Mächtigen werden die Aktion unter dem Slogan „Es dient der Sicherheit und dem Weltfrieden" verkaufen. Durch diesen Chip würden Kriminalität, Terror, Drogenhandel usw. bekämpft und ausgerottet werden. Frieden ist jedoch nur durch Harmonie,

Einheit und Vielfalt möglich. Die Mächtigen glauben aber an keine Einheit und Vielfalt und ignorieren Gott. Für sie existiert nur ihre eigene, erzwungene Einheit. Ihr Ziel ist es, die Monopolherrschaft (Weltherrschaft) zu besitzen. Und es wird ihnen in Kürze gelingen. Wir sind in einer Zeit großer Täuschungen, Scheidungen und Entscheidungen, der Endzeit.

## Wann wird es geschehen?
*Quelle: Armin Risi*
*(Machtwechsel auf der Erde)*
*Siebte Auflage 2006/ISBN 978-3-453-70054-4/S. 317-319*

Weder die Engel noch der Sohn Gottes kennen den Tag und die Stunde. Nur der Vater im Himmel weiß es. Es gibt aber Anzeichen, die Jesus in seinen Reden von der Endzeit und der Offenbarung nannte: Ein Volk wird sich gegen das andere erheben. Es wird Naturkatastrophen, Überflutungen, Tsunamis, Erdbeben, falsche Propheten, neue Krankheiten, Verleumdung, Verfolgung sowie Zeichen am Himmel und auf Erden geben. In dieser Zeit, wenn das Böse die Überhand gewinnt, wird bei vielen die Liebe bereits erkaltet sein. Der Schlüssel, um das Datum enger einzukreisen, ist die Zahl 666.

## Die Zahl 666 ist weltweit verbreitet
*Quelle: Armin Risi*
*(Machtwechsel auf der Erde)*
*Siebte Auflage 2006/ISBN 978-3-453-70054-4/S. 322-323*

Gerade heute wird immer mehr monopolisiert, zentralisiert und globalisiert. Die Zahl 666 ist bei uns schon lange vertreten. Es handelt sich um den Strichcode: EAN (Europäische Artikelnummer) oder UPC (Universal Product Code). Jeder Geldhandel wird vom globalen Computernetz abhängig sein.

Die Zahl Sechs wird im Hebräischen als Buchstabe dargestellt und entspricht dem Buchstaben w, enthalten in unserem „www" des Internets. Das Computernetz und der Strichcode weisen die Zahl 666 auf – und unser bargeldloser Zahlungsverkehr wird heute meist über den Computer abgewickelt.

## Ist 666 die „Zahl des Bösen"?
*Quelle: Armin Risi*
*(Machtwechsel auf der Erde)*
*Siebte Auflage 2006/ISBN 978-3-453-70054-4/S. 326-327*

In der Offenbarung des Johannes steht nicht, dass von der Zahl 666 etwas Böses ausgeht. Vielmehr besagt sie, dass eine drakonische Macht (der Drache) **(siehe Kapitel: Vierzehn Anzeichen für die bevorstehende Rückkehr Christi)** die Zahl 666 dazu missbrauchen wird, um eine weltweite Diktatur zu errichten und absolute Kontrolle zu erlangen. Sie will das spirituelle Bewusstsein der Menschen durch Materialismus, Körperkult, Oberflächlichkeit und abstumpfende Unterhaltung schwächen. Diese Lebensart führt zu fortwährendem Stress, psychischer Schwäche, Krankheit, Frustration und emotional-mentaler Verletzung. Die Symptome haben bereits apokalyptisches Ausmaß angenommen.

## Die Tücken des Malzeichens
*Quelle: Armin Risi*
*(Machtwechsel auf der Erde)*
*Siebte Auflage 2006/ISBN 978-3-453-70054-4/S. 332-333*

Dannion Brinkley, ein Vietnam-Veteran, hatte bei einer Nahtoderfahrung im Jahr 1975 Einblicke in die Ereignisse der nahen Zukunft bekommen. Er sah, wie es einem Wissenschaftler im Nahen Osten gelang einen Virus zu erzeugen. In der Vision erblickte er einen Computerchip, der unter die Haut gepflanzt wird. Jeder war gesetzlich verpflichtet, sich einen solchen Datenchip implantieren zu lassen. Mit diesem Virus wurden alte, gebrechliche und kranke Menschen beseitigt, um Gesundheitskosten zu sparen. Sie trugen ein schmerzhaftes astrales Geschwür.

Doch wer sich freiwillig einen Chip einpflanzen lässt, macht sich schuldig. Dies wäre eine Kapitulation und Verletzung der Privatsphäre, was einem Verkauf der Seele gleichkäme. Man würde sich dem Drachen unterwerfen.

## Das Vermeiden der 666-Markierung
*Quelle: Armin Risi*
*(Machtwechsel auf der Erde)*
*Siebte Auflage 2006/ISBN 978-3-453-70054-4/S. 368-370*

Lasst euch nicht täuschen und bleibt standhaft!", mahnte Johannes. Wir sollten das Zeichen des Drachens nicht annehmen. Wie aber können wir es vermeiden? Wenn jemand gegen seinen Willen gepackt wird und das Zeichen bekommt, macht er sich nicht schuldig. Er hat seine Seele nicht verkauft. Jene aber, die auf die Seelenfänger hereinfallen, werden nach ihrem Tod in eine höllische Gefangenschaft geraten und bald eines schmerzhaften geistigen Todes sterben. Durch Einschüchterung werden die Mächtigen viele dazu bringen, das System anzunehmen. Sie werden verkünden, dass dies der Schritt zur Terrorbekämpfung sowie zu einer stabilen Wirtschaft und Freiheit sei. Doch jede Zwangshandlung ist Unterwerfung und Versklavung. Die Markierung wird in der zweiten Hälfte der Drangsalzeit befohlen. Sollte dieser Scheinfriede kommen, ist schon die Hälfte der Menschheit durch Krieg, Katastrophen und Krankheit gestorben. Der Aufstieg des Drachen hat dann bereits stattgefunden. Zu dieser Zeit werden die Agenten nicht wissen, wer noch lebt und wer nicht. Danach wird die Markierung obligatorisch. Sie bewirkt, dass niemand kaufen oder verkaufen kann. Das Zeichen bedeutet allerdings nicht, dass man ohne es nicht leben kann. Sehr starke Menschen melden sich für die Chipimplantation einfach nicht.

Für das System sind diese Erwählten inexistent und somit tot. Mit ihrer medialen Intuition und göttlichen Führung werden sie aber in der Lage sein, diese Zeit zu überstehen. Diese Zeit wird jedoch nur kurz dauern, denn bald darauf wird die Erde unmittelbar vor dem großen Quantensprung stehen.

## Ausblick
*Quelle: Armin Risi*
*(Machtwechsel auf der Erde)*
*Siebte Auflage 2006/ISBN 978-3-453-70054-4/S. 333*

Die Zahl 666 ist heute weltweit präsent. Die technische Entwicklung wird genau in die Richtung getrieben, wovor uns die Offenbarung warnte. Zuerst wird ein Währungszusammenbruch herbeigeführt, um die Ursache aufs Bargeld abzuwälzen und eine elektronische Währung einzuführen.

## Abschaffung des Bargeldes
*Quelle: Armin Risi*
*(Machtwechsel auf der Erde)*
*Siebte Auflage 2006/ISBN 978-3-453-70054-4/S. 327-330*

Mit der Einführung des Papiergelds konnten die Manipulatoren künstliche Werte schaffen und immens große Warenwerte verschieben. Mit Firmen- und Privatdarlehen wurden ganze Staaten in die Schuldenfalle gelockt. Mit dieser Taktik versucht man auch das Bargeld abzuschaffen. Die Bankiers wollen uns weismachen, dass die Bargeldabschaffung nur Vorteile hat: Man müsse sich nicht mehr vor Einbrechern oder Dieben fürchten, da jede Kreditkarte ohne Passwort nutzlos wäre, und niemand könnte mehr Schwarzarbeit leisten und Steuern hinterziehen.

Die Weltordnung verspricht Frieden und Sicherheit auf Kosten unserer Freiheit. Geld soll nur noch in elektronischer Form existieren. Wenn wir zunehmend mit Plastikkarte bezahlen, fördern wir unbewusst die Abschaffung des Bargeldes. Geld wird danach nur noch aus Bits und Bytes bestehen. Viele sind daran interessiert, Geld zu entmaterialisieren. Dann noch ein großer Crash und fertig mit Cash! Doch wie hilflos wären wir, wenn wir die Chipkarte mit all unseren Daten verlören? Wer könnte sich all die Daten merken? Nun, durch einen Chip, der an der Stirn oder der Hand angebracht ist, wäre dies möglich. Das ist die scheinbar verlockende Argumentation.

## Implantierte Chips für Menschen
*Quelle: Armin Risi*
*(Machtwechsel auf der Erde)*
*Siebte Auflage 2006/ISBN 978-3-453-70054-4/S. 330-332*

Der Hunde- und Katzenchip ist bei uns schon lange angekommen. In Hongkong ist der Mikrochip für Tiere seit dem 2. Dezember 1996 obligatorisch. Er vermindert Tierdiebstahl, illegalen Hundehandel, ist schmerzlos, praktisch und scheinbar ungefährlich. Nach der Implantation verbindet sich das Individuum mit der Computerzentrale und kann über Satellit geortet werden. Doch ist der Chip einmal implantiert, wird es schwierig, ihn wieder zu entfernen, da er bereits mit dem Gewebe verwachsen ist. Die Firma ADS (Applied Digital

Solutions) präsentierte 1999 einen Mikrochip namens Digital Angel, Digitaler Engel. Angeblich sei er ideal für Promis und Kinder. Jeder könne durch GPS lokalisiert werden. Die Familie Jacobs hat sich im März 2002 solche Chips implantieren lassen. Die Mutter erklärte, dass diese Chips Behandlungsfehlern von Ärzten vorbeugen und Leben retten können.

## Die zwei Hälften der Drangsalzeit
*Quelle: Armin Risi*
*(Machtwechsel auf der Erde)*
*Siebte Auflage 2006/ISBN 978-3-453-70054-4/S. 345-346*

Das Endzeit-Szenario dauert sieben Jahre, bevor das Friedensreich kommen kann. Diese Zeit teilt sich in zwei Hälften auf. In der Mitte der sieben Jahre erscheinen die zwei Tiere. Und in der zweiten Hälfte wird die 666-Diktatur eingeführt.

## Die zwei Apokalyptischen „Tiere"
*Quelle: Armin Risi*
*(Machtwechsel auf der Erde)*
*Siebte Auflage 2006/ISBN 978-3-453-70054-4/S. 319-322*

Das erste Tier aus dem Meer bekommt seine Macht direkt vom Drachen. Das zweite Tier führt die weltweite Verehrung des ersten Tieres an. Diese Macht wird die ganze Welt täuschen.

# Das erste „Tier" (666)
# und das Heer der 200 Millionen

*Quelle: Armin Risi*
*(Machtwechsel auf der Erde)*
*Siebte Auflage 2006/ISBN 978-3-453-70054-4/S. 341-344*

Was geschieht, wenn die in der Bibel genannten Siegel geöffnet, die Posaunen geblasen und die Schalen ausgegossen sind? Nach der sechsten Posaune soll ein Heer von 200 Millionen Soldaten im Gebiet des Euphrats erscheinen. Die Soldaten gehören dem König des Ostens an. Damit ist wohl China, der lauernde Gigant im Hintergrund, gemeint. Seine Herrscher prahlten bereits, dass sie 200 Millionen Soldaten mobilisieren können.

US-Präsident und Logenmarionette Bill Clinton hatte eingewilligt, seine Nukleartechnologie an China zu verkaufen. Und der Geheimdienst hat Hinweise entdeckt, dass China das US-Geheimnis, wie man Atombomben komprimiert und kleinere, noch gewaltigere Raketenköpfe herstellt, erfahren hat. Dieses Geheimnis wäre geheim geblieben, wenn nicht ein Forschungskomitee darauf gestoßen wäre. Am 6. März 1999 veröffentlichte die New York Times einen Artikel, in dem stand, dass der W-88-Atomsprengkopf mit 150 kg Eigengewicht 30-mal leichter als die 4.500 kg schwere Hiroshima-Bombe sei. Der W-88 ist 70 cm lang und mindestens zehnmal stärker als die Hiroshima-Bombe. Er gehört zu jenen Geheimwaffen, von denen China dank Spionage alle Konstruktionspläne bekam. Bei zahlreichen Anlässen hat Präsident Clinton das amerikanische Volk angelogen. Bei über 30 Auftritten hat er folgende Aussage gemacht: Es gäbe keine Atomrakete, die auf Amerika gerichtet wäre. Dabei wusste er, dass China bis zu 18 Interkontinentalraketen besaß. Der Grund, dass er seinen Gegnern half, war wahrscheinlich Geld. Doch nicht das Motiv ist wichtig, sondern die Tatsache, dass Clinton das tat. Kurz nachdem die Affäre publik wurde, wurde die Öffentlichkeit mit einem plumpen Manöver, dem Monika-Lewinsky- Sexskandal, abgelenkt. So verschwand der China-Skandal aus den Schlagzeilen. Natürlich bestanden geheime Absprachen mit China nicht erst seit der Amtszeit von Clinton. Bereits sein Vorgänger Bush Senior unterhielt beste Beziehungen zu den Chinesen und den nationalen Logen.

## Vierzehn Anzeichen für die Rückkehr Christi
**Diktator und König des Ostens**
*Quelle: Living Church of God*

Der kommende Diktator wird auf der Weltenbühne von China erscheinen. Er wird den Gott der Festung und der Waffen verehren. Dieser Führer wird riesige Mengen an internationalen Ressourcen verbrauchen, um seinen Militärapparat aufzubauen. Hier wird die Macht eines zukünftigen „Hitlers" beschrieben.

## Ein kurzer Scheinfriede
*Quelle: Armin Risi*
*(Machtwechsel auf der Erde)*
*Siebte Auflage 2006/ISBN 978-3-453-70054-4/S. 346-347*

Die zwei Tiere treten zu einer Zeit an die Öffentlichkeit, wo Chaos, Verwirrung und Ratlosigkeit herrschen. Zur selben Zeit betritt ein charismatischer Führer die Weltenbühne. Durch seine anziehend-charismatische Ausstrahlung gewinnt er bald das Vertrauen der breiten Bevölkerung. Er wird von Umweltschutz, Stabilität, Vereinigung und Frieden reden, aber nie von Gott. Und wenn, dann nur heuchlerisch und abfällig. In dieser

Zeit werden viele Leute die Scheinlösung auf Frieden begeistert annehmen und die Massenmedien werden ihn dabei unterstützen.

## Das zweite „Tier" (Falscher Prophet)
*Quelle: Armin Risi*
*(Machtwechsel auf der Erde)*
*Siebte Auflage 2006/ISBN 978-3-453-70054-4/S. 337-339*

Das Tier der Offenbarung mit den zehn Hörnern bezieht sich auf das Römische Reich. „Das Tier, das du sahst, ist gewesen und nicht da, wird aber wieder aus dem Abgrund heraufsteigen, um dann in seinen endgültigen Untergang zu gehen." Das Römische Reich wird in drei Phasen eingeteilt. Es existierte, ging unter und wird in Zukunft wieder sein. Das Römische Reich Deutscher Nation wird in der Endzeit wiederauferstehen. Dort befindet sich einer von drei Zentralcomputern (The Beast, das Biest). Die anderen sind in Jerusalem und den USA zu Hause. Eine Geheimgesellschaft strebt ein Vereinigtes Europa an, wobei die europäischen US nicht von einem Präsidenten wie in den USA, sondern von einem König regiert werden sollen. Dieser König soll ein ritterlicher und messiasähnlicher Führer sein.

## Vierzehn Anzeichen für die Rückkehr Christi
### Falscher Messias und König des Nordens
*Quelle: Living Church of God*

Der falsche Messias wird aus dem Volk von Israel kommen und in Europa auftreten. Er wird Ungeheuerliches gegen Gott reden. Lange Zeit wird er mit einem falschen Kirchensystem kooperieren. Dieser falsche Religionsführer wird eine mächtige Ausstrahlung besitzen und starken Druck auf die Politik ausüben. Er wird das Haupt einer militanten Kirche Europas sein.

Seine Macht wird sich auf den Wohlstand westlicher Nation auswirken. Er wird Millionen von Menschen verführen. Wenn der Antichrist die Macht an sich reißt, wird er eine große Masse des jüdischen Volks betrügen. Dieser Mann wird übernatürliche Kräfte besitzen.

**Das erste Tier** will einen diktatorischen Weltstaat (China, König des Ostens).

**Das zweite Tier** will eine führende Weltreligion (falscher Messias und König des Nordens aus dem Volk Israel).

Könnte es sein, dass es zwischen Europa und Israel zu einem Bündnis kommt? Sollte die Interpretation aktuell werden, würde es Krieg mit der arabischen Welt, mit Russland und China geben. Es würden Ereignisse stattfinden, wie man sie noch nie erlebt hat.

## Ereignisse wie man sie noch nie erlebt hat
*Quelle: Armin Risi*
*(Machtwechsel auf der Erde)*
*Siebte Auflage 2006/ISBN 978-3-453-70054-4/S. 344-345*

Jesus sagte, was dann geschieht, wird furchtbarer als alles andere sein, was jemals geschah oder geschehen wird. So beginnt die zweite Hälfte der Drangsalzeit.

## Die zweite Hälfte der Drangsalzeit
*Quelle: Armin Risi*
*(Machtwechsel auf der Erde)*
*Siebte Auflage 2006/ISBN 978-3-453-70054-4/S. 347-348*

Beim Öffnen der Siegel und beim Erklingen der Posaunen bekam Johannes in seiner Vision Bilder von Krieg und Tod zu sehen. Er sah Ausschnitte von technologischer Kriegsführung und Umweltzerstörung, verbunden mit vielen Naturkatastrophen. Doch die Menschen, die die Katastrophe überlebten, änderten sich nicht. Bald darauf erschien ein Reiter auf einem weißen Pferd. Seine Augen waren wie Flammen und auf dem Kopf trug er viele Kronen. Sein Mantel war voller Blut und sein Name lautete „das Wort Gottes". Das Heer des Tieres war angetreten, um gegen den Reiter und die Himmelsschar zu kämpfen. Dabei wurden das erste und das zweite Tier gefangen genommen. Der falsche Prophet hat viele dazu verführt, das Zeichen des Tieres anzunehmen und anzubeten. Auf sie wartet ein grausamer Tod. Der Tod ihrer Seelen. Erst danach kann das Tausendjährige Reich geschaffen werden. Nach dieser Vision endete die Apokalypse.

## Prophezeiungen und der freie Wille
*Quelle: Armin Risi*
*(Machtwechsel auf der Erde)*
*Siebte Auflage 2006/ISBN 978-3-453-70054-4/S. 354-355*

Jeder Mensch ist frei im Willen und darin, einen Nutzen aus etwas zu ziehen. Ob er den Kurs ändert, hängt von ihm ab. Doch ich sage euch: „Noch diese Generation wird es erleben. Himmel und Erde werden vergehen, aber meine Worte nicht. Doch den Tag und die Stunde kennt niemand. Weder die Engel noch der Sohn, sondern nur der Vater."

# Vom staatlichen Geld zum Privatgeld
*Quelle: Daniel Estulin*
*(Die wahre Geschichte der Bilderberger)*
*Auflage 2007/ISBN 9783938516478*

Der Plan mächtiger Bankiers, vom staatlichen Geld wegzukommen, wurde im Jahr 1913 durch die Gründung des Federal-Reserve-Systems in den USA realisiert. Weil nach der amerikanischen Verfassung nur noch Gold und Silber als staatliches Zahlungsmittel vorgesehen gewesen waren, gründeten die Rothschilds und Rockefellers ein Kartell, um eigenes Geld auszugeben. Nach dem Ersten Weltkrieg wurden alle Goldreserven der Privatbanken aufgekauft. Die Folge war, dass viele Währungen ihren Goldstandard nicht mehr halten konnten und in einer Deflation zusammenbrachen. Nach dem Zweiten Weltkrieg im Jahr 1945 beschloss man in Bretton Woods die Einführung eines neuen Gold-Dollar-Standards. Die USA verlangten nun Gold für Rüstungsgüter. Auch Deutschland musste sein Gold abgeben. Dabei sammelten sich über 30.000 Tonnen Gold an, mehr als alle Banken zusammen hatten. Das Gold diente zur Dollardeckung. Aber die Dollars wurden hauptsächlich von den Zentralbanken genutzt. Deshalb waren die USA in der Lage, mehr Dollars auszugeben, als sie einnahmen. Die Rohstoffe konnten nur noch mit Dollars gekauft werden. Neben dem Gold wurde der Dollar zum stärksten Zahlungsmittel und schließlich zur Hauptwährungsreserve der Zentralbanken. So begann die weltweite Dollar-Herrschaft. 1971 hob Präsident Nixon die für die Banken bestehende Einlösepflicht der Dollarnoten in Gold (Gold-Dollar-Standard) auf, ebenso die Haftung des Staates für den Dollar. Seither sind die Dollarnoten weder durch Gold noch durch Staatshaftung gedeckt.

Der Dollar und alles Geld der Welt sind seitdem nicht mehr werthaltig, sondern nur noch gedrucktes, legales Zahlungspapier. Eine nicht gedeckte Währung kann gesetzlich zum amtlichen Tauschmittel bestimmt werden, jedoch nicht als Wertaufbewahrungsmittel dienen.

## Das Problem

In den letzten 30 Jahren hat sich die Gütermenge vervierfacht. Das heißt, die Geldmenge ist um das Vierzigfache gestiegen. Das führte automatisch zur Inflation, also zu einer Geldentwertung. Die deutsche Finanzwirtschaft hatte schon bei der Gründung der Bundesbank eine staatsunabhängige vierte Gewalt gefordert, um dem Reiz des Geldmissbrauchs vorzubeugen. Das heißt, die Bürger konnten sich auf die Werthaltigkeit ihres Geldes verlassen. Und tatsächlich wäre die Bundesbank zur Werterhaltung der Deutschen Mark gesetzlich verpflichtet gewesen. Dies führte dazu, dass die DM zur stabilsten und bevorzugtesten Wertanlage der Welt wurde. Die meisten Diktaturstaaten wünschen sich jedoch eine freie Quantitätswährung, deren Missbrauch durch die Politik oder die Privateigentümer der Banken gesetzlich nicht beschränkt werden konnte. Eine freie Quantitätswährung bedeutet auch die Freiheit zum Währungsmissbrauch. Vor allem führt ein Nebeneinander von Währungen, die von Staats- oder Privatbanken in ihrem Wert gehalten werden wie die DM zu besonderen Kursentwicklungen. Als die Deutsche Mark zunehmend an Wert gewann, haben andere Währungen durch die Geldmengenvermehrung und durch die Inflation an Wert verloren. Deshalb versuchten die Geldwertbesitzer, ihre Dispositionen in eine harte Währung, den Dollar umzuwandeln. Die DM wurde zum stärksten Zahlungsmittel.

Kein Wunder, dass die starke DM ausgeschaltet werden musste. Bundeskanzler Kohl hat dafür gesorgt, dass dies im kleinen Kreis und ohne Abstimmung des Volkes vonstattenging. Wo kämen wir denn hin, wenn die Bevölkerung über so wichtige Dinge selbst entscheiden könnte? Die Deutschen hätten die solide Mark auf keinen Fall freiwillig geopfert. Um das Volk glauben zu lassen, dass das Geld, welches es in den Händen hält, einen festen Wert hat, wird durch geschickte Manipulation des Devisenkurses ein scheinbares Wertverhältnis vorgespielt. Aber der Devisenkurs wird von der gleichen Gruppe manipuliert, die die Vermehrung des Geldes bewirkt. Das Privatgeld der FED ist schon weltweit führend. Mehr als 75 Prozent der Währungen sind Dollars. Die US-Hochfinanzgruppe hat die von ihr kontrollierten Rohstoffmärkte gezwungen, in Dollars zu kaufen. Wer sein Öl nicht gegen relativ wertlose Dollars, sondern gegen Euros verkaufen wollte, wurde zum Terroristen erklärt, wie beispielsweise Saddam Hussein. Man hat die Zentralbanken der übrigen Länder gezwungen, Dollars in immer stärkerem Maße (bei der Eurobank über 90 Prozent) als Währungsreserve einzustellen. Der Euro wird nur noch durch die US Hochfinanzgruppe gehalten. In der Zwischenzeit wurden auch die Nationalbanken der Schweiz gedrängt, ihr Gold gegen Dollars abzugeben oder auszuleihen. Die Hochfinanzgruppe und die FED steuern das gesamte Geld- und Währungssystem der Welt. Der Dollar wird zum Abbau wichtiger Rohstoffe und zum Aufkauf gewaltiger Sachwerte missbraucht. Durch die Dollarvermehrung hat die US-Hochfinanz nun ein unbegrenztes und liquides Mittel zur Verfügung, mit dem sie die ganze Welt kaufen kann. Deshalb konnten die USA mehr Dollars ausgeben, als sie einnahmen (Schuldenreiterei). Die Geldvermehrung war nicht nur für die US-Finanzgruppe, sondern auch für die Administration ein Vorteil.

Deshalb konnte sich das Dollarvolumen in den letzten zehn Jahren weiter vermehren und die Schuldenlast des amerikanischen Staats stieg kontinuierlich an. Der US-Staat lässt sich immer mehr Sachgüter gegen wertlose Scheinchen liefern. Dass der Dollar nicht längst zum Absturz geführt hat, ist kluger Regie und Erpressung zu verdanken.

## Praktisch heißt das:

Die Währungen der US-Satellitenstaaten sowie von China, Japan und Europa sind bereits mit immer wertloseren Dollars unterlegt. Somit sitzen alle im gleichen Geldentwertungsboot. Die Verursacher befinden sich in New York und Washington und die Helfer in den Zentralbanken und den Banken der Satellitenstaaten. Dem Schuldner steht es frei, wie stark er seine Schuld abwerten und die Gläubiger betrügen will. Dem Volk wird weiter suggeriert, dass die Währungen immer noch einen soliden Kurswert hätten. Würden die Besitzer wissen, dass sie nur wertloses Papier in den Händen halten, würde die Geldumlaufgeschwindigkeit stark steigen. Eine Flucht in Sachwerte würde einsetzen und eine dramatisch steigende Inflation beginnen. Die Geldpapiere, Renten und Fonds der Bürger würden sich bei einem weiteren Börsencrash auflösen. Auch Zweige der Finanzbranche würden unter der Entwertung zusammenbrechen. Eine neue Währungsreform wäre unvermeidlich. Noch wird die Illusion des Geldwerts künstlich aufrechterhalten. Nutznießer sind nicht nur die Hochfinanzgruppe, sondern auch die Europäische Zentralbank und die Banque of Japan. Würde eine neue Währung einführt, stünde die Eurobank ohne Wert da. Auch Gold hätte dann keinen realen Wert mehr und Gold, das man der FED verliehen hat, wäre verloren.

### Tatsache 1

Die wichtigsten Währungen (Dollar, Euro, Yen) werden hemmungslos vermehrt und entwertet. Den Menschen wird jedoch nach wie vor suggeriert, dass diese Währungen noch immer einen soliden Kurswert haben.

### Tatsache 2

Der rege Tausch von Währungen kann nur noch durch Manipulation und Vortäuschung vorhandener Kurswerte aufrecht gehalten werden.

### Tatsache 3

Der Geldwert wird nur noch durch eine gesetzliche Regelung aufrechterhalten. Die Zentralbanken von China, Japan und Europa sammeln für die Sachwertlieferungen ihrer Bürger immer größere Bestände an wertlosen Dollars an.

## Mit Scheingeld zu Sachwerten

Würden die Vermögenden wissen, dass das Geldsystem am Privatgeld-Dollar ohne Wert hängt, würden sie ihr Geld nicht in Form von Euros oder Dollars aufbewahren, sondern sich in Sachwerte flüchten – nach demselben Prinzip wie die FED. Seit Jahrzehnten kauft sie Sachwerte mit wertlosen Dollars auf: Rohstofflager und Industriekomplexe zu jedem Preis. Aber nicht nur die US-Hochfinanzgruppe sammelt weltweit Sachwerte, sondern auch der Staat der USA als Ganzes importiert immer mehr Sachgüter, als er wirklich bezahlen kann, und verschuldet sich damit im Ausland.

# Mit Sachwerten zu Monopolen

Durch gezielte Sachwertpolitik konnte man ganze Marktsegmente einschließlich Diamanten, Gold, Kupfer, Zink, Uran, Telekommunikation, Glasfaserleitungsnetze, Print- und Fernsehmedien, Produktionsstätten von Nestlé und Coca-Cola sowie die Rüstungs- und Luftfahrtindustrie aufkaufen. Mit faulen Dollars wurde alles monopolisiert. Zurzeit läuft auf dem Markt auch eine „Genmonopolisierung". Genmanipulierte Tiere und Pflanzen sind unfruchtbar. Doch wenn die Firma Monsanto ihre genmanipulierten Pflanzen flächendeckend durchsetzen kann, wären alle Bauern auf der Welt von ihr abhängig. Die Bauern wären gezwungen, das Saatgut von Monsanto zu dessen Festpreis zu kaufen und könnten kein eigenes, selbst geerntetes Getreide mehr als Samen verwenden. Genmanipuliertes Saatgut keimt nur einmal. Damit könnte Monsanto alle Bauern an sich binden. Ein anderes Monopolisierungsverfahren läuft derzeit auf dem Zuckermarkt. Die EU hat den Zuckermarkt strikt geregelt. Der Rübenzucker ist teurer als der Rohrzucker aus tropischen Ländern. Aber Nestlé und Coca-Cola verlangen von den Politikern die Liberalisierung des Zuckermarkts. Dieses Ziel wollen sie mit internationalen Gremien wie GATT und Mercosur erreichen. Sobald man den teureren Rübenzucker anstelle des Billigzuckers etabliert hat, kann der andere Marktzweig sich nicht halten und bricht zusammen. Damit wird der Zucker kurzfristig billiger und danach wieder teurer. Mit welch kriminellen Machenschaften die US-Hochfinanzgruppe vorgeht, zeigt auch der Fall Primacom: Die Firma des Kabelnetzbetreibers war sehr lukrativ, stand aber schon lange im Visier der Finanzgruppe, die die Monopolisierung der Telekommunikation anstrebt.

Man lockte den Vorstand mit einem Darlehen von über 30 Prozent des Jahreszinses, bis die gut operierende Firma aufgrund ihrer Zinslast in Schwierigkeiten geriet und übernahmereif wurde. Aber das Spiel ist noch nicht beendet und geht gerade in die letzte Runde. Ein ähnliches Spiel versuchte der US-Abgesandte Sommer mit der Telekom. Zuerst sammelte die Finanzgruppe alle Telekommunikations Gesellschaften auf. Dann versuchte er seine Aktien zum dreißigfachen Preis (30 Milliarden US-Dollar) an die Telekom zu verkaufen. Dabei scheiterte Sommer. Dies wird die Hochfinanz aber nicht an den Übernahmeplänen hindern. Die Privatisierung und der Aufkauf laufen planmäßig weiter. Ein vergleichbares Spiel vollzieht sich auch bei EON und RWE. Laut Aussage Brzezinskis will die US-Hochfinanzgruppe das Wasser innerhalb von 20 Jahren monopolisiert haben.

## Mit Sachwerten zur Währungsreform

Deutet man die Zeichen der US-Finanzgruppe richtig, soll das Geld so lange vermehrt und entwertet werden, bis alle wichtigen Sachwerte weltweit aufgekauft und monopolisiert sind. Die Hochfinanzgruppe weiß, dass die Geldvermehrung nicht für immer unerkannt bleibt und dass das Vertrauen in den Dollar schwinden wird. Die Vertrauenskrise würde in eine Inflation führen, die zwangsläufig in einer Währungsreform endet. Deshalb kaufte die Hochfinanzgruppe schon früh genügend Sachwerte auf, um sie in ein werthaltiges Vermögen umzuwandeln. Niemand kann sie daran hindern, den Preis für Gold, Diamanten, Kupfer, Zink, Eisenerz, Wasser, Saatgut und Energie um 10, 20 oder sogar 30 Prozent anzuheben. Listigerweise hat die US-Hochfinanzgruppe ihre faulen Dollars überwiegend ins Ausland verfrachtet.

Mehr als drei Viertel des gesamten Dollarbestandes sind nicht mehr in den USA, sondern bei ihren Gläubigern. So verschulden sich die USA immer mehr im Ausland. Das Ausland hat Güter (Sachwerte) gegen wertlose Dollars erhalten. Die Zentralbanken sind voll mit faulen Dollars. Würde der Dollar plötzlich entwertet, würde der Schaden mehr als drei Viertel der Banken, Zentralbanken, Staatsbanken und Marktteilnehmer außerhalb der USA treffen. Dann würde sich rächen, dass die Zentralbanken ihr Gold gegen faule Dollars abgegeben haben. Würde die Leitwährung zusammenbrechen, wären auch die Satellitenwährungen gefährdet. Das würde in eine Weltwährungsreform münden. Dass eine pausenlose Vermehrung und Aufweichung des Dollars zu einer immer stärkeren Inflation führt, ist finanzwissenschaftliches Grundwissen.

## Durch Währungsreform zur Weltwährung

Herr Greenspan hat im Jahr 2007 in einer Rede unvorsichtigerweise geäußert, dass eine grundsätzliche Dollarkorrektur anstehe und dass man den Dollar mit dem Euro zum „Eurodollar" vereinen könnte. Würde dies zutreffen, hätte die US-Hochfinanzgruppe bereits ein wichtiges Ziel erreicht. Eine neue Währung wäre eine weitere Möglichkeit zur Schuldentilgung. Dies würde vor allem die US-Staaten begünstigen. Deren Auslandsverschuldung von über 5.200 Milliarden Dollar würde mit einer 50-prozentigen Währungsabwertung nur noch 2.600 Milliarden betragen. Betroffen wären alle Inhaber von Alt-Dollars, die Verluste um 50 bis 90 Prozent hinnehmen müssten. Auch die Zentralbanken von China, Japan und Europa würden nicht verschont bleiben. Würde der Eurodollar eingeführt, hätte zwangsläufig die Hochfinanzgruppe die Mehrheit.

Diesmal würde man aber die Privatbank BIZ, die Bank für internationalen Zahlungsausgleich, als neue Zentralbank wählen, deren Anteile schon größtenteils von der Finanzgruppe aufgekauft wurden. Würde die BIZ die neue Zentralbank werden, wären die Haupteigentümer dieselben wie vorher und sie könnten ihr Spiel von freier Geldausgabe erneut spielen. Die US-Hochfinanzgruppe hätte dadurch nicht nur ihre monopolisierten Sachwerte, sondern auch Bereiche wie Saatgut, Nahrung, Wasser, Energie und Metall in den Händen. Das Spiel zu durchschauen ist wichtig, denn man könnte enorme Verluste erleiden. Die Geldentwertung der vergangenen 40 Jahre hat die Menschen offenbar nicht klüger gemacht. Wer sein Vermögen behalten will, kann nicht in Geldwerten, Versicherungsverträgen, Renten oder Bargeld denken. Er muss in Sachwerte anlegen.

## Strategieziel des Welt-Geldbetruges

Die Hochfinanzgruppe will die gesamte Welt über die US-Währung und den US-Markt beherrschen, damit sie alles nach freiem Willen manipulieren kann. Dieses Ziel kann sie aber nur mit einer Privatbank (BIZ) erreichen. Als US-Präsident Kennedy das private Finanzsystem verstaatlichen wollte, starb er.

## Die Menschheit im Todesgriff der Finanzmafia

Es existiert eine Derivatenbombe im dreistelligen Billionenbereich. Wer Vermögen besitzt, wird gezwungen, dieses zur Rettung des Landes beziehungsweise der Banken zu opfern. Ganze Länder wurden mit ihren Kreditgeldern in den Bankrott getrieben. Dabei wurde das geliehene Geld auf Tastendruck geschaffen. Alles rechtlich und gesetzlich geregelt.

Hat ein Staat wie der Iran die Teilnahme am westlichen Zentralbankwesen bisher vermeiden können, lassen die führenden Bankiers keine Gelegenheit aus, ihn zu diskreditieren oder durch Krieg zu zermürben. Auch „Rettungsmaßnahmen" sind Geschäfte, die sich über Jahrzehnte lukrativ abwickeln lassen. Gehen Sie davon aus, dass Ihr gesamtes Vermögen an die Bank geht, wenn Sie einen Staat retten sollen. Das Politkartell scheint wie in Trance zu sein und unter der Droge der Finanzindustrie zu stehen. Und diese hat nichts anderes zu tun, als die Menschheit zu belügen, zu beklauen und sich an ihr zu bereichern. Der nächste Schachzug der Banken ist die Rente. Die Deutschen sollen ihre Rente an Goldman Sachs abtreten.

## Spanien plündert die Pensionskasse

Die spanische Regierung hat das gemacht, was alle Staaten tun, wenn sie pleite sind: Sie greifen in die Pensionskasse und nehmen das Geld, das ihnen nicht gehört. Wie das Journal der Wall Street schreibt, wurde der Pensionskassenfond in Spanien angezapft, um Staatsanleihen zu kaufen, die keiner will. Sollte es den Banken gelingen, die Derivatenkarte erfolgreich auszuspielen, wären wir ihre Sklaven. Die Politiker werden den Bürgern ihr gesamtes Vermögen stehlen und es danach umgehend an die Banken weiterleiten. Damit scheint die Schuld getilgt, aber das Gegenteil ist der Fall! Getreu dem Ponzischema wird nicht getilgt, sondern es werden weitere Schulden angehäuft. Das gilt besonders für Staaten. Kein Staat hat seine Schulden je vollständig beglichen. Beim Ersatz unseres Bargelds durch elektronisches Geld wird die Finanzmafia jeden Bereich unseres Lebens durchleuchten und versuchen, noch die letzten Cents aus uns herauszupressen. Sie wird jede noch so kleine Transaktion auswerten und zum

Eigenvorteil nutzen. Die Derivatenbombe kann wie als Abschreckung zum kalten Krieg verstanden werden.

Dieses Jahr sind Zinszahlungen von über 7,5 Billionen Dollar fällig. Dadurch wird das Ponzischema aufrecht gehalten. Man will Zeit gewinnen, um mit diesen Geldern den Staats- bankrott herbeizuführen. Die Schulden können nie ganz zurückgezahlt werden, aber das soll ja gar nicht sein. Die Banken wollen nur die Weltherrschaft besitzen und die Massenverschuldung ist der Schlüssel dazu. Es muss jetzt eine weltweite Revolution erfolgen, sonst sind wir dem Untergang geweiht. Den Bankern muss das Handwerk gelegt werden. Sollten wir nicht in der Lage sein, uns zu wehren, können Sie davon ausgehen, dass die Herrschenden uns auf ungefähr 500 Millionen Menschen dezimieren werden. Die Technik dazu ist längst da und wird bereits erfolgreich eingesetzt. Ich spreche von den bedrohlichen globalen Aktivitäten, von Gentechnik, Mikrowellenbestrahlung, Chem- und Nanotrails, HAARP, Geo-Engineering sowie von bewusst herbeigeführten Erdbeben, Dürren, Hurrikans und Überschwemmungen. Viele Aktivitäten wurden uns schon erfolgreich als Programme zur Klimarettung verkauft. Eine weltweit inszenierte Pandemie oder ein False-Flag-Anschlag auf die Computersysteme der Banken wären Zeichen, dass es in die Endphase geht. Jetzt ist die Zeit gekommen, um zu handeln und sich von Unterdrückung zu befreien.

## Neuer Derivateneinbruch unterwegs

Ein Zusammenbruch der Finanzmärkte würde eine weltweite Wirtschaftskrise zur Folge haben. Es würde Chaos auf der ganzen Welt herrschen. Das dänische Rote Kreuz bereitet sich schon jetzt auf die Aufstände in Europa vor. Doch für Einsätze außerhalb Europas hat das Rote Kreuz kein Geld mehr. Stattdessen versorgt es die Griechen und Spanier mit Nothilfe!

Das Magazin „The Economic Collapse" schreibt, dass ein noch viel schlimmerer Zusammenbruch bevorsteht. Genau wie die Krise 2008 wird die kommende Krise durch den Derivatenhandel der Illuminaten ausgelöst. Vier US-Banken vertreten bereits 93 Prozent des Nominalwerts und tragen 81 Prozent des Nettokreditrisikos der Industrie. Wenn die Banken zusammenbrechen, würde die ganze US-Wirtschaft abstürzen. Zum Glück gibt es da noch die Steuerzahler.

**JP Morgan:**
Vermögenswert: 1.812.837.000.000 Dollar
(über 1,8 Billionen Dollar)
Insgesamt in Derivaten: 69.238.349.000.000 Dollar
(mehr als 69 Billionen Dollar)

**Citibank:**
Vermögenswert: 1.347.841.000.000 Dollar
(über 1,3 Billionen Dollar)
Insgesamt in Derivaten: 52.150.970.000.000 Dollar
(mehr als 52 Billionen US-Dollar)

**Bank Of America:**
Vermögenswert: 1.445.093.000.000 Dollar
(über 1,4 Billionen Dollar)
Insgesamt in Derivaten: 44.405.372.000.000 Dollar
(mehr als 44 Billionen Dollar)

**Goldman Sachs:**
Vermögenswert: 114.693.000.000 Dollar
(über 114 Milliarden Dollar)
Insgesamt in Derivaten: 41.580.395.000.000 Dollar
(mehr als 41 Billionen Dollar)

## Deutsche Rente soll an Goldman Sachs gehen

Wer noch immer schläft und nicht aufgewacht ist, dem ist wohl nicht mehr zu helfen. Selbst wenn man noch nicht alle wahren Hintergründe und Ursachen verstanden hat, sollte man sie akzeptieren. Die bevorstehende Krise ist kein Zufall, sondern wurde schon lange geplant. Jetzt muss massiv Widerstand erfolgen, sonst ist es zu spät.

## Schäuble will die Renten an Sachs abtreten

Schäuble will die Renten der Deutschen an die Bank Goldman Sachs abtreten. Auf diese Weise wäre der Wohlstand gesichert. Weil die Konjunktur schwächelt und die Eurokrise weiter zunimmt, will Schäuble auch die Steuern erhöhen und die Renten kürzen. Für den BRD-Bürger ändert sich natürlich noch wenig, weshalb er weiterschläft. Was nicht zu sehen ist, kann ja nicht existieren, so funktioniert das Gehirn eines Normalverdummten. Erst wenn die Masse merkt, was geschieht, kann es zum Aufstand kommen. Aufgrund der Rettungsverträge haftet die BRD für alle EU-Staaten. Doch die Verschuldung entstand erst, weil Goldman Sachs und die Rothschilds den Bürgern über die EZB Billionen von Euros gestohlen haben, um sie ihnen mit Zins- und Wettaufschlägen zurückzuleihen. Beinahe alle Städte und Gemeinden haben mit den Märkten gewettet und hierbei Billionen von Schulden angehäuft. Dabei mussten die Städte und Gemeinden im Rahmen der CBL-Tributverträge

Leasingkosten in dreistelliger Milliardenhöhe an Rathäuser, Wasserwerke und Straßenbahnen bezahlen. Die Unternehmen der BRD wurden de facto von der Einkommensteuer befreit. Derlei Unternehmen wurden von den Wall-Street-Instituten aufgekauft und ausgeschlachtet. Dafür gewährte man ihnen Milliardenkredite.

Da die Kaufsumme meist doppelt so hoch war, steckten die Investoren die eine Hälfte selbst in die Tasche. Und natürlich werden die Bankkredite nicht mehr durch den Staat bedient, wodurch eine erneute Bankrettung von anderer Seite notwendig wird. Die Bankrettung wird dann natürlich vom Normalbürger und zukünftig vor allem von Rentnern bezahlt. Wie hoch die Wettschulden der BRD an Goldman Sachs und die Rothschilds sind, bleibt geheim. Die EZB darf die Papiere über die Entstehung der Finanz- und Schuldenkrise der Öffentlichkeit vorenthalten. Das sagte ein Gericht der Europäischen Union. Die Verbreitung dieser Information würde das Vertrauen in die öffentlichen Einrichtungen und in die Wirtschaftspolitik der EU gegenüber Griechenland beeinträchtigen, begründete die Richterkammer ihr Urteil. Natürlich werden die Wettsummen in Billionenhöhe nicht sofort und nicht in voller Höhe fällig, sondern nur in der jeweiligen Höhe, die ausreicht, um neue Steuererhöhungen zu rechtfertigen. Somit bleibt der Sklaventribut bis in alle Ewigkeit verzinslicht bestehen. Die Wetten laufen weiter und generieren neue Schulden. Schöne Aussichten für politisch korrekte BRD-Bürger! Es ist nicht so, dass der BRD-Kanzler, die Minister oder sonstige Politiker etwas zu sagen hätten, denn sie haben sich bei Goldman Sachs und den Rothschilds verpflichtet. Mit diesen Geldern wird das Bankensystem finanziert. Und das alles unter dem Vorwand von Solidarität mit Südeuropa, zulasten der Mittelschicht. Noch heute tauscht sich Draghi, ehemals Goldman-Sachs-Direktor, mit seinen Investmentbankern aus. Draghis Sohn ist als Zinshändler bei Morgan Stanley angestellt und Draghi selbst wurde als EZB-Präsident aufgestellt. Dibelius ist Direktor und persönlicher Lobbyist von Merkel. Er überbringt Blankfeins Forderung und Merkel liefert die Deutschen als Sklaven und deren Vermögen.

Karl Lauterbach plauderte aus, was nicht an die Öffentlichkeit dringen sollte, nämlich dass zusätzliche Entscheidungsträger ins Gesundheitsministerium geholt werden sollen. Zitat: „Wir entscheiden im Gesundheitswesen über die direkte oder indirekte Verteilung von 200 Milliarden Euro pro Jahr selbst." Auf jeden Abgeordneten kommen 50 Lobbyisten. Die Lobbyisten haben Merkel und Schäuble dazu gebracht, dass der Staat mit Banken in immer höherem Maße Wettrisiken eingeht, damit erneuter Finanz- bzw. Rettungsbedarf notwendig wird. Die Banken brauchen dazu fast eine halbe Billion Euro. Sie sollten sich besser gegen Risiken absichern. Eine ähnliche Entwicklung halten Schäubles Leute auch bei der Eurorettung für möglich. Die Finanzminister kamen zu dem Schluss, dass man an anderer Stelle kürzen müsse. Wovor Eurokritiker stets warnten, räumt Merkels Regierung nun erstmals ein. Die Erklärung lautete: Renten weg, Staatsapparat gesichert. Den Parteien CSU, FDP, SPD, Grünen und Linken wurde das Privileg zuteil, die Deutschen schuften zu lassen und ihr Vermögen auf direktem oder indirektem Weg zu rauben, indem man Steuern auf Renten und Pensionen erhebt sowie Eigentum mit Zwangshypotheken belastet.

**Was ist ihr Ziel?**

**Erstens**
Die Errichtung einer Eine-Welt-Regierung, welche von einer oligarchischen Elite dominiert wird.

## Zweitens

Die Einführung einer elektronischen und globalen Währung, um die Menschheit in zwei Lager zu spalten: Sklaven und Sklavenhalter.

## Drittens

Implantierung eines RFID-Chips mit allen relevanten biometrischen und persönlichen Daten sowie die Verknüpfung mit unserer elektronischen Währung, um die totale Kontrolle zu erlangen.

## Viertens

Die Bevölkerung soll reduziert und die Rohstoffverwaltung erleichtert werden.

Die Elite verfolgt ihr Ziel mit drei strategischen, simultan ablaufenden Schachzügen. Sie wird eine internationale Finanzkrise auslösen, die in einen ökonomischen Kollaps münden wird. Der Euro und der Dollar werden entwertet und Millionen Menschen in Europa und den USA verlieren ihren Job und die Ersparnisse. Sobald der Protest anwächst, werden die Provokateure eine chaotische Lage herbeiführen, um das Kriegsrecht und die Militärpräsenz zu rechtfertigen. Allerdings wird der Zusammenbruch Europas und der Vereinigten Staaten unterschiedlich ablaufen. In Europa wird man die Idee propagieren, dass kein souveränes Land die Krise allein überstehen kann. Eine europäische Regierung wird ins Leben gerufen. Die Souveränität wird auf ein Minimum reduziert, während öffentliche und staatliche Einrichtungen zusehends privatisiert werden. Großkonzerne werden traditionelle Staatsaufgaben übernehmen. Politiker und Banker werden vor ein Scheingericht gezerrt. Die Protestführer werden von der Elite medial beworben und kontrolliert. Ein scheinbar demokratischer europäischer Staat wird errichtet, was die USA in eine Krise stürzen wird. Es folgen viele Kriegsverbrechen und Massaker. Die US-Regierung wird das Kriegsrecht verhängen und FEMA-Camps werden errichtet. Es folgen Massenverhaftungen und Repressalien. Ein Polizeistaat entsteht.

Der ökonomische Kollaps führt Europa und die USA in die Zwangsarbeit. Die Ärmsten werden gezwungen, für den Staat zu arbeiten, und bekommen dafür nur Nahrung und eine Unterkunft. Die asozialsten Individuen werden ausgewählt, um als Soldaten und Polizisten die Bevölkerung zu kontrollieren und zu unterdrücken.

**Phase 1**

Die erste Phase birgt regionale Konflikte. Während des Finanzkollapses und der wachsenden Bevölkerungskontrolle nehmen die regionalen Konflikte im Mittleren Osten sowie in Afrika und Lateinamerika rasant an Fahrt auf. Zur selben Zeit werden Stellvertreterkriege und Terrorattacken unter falscher Flagge ausgelöst, was zum Börsencrash und zum Wirtschaftszusammenbruch führt. Eine biologische Terrorattacke würde den Beginn einer neuen Epidemie markieren. Während dieser Phase werden sich die Großmächte noch nicht direkt konfrontieren, wie es bei den Stellvertreterkriegen in Vietnam, Korea und Afghanistan der Fall war.

**Phase 2**

Inmitten des Finanzkollapses startet die zweite Strategie: eine Epidemie mit Gesundheitskrise. Eine Epidemie wird ausgelöst, um den Prozess der Bevölkerungskontrolle zu beschleunigen. Die Medien spielen diese Situation künstlich auf und generieren eine Massenpanik. Jegliche Demonstrationen werden unter dem Vorwand des Schutzes vor der Epidemie untersagt. So könne sie sich weniger verbreiten. Mit zunehmender Ausweitung der Epidemie werden die Behörden behaupten, dass ein implantierter Chip (RFID) der einzige Weg sei, um weitere Ausbrüche zu verhindern.

Der implantierte Chip wird zur Speicherung aller personenbezogenen Daten des physischen und psychologischen Profils sowie als elektronisches Zahlungsmittel verwendet. Die Regierungen werden behaupten, dass das Geld zur Verbreitung der Epidemie beiträgt. Geld wird aufhören zu existieren.

## Die Bürger werden angehalten, Folgendes zu akzeptieren

Danach wird der Chip das einzig legitime Zahlungsmittel sein. Außerdem ermöglicht er den Zugang zu staatlicher und medizinischer Versorgung. Kein Implantat zu besitzen, käme einem Todesurteil gleich. Mit dem Cloud-Computing-System wird der RFID-Chip zum Ausgangspunkt für die ultimative Massenkontrolle. Alle Informationen werden dann in einem Datencenter zusammengefasst, das sich unserer Kontrolle entzieht. Der Chip, kombiniert mit der monopolisierten Struktur des Internets, wird damit zum Orwellschen „Big Brother".

## Während Phase 2 wird der Dritte Weltkrieg ausgelöst

Nach mehrjährigen regionalen Konflikten und der totalen Bevölkerungskontrolle bricht der bereits geplante Dritte Weltkrieg aus. Gewaltsam eingezogene Teile der Bevölkerung werden in einen chaotischen und zerstörerischen Krieg geschickt. Nukleare, chemische und biologische Massenvernichtungswaffen kommen in mehreren Städten zum Einsatz, um die Bevölkerung zu reduzieren.

## Der Plan für den Dritten Weltkrieg

Die Zahlungsfähigkeit der Notenbank ist bedroht. Doch um die Hintergründe des kommenden Dritten Weltkriegs und die Ausrufung des Kriegsrechts zu verstehen, müssen wir in die Vergangenheit gehen.

## Die Geburt des Petrodollars

Im Jahr 1944 wurde ein neues Wechsel- und Währungssystem eingeführt. Das Bretton-Woods-Abkommen wurde während einer Konferenz des Währungs- und Finanzausschusses der USA entwickelt, das vom 1. bis zum 22. Juli 1944 in New Hampshire stattfand. Die Konferenz begründete den Dollar als weltweite Leitwährung. Die Rockefellers schwelgten in ihrem neuen Glück. Das Ergebnis der Konferenz war, dass alle Staaten, die im Nahen Osten Öl kaufen, zuerst US-Dollars kaufen müssen. Amerika genoss eine stabile Währung abzüglich einer Inflationsrate von circa 5 Prozent pro Jahr, die als formelle Steuern in die Tasche der FED flossen. Die alte Garde der FED arbeitete von 1910 bis 1971 daran, die Wirtschaft vom Goldstandard zu lösen und die Schuldknechtschaft des amerikanischen Volkes durchzusetzen. Der syrische Krieg ist lediglich ein Vorgeschmack auf das, was folgen wird. Nach der syrischen Unterwerfung werden Angriffe auf die USA, Israel, England und den Iran folgen. Der Iran ist der Preis, den die FED bezahlen muss, um ihr Wirtschaftssystem am Laufen zu halten.

## Warum sich jeder Amerikaner mit diesem Thema befassen sollte

Der Dollar ist genauso gefährdet wie Ihr Bankkonto, Ihr Arbeitsplatz, Ihr Benzin, Ihre Medizin, Ihre Lebensmittel oder Ihr Wasser. Der verbrecherischen Logik nach könne der Dollar nur durch einen Krieg gerettet werden.

## Am Abgrund des Dritten Weltkriegs

Syrien ist der erste Dominostein, dessen Fall das gesamte Leben auf dem Planeten bedroht. Die Unterwerfung Ägyptens und Libyens waren nur Vorspiele. Der eigentliche Akt wird ein paar Monate später mit der US-Invasion Syriens beginnen. Diesmal wird die Ausrede sein: die Menschheit vor (chemischen) Massenvernichtungswaffen zu schützen. Die USA streben indirekt einen Syrienkrieg an. Dieser Krieg wird viel schrecklicher als der Irak- oder der Afghanistankrieg werden, denn die Rettung des Dollars ist ein Spiel mit hohem Einsatz – dem Einsatz der Kinder und der gesamten Menschheit. Der Beweis für einen unmittelbar bevorstehenden Krieg ist die Behauptung, dass Syrien chemische Waffen besitzen soll. Dabei ist der Iran das eigentliche Ziel, denn der Iran tut das Undenkbare: Er verkauft sein Öl an Russland, China und Indien, was sich gefährlich auf den Dollarfortbestand auswirkt.

## Zuerst Syrien, dann Iran

Bevor man in den Iran einmarschieren kann, muss Syrien besetzt und durch US-NATO-Truppen gesichert werden. Nur so können die Amerikaner und ihre Verbündeten ihre Invasion auf den Iran starten. Wir werden sehen, dass von Syrien aus Luftangriffe über den Nordirak geflogen werden.

Die Besetzung Syriens würde eine Bedrohung für die Russen und ihre Streitkräfte darstellen. Russland käme in den Zielbereich von amerikanischen Kurz- und Langstreckenraketen. Die Raketen wären sicher mit nuklearen Sprengköpfen bestückt. Obendrein hätten die USA genug Zeit, um den Iran zu besetzen, bevor Russland oder China handeln könnten. Die USA wollen verhindern, dass China und Russland ihre Atomwaffen starten können.

## Die unerwarteten Wendungen des kommenden Weltkriegs

Man geht davon aus, dass sich die Chinesen auf Taiwan zubewegen und Nordkorea seine Atomraketen gegen Japan starten lassen. Es ist auch möglich, dass die Russen über Alaska in die USA eindringen oder dass sich die Chinesen über Zentralamerika nähern, vorausgesetzt, sie kontrollieren den Panamakanal und haben ihre Truppen in Mittelamerika und Mexiko postiert. Und wenn es wirklich bis zum Äußersten kommt, könnten alle Länder ihre Interkontinentalraketen und ihre Atomraketen von entsprechenden U-Booten abfeuern.

### Der Iran ist der Staatsfeind Nummer eins

## Die Russen und die Chinesen haben die USA gewarnt

Der Grund, einen Krieg zu beginnen und diesen der amerikanischen Öffentlichkeit als zwingend nötig zu verkaufen, ist die eine Sache. Den Krieg zu gewinnen, ist jedoch etwas völlig anderes. Wie ernst meinen es die Chinesen und Russen? Und könnten sie den USA standhalten? Der Präsident Hu und

Generalmajor Zhang Zhaozhong drohen mit einem Nuklear-
krieg, falls Truppen der USA in den Iran einmarschieren.

## Die Dämmerung des American Empire

Die Amerikaner befinden sich in einer kniffligen Lage. Sie
können der Drohung der Russen und der Chinesen nicht
einfach nachgeben, da sonst der Dollar zusammenbricht.
Doch sollten die Amerikaner nach Syriens Übernahme in den
Iran einmarschieren, haben Russland und China mit Vergel-
tung gedroht. Es ist möglich, dass die Amerikaner und die
Chinesen von anderen Mächten auf ihre Entschlossenheit getestet werden. Die Federal Reserve wird auch diesmal keinen
Rückzieher machen. Ihre Akteure haben bereits Gaddafi und
Hussein getötet. Sie werden nicht von den Iranern, den Chinesen oder den Russen zurückschrecken. Und danach wird es
weitere Anschläge unter falscher Flagge geben und jeder wird
schrecklicher als der andere sein. Man muss kein Genie sein,
um zu spekulieren, dass das letzte False-Flag-Event ein Nukle-
aranschlag sein wird, und dann bricht die Hölle los.

## Fazit

Eines ist klar: Hände weg von dem Iran oder der Dritte Weltkrieg kommt! Doch glaubt jemand, dass die FED einfach
abwartet? Könnte der bevorstehende Dritte Weltkrieg nicht
der Grund sein, warum so viele Banker die Vereinigten Staaten verlassen? Sobald man das Ziel der Globalisten verstanden
hat, wie es beim Bombenanschlag des Bostoner-Marathons
der Fall war, das Kriegsrechts plötzlich Sinn macht.

## Die Verkündigung eines „Weltfriedens" markiert den Beginn von Phase 3

Wir befinden uns am Rand der Versklavung und Zerstörung. Wir werden von Psychopathen ohne jeglichen Respekt für menschliches und tierisches Leben regiert. Diese Elite ist skrupellos und korrupt. Doch es gibt vier Ziele, die wir uns als Volk stets vor Augen führen sollten.

### Erstens

Polizei und Militär müssen das Volk und nicht die Elite schützen. Die Regierung sollte sich vor ihren Bürgern fürchten und nicht umgekehrt.

### Zweitens

Die Massenmedien müssen attackiert und diskreditiert werden. Die verbreiteten Lügen der Eliten müssen aufgedeckt und widerlegt werden.

### Drittens

Die politische Klasse, welche den Weltverschwörern in die Hände spielt, muss ausnahmslos zur Rechenschaft gezogen und bestraft werden. Sie muss die Macht und das Fürchten ihres eigenen Volkes kennenlernen.

### Viertens

Der RFID-Chip muss unbedingt verhindert werden.

# Der genaue Fahrplan
*Quelle: Ruben Stein*
*(Der dritte Weltkrieg kommt)*

**Books on Demand 2015**
*ISBN 978-3-7392-9063-8/S. 13*

## Die Zeit vor dem globalen Bankencrash

### 2015 bis Herbst 2019
Europa leidet unter eingeschleppten Seuchen aus Afrika sowie steigenden Steuern und Abgaben. Es herrscht große Inflation. Geld verliert zusehends an Wert.

### 2017
Der Nachfolger von Angela Merkel wird wahrscheinlich ein Mann sein. Eventuell Olaf Scholz?

### Herbst 2019
Der Zusammenbruch des globalen Finanzsystems.

### 2020
In diesem Jahr werden Lebensmittelgutscheine ausgehändigt.

### Frühsommer 2022
Hunger und bürgerkriegsähnliche Unruhen brechen aus. Im Frühsommer 2022 kommt es in Deutschland schließlich zur Revolution.

### Frühsommer 2022
In der Türkei wird es einen Terroranschlag mit dreitausend Toten geben.

**Hochsommer 2022**
Noch während der Revolution überfällt Russland im Hochsommer 2022 Deutschland. Es herrscht Krieg.

**Hochsommer 2022**
Krieg mit nuklearen und chemischen Waffen.

**Spätherbst 2022**
Der Krieg wird natürlich beginnen und übernatürlich enden.

## Zusammenfassung und Ausblick
*Quelle: Armin Risi*
*(Machtwechsel auf der Erde)*
*Siebte Auflage 2006/ISBN 978-3-453-70054-4/S. 355-356*

Bevor dieser Tag kommt, müssen noch viele Dinge geschehen. Die meisten Menschen werden in dieser Zeit von Gott abfallen und den falschen Propheten, das zweite Tier, anbeten. Er wird die Menschheit mit Wundern blenden. In dieser Zeit wird das Herz bei vielen bereits erkaltet sein. Das zweite Tier - der falsche Prophet und König des Nordens - wird aus dem Volk Israels kommen und in Europa auftreten. Das zweite Tier wird vom ersten unterstützt. Das erste Tier - der Diktator und König des Ostens - wird in China auftreten und seine 666er Diktatur einführen.

# Aufstieg, Befreiung und göttlicher Schutz
*Quelle: Armin Risi*
*(Machtwechsel auf der Erde)*
*Siebte Auflage 2006/ISBN 978-3-453-70054-4/S. 357-358*

Bald wird eine schlimme Drangsalzeit kommen. Für jene, die die Wahrheit wählen, werden die Tage verkürzt. Doch Menschen mit dem Gottessiegel auf der Stirn werden von den Gewaltaktionen und Katastrophen verschont bleiben. Das Gottessiegel darf jedoch nicht mit dem Mal der 666er Diktatur verwechselt werden. Erst wenn die Not der breiten Bevölkerung unerträglich wird, erscheint überirdische Hilfe. Dann wird das Zeichen des Menschensohns am Himmel erscheinen. Weltweit werden die Völker jammern und klagen, wenn der Menschensohn in seiner Herrlichkeit auf den Wolken des Himmels erscheint. Von zwei Frauen wird die eine entrückt, die andere bleibt zurück.

# Was bedeutet „erwählt"?
*Quelle: Armin Risi*
*(Machtwechsel auf der Erde)*
*Siebte Auflage 2006/ISBN 978-3-453-70054-4/S. 358-359*

Es existiert Licht und Dunkelheit. Ob wir den Lichtweg oder die Dunkelheit wählen, entscheiden wir selbst. Begegne allen in wahrer Liebe und liebe den Allmächtigen aus tiefstem Herzen. Zu den Erwählten zu gehören heißt, in eine höhere Daseinsebene aufzusteigen. Viele, die ein Gottesbewusstsein in sich tragen, sind berufen und müssen verschiedene Aufgaben erfüllen. Die einen erleben ihre Transformation. Andere sind erwählt, jedoch nicht für einen Aufstieg, sondern für weitere Aufgaben auf Erden und in der geistigen Welt. Wieder andere gehen ins zeitlos-ewige Bewusstsein ein.

# Die Türöffnung für die Transformation
*Quelle: Armin Risi*
*(Machtwechsel auf der Erde)*
*Siebte Auflage 2006/ISBN 978-3-453-70054-4/S. 360-362*

Die Menschheit ist immer tiefer ins Grobstoffliche gesunken. Zeit ist mit Raum untrennbar verbunden, doch auch Materie durchläuft Veränderungen – etwa beim Tod und dem Wechsel vom Diesseits ins Jenseits. Der Tod gehört zur dreidimensionalen Welt. Wesen in höheren Sphären kennen keinen physischen Tod. Sie müssen ihren Körper nicht wie wir verlassen, um wiedergeboren zu werden. Durch die Türöffnung Jesu sind viele Menschen nun befähigt, den Weg des Aufstiegs zu gehen. Dies war Jesus' Botschaft, als er sagte, er werde hingehen und seinen Erwählten eine Wohnung bereiten. Dann werde er wiederkommen und sie zu sich nehmen: „In meines Vaters Haus sind viele Wohnungen." Die Entrückung wird mit einer großen Anzahl sterbender Menschen in der irdischen Welt einhergehen. Danach tritt das erste Tier die Weltherrschaft an.

## Bio-psychologische Kriegsführung
*Quelle: Internet*

Jeder hat schon mal von biologischer Kriegsführung gehört. Man vergiftet das Wasser des Feindes oder verbreitet Viren und Bakterien. Das ist ja nichts Neues. Aber haben Sie sich schon mal gefragt, wo diese Kampfstoffe getestet werden? Im Jahr 1950 hatte die US-Navy die Tauglichkeit biologischer Waffen zum Angriff und zur Verteidigung geprüft. Während der sechs Tage wurde San Francisco mit einem serratia-ähnlichen Bakterium eingenebelt. Der Navy war bekannt, dass die Bakterien eine Art Lungenentzündung auslösen.

Sie enthüllte weiter, dass von 1949 bis 1969 239 weitere Versuche auf amerikanische Städte durchgeführt wurden, 80 davon mit Keimen. Das heißt, vier Angriffe pro Jahr während 20 Jahren. Die Versuche wurden nach 1969 eingestellt. Die USA wurden aber nicht nur mit Keimen, sondern auch mit etwas viel Wirksamerem beschossen.

## ELF-Wellen

Wie die NBC am 16. Juli 1981 bekannt gab, wurde der Nordwesten der USA mehrere Jahre lang mit Niederfrequenzwellen der Sowjets bombardiert. Die Radiowellen wurden auf das Niveau von biologisch-elektrischer Frequenz eingestellt. Sie werden als ELF-Wellen bezeichnet (Extremely low Frequencies = extrem niedrige Frequenzen). Diese Wellen wurden von Nikola Tesla entdeckt. Im Jahr 1884 kam Nikola Tesla zu Edison, trennte sich aber wegen geteilter Ansicht über Elektrizitätserzeugung bald wieder. Danach entschied er, mit George Westinghouse zusammenzuarbeiten. 1892 wurde das von Tesla konstruierte und von Westinghouse erbaute Wechselstromkraftwerk an den Niagarafällen erstmals in Betrieb genommen. Kurze Zeit später katapultierte sich Tesla in einen wissenschaftlichen Superraum, in den ihm kein Lebender folgen konnte. Das Genie wurde von dem Banker J.P. Morgan finanziert. Schließlich begann Tesla das Energiefeld des Äthers anzuzapfen, welches die Erde umgibt und den Raum erfüllt. Daraus konnte er kostenlose Energie gewinnen. Gleichzeitig nutzte er das Energiefeld zur Kommunikations- und Energiefortleitung. Energiequellen wie Kohle, Öl und Wasserkraft würde man fortan nicht mehr brauchen. Auch Schiffe, Automobile, Flugzeuge, Fabriken und Häuser könnten die Energie direkt vom Äther entnehmen.

Da wurde J.P. Morgan plötzlich bewusst, dass er die Kontrolle über die Elektrizität sowie über Öl, Benzin und Kohle verlieren würde. Deshalb ließ er Teslas Erfindungen in Colorado Springs zerstören. Bis vor seinem Tod 1943 hatte Tesla viele revolutionäre Erfindungen hervorgebracht. Eine davon war der Bau eines Solid-State-Converters. Dieser Converter wurde in eine Luxuslimousine mit Elektromotor eingebaut und erbrachte dieselbe Fahrleistung wie ein Benziner. Das Auto wurde eine Woche mit 130 km pro Stunde testgefahren. Brennstoffkosten = NULL! Das Gerät in der Größe einer Weinkiste produzierte genug Energie, um einen ganzen Haushalt zu versorgen! Mit der Erschütterung des Tachyonenfeldes konnten künstliche Erdbeben erzeugt werden. Neben dem Patent zur Fernsteuerung von Fahrzeugen gehörte auch die kabellose Energieübertragung dazu.

## Bewusstseinskontrolle

Dann gab es noch eine weitere interessante Entdeckung über die Niederfrequenzwellen, was als Tesla-Effekt bezeichnet wird. Setzt man ein Tachyonenfeld den ELF-Wellen aus und richtet diese auf Menschen, kann es zur Entkopplung elektrischer Funktionen im Gehirn kommen und schwere Wachzustandsstörungen werden ausgelöst. Dieser neurologische und physiologische Eingriff bewirkt eine geistige Beeinträchtigung und macht die Menschen suggestibler. Dass dieser Effekt von den Angreifern gewünscht war, konnte man aus der Associated Press vom 20. Mai 1983 entnehmen. Dort hieß es, dass die UdSSR seit 1960 eine als LIDA bekannte Vorrichtung verwende, um das menschliche Verhalten mit niederfrequenten Radiowellen zu beeinflussen. Die LIDA wurde in der UdSSR zur Ruhigstellung von Patienten eingesetzt.

Aber mit der LIDA konnte man auch Neurosen, Bluthochdruck, Aggressionen und Depressionen hervorrufen. Ebenso konnte man Personen, Städte und sogar ganze Landstriche der Sowjetunion und der USA bestrahlen, um bestimmte Verhaltensweisen hervorzurufen. Die Defense Intelligence Agency bestätigte, dass es mit dem Gerät möglich wäre, Schlaganfälle, Herzversagen, epileptische Anfälle usw. auszulösen. Als die Botschaft in Moskau nach Wanzen abgesucht wurde, entdeckten die US-Agenten einen Mikrowellenstrahl. Die CIA fand heraus, dass man mit diesem Strahl Kopf- und Augenschmerzen sowie Erbrechen, Müdigkeit, Schwindel, Reizbarkeit, Angst, Depressionen, Schlafstörungen, Gedächtnislücken und sogar Krebs hervorrufen kann. Laut Brzezinski weist das US-Personal in Moskau die höchste Krebsrate auf. Trotz der Aufforderung des amerikanischen Präsidenten Lyndon Johnsen an den russischen Premirminister Alexis Kossygin wurde das Bombardement jedoch fortgesetzt. Die Waffen haben einen Wirkungskreis von mindestens 2.500 Kilometern.

## Psychotronik-Waffen/Mind-Control-Waffen

Durch den Einsatz von Psychotronics ist es möglich, das Wachbewusstsein von Soldaten zu verändern. Können Sie sich noch an die Bilder des Golfkriegs erinnern, als Tausende irakische Soldaten aus ihren Schützengräben stiegen, um sich Journalisten zu ergeben, die sie trotz deren weißer Fahne für Soldaten hielten? Heute sind die Militärexperten überzeugt, dass nicht die schlechte Versorgung von Saddam Husseins Truppen die Kapitulation bewirkte, sondern die Psychotronik- und Mind-Control-Waffen. Mit diesen Waffen kann die Angriffslust verringert oder Krieg, Unruhe, Kollektivselbstmord, Hass und Fanatismus herbeigeführt werden.

Auch der HAARP-Antennenwald in Alaska wäre geeignet, um ein Psychotroniksignal durch Mind-Control an jeden Punkt der Erde zu senden. Kann man da noch ausschließen, dass beim Anschlag am 9/11 solche Waffen noch nicht im Einsatz waren?

## Elektromagnetische Pulswaffen

Die Fachzeitschrift „Aviation Week & Space Technology" berichtete, dass das US-Verteidigungsministerium Raketen mit Geräten ausrüste, die in der Lage wären, elektromagnetische Pulse (EMPs) zu erzeugen. Damit kann man den Feind außer Gefecht setzen, ohne sich atomarer, biologischer oder chemischer Komponenten zu bedienen. Mit diesem Waffentyp will man das elektronische System des Feindes ausschalten.

## Wetterkriegsführung

Ein weiteres Thema ist die Wetterkriegsführung. Bevor wir uns diesem Thema widmen, sollte das Wetter allgemein betrachtet werden. Wir nehmen meist an, dass unser Hauptproblem mit dem Wetter auf die Tatsache zurückzuführen ist, dass sich die Erde allmählich abkühlt, während die Verdoppelung des $CO_2$-Ausstoßes zugleich eine Aufheizung der Atmosphäre bewirkt und den Treibhauseffekt verursacht.

## Manipulierte Klimakatastrophe

Heute besteht eine riesige Diskrepanz zwischen der postulierten Klimakatastrophe und der Realität. In einem Artikel von Jonathan Kahl konnte man lesen, dass die Anzeichen für eine Treibhauserwärmung im Arktischen Ozean der letzten 40 Jahre fehlen.

Die Zirkulationsmodelle würden eine verstärkte Treibhauserwärmung prophezeien, doch die Fakten sprechen eine andere Sprache: Die Forscher betrachteten Temperaturmessungen in der unteren Troposphäre und der Arktis von 1950 bis 1990. Sie hatten 27.000 Temperaturprofile erstellt und analysiert. Die meisten waren statistisch nicht signifikant. Man konnte keine großflächige Oberflächenerwärmung feststellen, wie viele Klimaforscher sie behaupten. Vielmehr entdeckte man im westlichen Teil der Arktis eine signifikante Abkühlung. Die Abweichung zeigte, dass die üblichen Klimamodelle, welche die Polargebiete betrafen, die Realität nicht richtig wiedergaben. Und Moira Timms schreibt in „Der Zeiger der Apokalypse", dass Überwachungsstationen am Polarkreis berichten, dass die Temperatur in den letzten 30 Jahren um mehr als 6° C gefallen ist. Es wäre jedoch vorschnell, anzunehmen, dass die Treibhausmodelle damit widerlegt seien. Die Modelle lassen sich weder durch Messdaten noch durch andere wissenschaftliche Fakten widerlegen. Klimamodelle sind soziologisch-manipulative Instrumente, die es den Akteuren erlauben, mit Katastrophenszenarien ein maximales politisches Potenzial zu entfalten. Ein anderes Thema, über das fast nie geschrieben wird, ist das Eintreten einer neuen Eiszeit. Es gibt zahlreiche Meteorlogen und Geologen, die über Jahrzehnte Gesteins- und Bodenproben prüften sowie andere Tests durchführten, und zu dem Schluss kamen, dass sich in den nächsten 50 Jahren eine Eiszeit bemerkbar machen müsste. Die Eiszeit träte unabhängig vom Treibhauseffekt und unserer Umweltverschmutzung ein. Schon in wenigen Jahrzehnten würde die zunehmende Kälte die Erderwärmung ausgleichen. Noch beunruhigender wird es, wenn man weiß, dass nur ein Prozent weniger Sonnenlicht die Eiszeit auslösen könnte.

Doch eine reduzierte Sonneneinstrahlung durch die Umweltverschmutzung wäre nicht so beunruhigend, wie wenn ein gigantischer Vulkan ausbrechen und mit seiner Asche den Himmel verdunkeln würde. Die Staubwolke könnte über viele Jahre in der Stratosphäre verweilen und die Bodentemperatur um mehrere Grad absinken lassen. Sie sollten den Medien zum Thema „Klimawandel durch Umweltverschmutzung" nicht alles glauben. Es ist ratsam, auch mal die Gegenseite anzuhören.

## Wettermanipulation

Solange wir kein vollständiges Wissen über die natürlichen Klimaveränderungen haben, sind Versuche, das Klima künstlich zu ändern, gefährlich. 1975 liefen in Amerika neun Wettermodifikationsprogramme und 66 Programme an anderer Stelle, die dazu dienten, das Klima durch Besprühen der Wolken mit Kondensationskeimen sowie durch Hagelunterdrückung, Nebelzerstreuung, Beeinflussung der Hurrikans, Ablenkung der Schneestürme, Umleitung von Schneefall, Erdbeben und Flutwellen, Unterdrückung von Blitzen usw. zu manipulieren.

## Wetterdiebstahl

Wetterdiebstahl mit einer solch komplizierten Technologie könnte zum Krieg führen. Wenn Menschen versuchen, in die Naturgewalten einzugreifen, müssen sie auch die Konsequenzen tragen. Leider gibt es kein internationales Gesetz, das die Manipulation am Wetter verbietet. Dabei betrifft jeder Eingriff immer zwei Regionen, denn eine Verbesserung des Wetters an einem Ort ist nur dann möglich, wenn man es an einem anderen Ort beeinträchtigt.

Die Republik Honduras beschuldigte die USA 1973, ihr den Regen zu stehlen und eine große Dürre zu verursachen, weil die sie den Hurrikan FIFI künstlich umleiteten, um die Tourismusindustrie Floridas zu retten. Der Hurrikan hatte den größten Sturmschaden in Honduras angerichtet. Das von Dürre geplagte El Salvador erhob ähnliche Anklagen, ebenso die Japaner, welche glaubten, dass die Taifun-Berieslung in Guam ihnen den lebenswichtigen Regen stehle. Auch Rhodesien und Israel wurden von benachbarten Nationen des Regendiebstahls beschuldigt.

## El Niño und die Militärs

Weiterhin gibt es Beweise, dass die massiven wetterbedingten Zerstörungen, die 1982 und 1983 durch El Niño im Pazifischen Ozean stattfanden, von den Sowjets durch einen Eingriff in die Ionosphäre verursacht wurden. El Niño ist eine Wetterstörung der natürlichen Art. Das Phänomen ist im pazifischen Raum zu finden und tritt circa alle zehn Jahre auf. In der Regel verursacht es schwere Regenfälle über kleinere Teile Perus und einer begrenzten Zone westlich von Südamerika. Jedoch waren beim El Niño in den Jahren 1982 und 1983 die Auswirkungen drastisch verändert. Die Ost- West-Passatwinde gerieten in einen Stau und bewirkten, dass das warme Wasser, das normalerweise nach Asien floss, wieder zurückfloss und sich westlich von Südamerika staute. Die Passatwinde wehten plötzlich in umgekehrter Richtung und brachten gewaltige Regenfälle nach ganz Peru und Trockenheit nach Australien. Dabei entstanden im Süden Kaliforniens, an der Westküste Nordamerikas und Alaskas Erdbeben, Schlammlawinen und Tornados.

Diese Beispiele zeigen die Folgen der ELF-Wellen, die in die Erde und in die Ionosphäre gestrahlt werden, um gigantische

Wellen zu erzeugen und Staus der Ost- und West-Passatwinde zu verursachen. Dr. Michrowski schrieb, dass es den Sowjets von 1976 bis 1977 gelungen war, die genaue Resonanz der Erde festzustellen, um stabile örtliche Wellen zu erzeugen und die Jetströme über der Nordhalbkugel zu hemmen. Eine gezielte Klimaveränderung durch ELF-Wellen beeinflusst nicht nur unser Wetter, sondern auch den Rhythmus von Mensch und Tier. Vogelschwärme würden ihre Nistplätze nicht wiederfinden und Wale durch veränderte Meeresströmungen die Orientierung verlieren, wie es bereits der Fall ist.

## HAARP

Seit ungefähr zehn Jahren folgt Wetterkatastrophe auf Wetterkatastrophe. In verschiedensten Gebieten der Erde finden Überschwemmungen, Dürreperioden und Erdbeben statt. Eine dafür mögliche Ursache könnte die HAARP-Anlage in Alaska sein. Nikola Tesla, der 1884 nach Amerika auswanderte, träumte davon, die Ionosphäre künstlich zu manipulieren. Er war überzeugt, dass es in der Ionosphäre eine elektrisch leitende Schicht gibt, die man zur Energieübertragung nutzen kann. Diese Idee wurde vom Militär durch das High-Frequency-Active-Auroral- Research-Programm neu aufgegriffen. Seit Jahren werden nun Hochfrequenzwellen in die oberste Schicht der Atmosphäre geschickt. In einem abgelegenen Wäldchen Alaskas, nördlich von Gakona, ragen riesige Antennen in den Himmel. Mit einer Gesamtleistung von 100 Milliarden Watt ist HAARP das modernste, leistungsfähigste, flexibelste elektromagnetische Waffensystem, das je gebaut wurde.

Die wissenschaftlichen Grundlagen lieferte Eastlund, der aber schon bald die Kontrolle über seine Patente verlor. In den US-Patentschriften kann man nachlesen, dass Wettermanipulation durch veränderte Wind- und solare Absorptionsmuster in der Atmosphäre möglich wäre. Ein Dokument mit der US-Patentnummer 4.686.605 besagt, dass Veränderungen der Erdatmosphäre, der Iono- und Magnetosphäre sowie die globale Wettermanipulation schon längst keine Fiktion mehr sind. Und in einem weiteren Dokument mit der Patentnummer 5.041.834 heißt es, dass künstlich lenkbare und aus Plasma geformte atmosphärische Spiegel gezielt auf Gebiete gelenkt werden können, um das Wetter dort zu beeinflussen. Bereits die kleinste Beeinflussung genügt, um das Wetter aus dem Gleichgewicht zu bringen und ein Chaos herbeizuführen. Mit ELF-Wellen kann man Tiefdruckgebiete über längere Zeit ortsfest einsperren und damit Dürrekatastrophen oder verheerende Überschwemmungen herbeiführen. Doch Wettermanipulation ist nur eine der vielen Optionen der Flächenantennen. ELF-Wellen können auch die elektrischen Hirnströme eines Menschen stören. Im Kriegsfall könnte man ganze Armeen oder Bevölkerungsgruppen durch völlige Desorientierung und Willenlosigkeit ausschalten. Auch Krebs kann damit erzeugt werden. Man hat spekuliert, ob sich HAARP auch zur Raketenabwehr im Krieg eignen würde. Sollte dies der Fall sein, könnte das SDI-Verteidigungsprogramm sämtliche Interkontinentalraketen des Feindes abfangen, zerstören und die Nachrichtenverbindung unterbrechen.

## Mikrowellen-Angriff

Wer das Video mit Barry Trower über Mikrowellenangriffe gesehen hat, wird einmal mehr im Wissen bestärkt, dass die Welt von kriminellen Psychopathen beherrscht wird. Sie scheinen pausenlose Unterstützung von naiven, korrupten, unfähigen Politmarionetten sowie von der Klimasekte zu haben, die nur eines im Schild führt: so viele Menschen wie möglich zu töten oder erkranken zu lassen, damit die Kassen der Krankheitsindustrie dauerhaft klingeln. Anders kann der Masseneinsatz von gefährlichen Mikrowellengeräten nicht erklärt werden. Dabei ist die gepulste elektromagnetische Strahlung nur eine von vielen Gefahrenquellen. Zur Rettung des Klimas gibt es noch weitere dubiose Technologien wie Chem- und Nanotrails. Und gegen Hunger dienen genetisch veränderte GMO-Nahrungsmittel, die nichts anderes sind als hochtoxischer Giftmüll. Als saubere und politisch korrekte Energiequelle zur Implementierung der Agenda 21 werden Atomkraftwerke favorisiert. Doch diese sowie die Antennen-anlagen sind genauso schädlich. Verwenden Sie Mikrowellen-geräte, Handys, Schnurlostelefone, Router, Mikrowelle usw.? Wie viel dieser Geräte werden Sie noch behalten wollen, wenn Sie das Mikrowellenvideo gesehen haben?

## Chemtrailing

Wie sieht der Himmel vor Ihrem Haus aus? Ist er strahlend klar, von tiefem Blau, so wie man es von früher kennt? Oder scheint er von hellerem Blau zu sein oder gar gräulich und am Horizont fast weiß? Ist der Himmel übersät mit Kon-densstreifen, die immer breiter werden?

Seit Jahrzehnten finden Aktivitäten statt, um Mensch, Tier und Pflanzen mit chemischen, biologischen, genetischen, radio-aktiven und elektromagnetischen Superwaffen zu schädigen. Dabei wird die Kapitalelite von skrupellosen, korrupten, igno-ranten Konzernmedien und Politikern unterstützt. Die Chem-trails sind nur eines von vielen ihrer Verbrechen. Hier sind noch ein paar weitere Beispiele: Finanzterrorismus, Gentech-, Nah-rungsmittel-, Energie-, Impf-, Meinungs-, Wissens-, Umwelt-, Kontroll-, Überwachungs- und Staatsterrorismus, Geldschöpfung, GMO, Wettermanipulation, Erdbeben, Geo-Engineering, HAARP, EMW-Waffen, Klimawandel, Radioaktivität, Verschwendung fossiler Energien, Fracking, Forschungsboykott und Krankheitsterrorismus.

## Was sind die Ziele der künstlichen Wolkenbildung?

Das versprühte Bariumsalz soll Kohlendioxid an sich binden und die Erderwärmung neutralisieren. Das Aluminiumpulver soll das Sonnenlicht ins Weltall zurückwerfen und die Erdwärme in Infrarotwellen umwandeln. Beides soll die Erdoberfläche abkühlen. Ionisiertes Bariumsalz und Aluminiumpulver bilden ein diffuses elektrisches Feld in den Wolken. Durch die energiestarke niedere Frequenz VLF- ELF können elektrische Felder so aufgeladen und manipuliert werden, dass Wolken verschiedenste Formationen annehmen. Die darauf folgenden elektrostatischen Entladungsvorgänge können trockene Stürme, Gewitter, Niederschläge und Ozon erzeugen. Mit Letzterem soll das Ozonloch gestopft werden. Je nach Chemie können auch Trockenheit, Dürre, sturzflutartige Regenschauer oder Hagel erzeugt werden.

Die künstliche Wolkenbildung lässt sich durch die Energieabstrahlung der HAARP-Anlage beeinflussen und als Waffe im Krieg einsetzen. Durch Chemtrails versuchen die multinationalen Konzerne das Wettermonopol zu erlangen, wie es bei den Energiereserven sowie bei Nahrungsmitteln (Gentech-Food, Saatgut), Wasser (Quellrecht) und Informationstechnologie (Internet, Telefonüberwachung) bald der Fall ist.

# Alternative 1, 2 und 3 nur für die Elite

Infolge einer großen Katastrophe oder Eiszeit hätten wir nur sehr wenige bis gar keine Alternativen. Aber die sogenannte Elite wusste bereits 1957, dass die Umweltverschmutzung in der oberen Atmosphäre und die Milliarden von Tonnen $CO_2$ sich bis Ende des Jahrhunderts katastrophal auswirken würden. Deshalb trafen sich berühmte und prominente Wissenschaftler, um die Daten und Informationen des neu installierten Satellitenprogramms auszuwerten. Sie kamen zu dem Schluss, dass menschliches Leben auf Erden bald nicht mehr möglich wäre. Daher entwickelten sie einen Plan.

## ALTERNATIVE 1

Es bestand die Möglichkeit, einen Nuklearsprengkopf in der Stratosphäre zu zünden.

## ALTERNATIVE 2

Man plante den Bau von riesigen unterirdischen Städten zwecks Evakuierung der Elite, bis Leben auf der Erdoberfläche wieder möglich wäre.

## ALTERNATIVE 3

Flucht auf einen anderen Planeten, etwa auf den Mars.

## ALTERNATIVE 1

Dieser Vorschlag wurde schon nach ersten Tests aus dem Programm genommen, da er als zu gefährlich eingestuft wurde.

## ALTERNATIVE 2

Heute existieren bereits 75 solcher unterirdischer Städte. 65 davon befinden sich auf dem nordamerikanischen Kontinent.

Dazu befindet sich eine in der Schweiz, eine in Transvaal (Südafrika), eine in Pine Gap (Australien) und ein paar weitere.

Zu den amerikanischen Städten zählen: Dulce-Basis, Area 51 in New Mexico, Groom Lake in Nevada, der Country-Club in Maryland und Dreamland in Los Alamos. In diesen Bereichen finden Experimente zu Genmanipulation, Testflüge mit „Ufos" und Nachbauten abgestürzter Untertassen plus die Entwicklung von Pulsantriebswerken statt.

**ALTERNATIVE 3**

Im Jahr 1959 haben deutsche Wissenschaftler zusammen mit Viktor Schauberger aus der Technologie abgestürzter Untertassen im Westen der USA eine Untertasse (die VRIL 7) nachgebaut. Parallel zum offiziellen Weltraumprogramm wollte man mit der Untertassentechnik die Mondoberfläche erforschen. Im Jahr 1960 wurden auf der östlichen Seite des Mare Imbrium zwei Mondbasen errichtet - die Archimedes- und die Cassini-Base, benannt nach den Mondkratern der Russen und Amerikaner. Die zwei Mondbasen waren als Zwischenstationen zum Mars gedacht.

## Geheime Raumfahrt-Unternehmungen

Im Mai 1962 sollte es zu einer bemannten Marslandung kommen. Die Landung auf der Marsoberfläche wurde aus dem Cockpit von amerikanischen und russischen Besatzungsmitgliedern aufgezeichnet. Den Film leitete der NASA-Mitarbeiter Harry Carmell an Sir William Ballantine (Radioastronom) weiter. Im Februar 1977 wollte Ballantine ein Treffen mit John Handry vereinbaren, dem Manager einer internationalen Tageszeitung. Es ging um die Filmveröffentlichung. Aber Ballantine verstarb auf dem Weg zu Handry bei einem Autounfall, wobei er innerlich verbrannte. Wahrscheinlich wurde er durch einen Mikrowellenangriff getötet. Mit Hilfe von Ballantines Frau wurde der Film doch noch ans Fernsehteam „Science Report" weitergeleitet. Kurz darauf wurde dem Sender mit Lizenzentzug gedroht. Wie bereits gesagt, wurde der Film aus dem Cockpit aufgezeichnet. Auf der Instrumententafel konnte man den Luftdruck von 700 Millibar und eine Außentemperatur von 4 C ablesen. Jubelnd riefen die Astronauten: „Wir sind auf dem Mars gelandet und haben Luft!"

## Das Jahrzehnt nach der Atombombe
*Quelle: Armin Risi*
*(Machtwechsel auf der Erde)*
*Siebte Auflage 2006/ISBN 978-3-453-70054-4/S. 438-444*

Wenn Menschen anfangen, bis in die Atome hineinzugreifen, ist das der Anfang vom Ende. Wie damals im August 1945 beim Atombombenabwurf der Amerikaner. Hunderttausende Seelen wurden innerhalb von Sekunden ins Jenseits gerissen.

Eine geballte Schock- und Angstenergie floss über die niederen Astralebenen ins Reich jener Astralmächte, die sich von diesen Energien ernähren. Magisch wurden sie an die Absturzstelle von Roswell in New Mexico gezogen. Der dortige Absturz eines Ufos hat nichts mit jenen Außerirdischen zu tun, die uns vor der Nuklearenergie warnten. Die Lichtwesen, die uns warnten, würden nicht einfach so in den Wüstensand stürzen, weder bei einem Unfall noch bei einer Falle. In einem Dokument von 1977 stand, dass mindestens drei Ufos abgestürzt seien. Dabei fand man Ufo-Wracks, mehrere Tote plus einen lebenden Insassen. Was wollten diese Wesen? Und weshalb konnte man plötzlich so viele Ufos sichten? Waren es die Grauen oder Wesen einer anderen Gruppe? Waren sie uns freundlich oder feindlich gesinnt? Wir sprechen hier von den emotionslosen Grauen (Greys), die für Tierverstümmelungen und Entführungen von Menschen verantwortlich sind. Sie brauchen die genetischen Proben, um ihre Brut-Experimente in der Area 51 durchzuführen. Sie wollen eine neue Rasse kreieren. Die Operation der Grauen wurde in geheimer Zusammenarbeit mit der US-Navy durchgeführt. Allerdings fand die MJ12 heraus, dass die Außerirdischen die Verträge mit ihnen gebrochen haben. Wie bereits gesagt, waren die Grauen bei der Erschaffung des Homo sapiens dabei, dem ersten Menschen (siehe Kapitel: Der Adam – ein Sklave, zum Gehorchen geschaffen). (Arbeitersklave).

## Die Grauen (The Greys)

Die Grauen (Greys) sind kleine und große Humanoide ohne Emotion. In Afrika nannte man sie Zeta-Reticuli-Wesen. Der Kopf ist birnenförmig mit schwarzen, schräg stehenden Augen ohne Iris. Die Lippen sind schmal und ihre Ohren praktisch nicht vorhanden – beziehungsweise auf Löcher reduziert. Sie haben keine erkennbaren Geschlechtsteile, aber vier Finger und Zehen. Kein Haar. Ihre Hautfarbe ist grau. Sie sind sehr aggressiv und misstrauisch. Zudem bevölkern sie mehrere Planeten und treiben ihr Unwesen in den Galaxien. Sie sind 1,50 bis 2,00 Meter groß und

*© adimas - Fotolia*

der Quell manch neuer Militär- und Kampftechnik. Die Zetas sind Wesen der dunklen Seite. Sie versuchen das Licht zu stören. Obendrein sind sie hochintelligent, telepathisch begabt und haben ein Gruppenbewusstsein. Das heißt, Fred weiß, was Klaus denkt und gerade macht - und umgekehrt.

## Conquest Earth?
*Quelle: Armin Risi*
*(Machtwechsel auf der Erde)*
*Siebte Auflage 2006/ISBN 978-3-453-70054-4/S. 456-460*

Sergeant Cliff Earl Stone enthüllte Sensationelles. Vieles, was er sagte, stammt von Zeugen, die direkt mit dem Geheimdienst in Verbindung standen. In einem Interview wurde bekannt, dass die US-Regierung mit den Greys ein Abkommen getroffen hatte: Sie hat den Greys gestattet, von der Area 51 aus zu operieren. Ihre Existenz sollte aber geheim bleiben und es wurde ihnen verboten, sich in die menschliche Gesellschaft einzumischen. Stone war der Meinung, dass die Grauen nicht unbedingt die Positiven seien: „Es gibt Dinge zwischen Himmel und Erde, über die ich besser nicht spreche. Ich möchte Ihnen versichern, dass ich an Gott glaube und den Menschen als intelligentes Wesen mit freiem Willen sehe." Die Entführungen finden tatsächlich statt und die Menschen sollten an Experimenten teilnehmen. Aber sich nicht einzumischen und niemanden zu manipulieren, ist ein universales Gesetz. Die Grauen (Greys) haben dieses Gesetz gebrochen. Hingegen haben die positiven Außerirdischen hohen Respekt vor allem Leben. Sie bleiben als Beobachter (Wächter) im Hintergrund. Jetzt wird einem klar, wer hinter den Tierverstümmelungen steckt. Die Grauen mögen weder Gebete noch haben sie religiöse Gefühle. Allerdings teilten sie den Entführungsopfern mit, dass sie hier seien, um zu helfen, da die Erde bedroht sei und die Welt vor einem ökologischen Kollaps stehe. Sie seien erwählt, um einen Plan mit ihnen zu teilen. Die Entführungsopfer sollen bei der Hybridzucht mithelfen. Die Grauen leben in hybrider Körperform. Hybrid heißt, sie können sich nicht fortpflanzen.

Die Grauen gehören zu einer Rasse, die ihr Problem von Aggression und Emotion durch genetische Manipulation wegzüchtete. Dabei wurde auch ihre Fortpflanzungsfähigkeit zerstört. Doch sie wissen über die kommende Umwälzung auf der Erde Bescheid. Daher wollen sie mit Gentechnik, Zuchtprogrammen und Implantaten ihr Überleben sichern. Die Grauen leben in unterirdischen Höhlen. Viele der hypnotisierten Opfer waren in der Lage, die biotechnische Einrichtung des Zuchtlabors zu beschreiben, etwa dieser Zeuge: „Als ich den riesigen Raum betrat, lief es mir eiskalt den Rücken runter. Die Anlage bestand aus mindestens zehn Etagen. Die Föten in den Behältern waren circa drei bis vier Monate alt. Es war schwierig abzuschätzen, um wie viele Kinder es sich dabei handelte. Es müssen Tausende gewesen sein. Ich fragte, was sie mit den Kindern machen. Sie wollen eine neue Rasse kreieren, die ihr Überleben sichert. Dafür brauchen sie genetisches Material. Er erzählte weiter, dass unser Planet alle primären Gene der Frühgeschichte besitze. Die Föten wurden implantiert und natürlich empfangen. Erst zu einem späteren Zeitpunkt wurde an ihnen weitergearbeitet. Nach ein bis vier Monaten mussten sie ihre menschlich-embryonale Umgebung verlassen, um die nächste ‚Stufe' an ihnen vorzunehmen. Es gab kleine und gebrechliche. Andere hatten einen so großen Kopf, der sich vom Körper kaum tragen ließ. Während des Wachstums erlitten sie häufig einen Genickbruch oder hatten eine deformierte Wirbelsäule. In erster Linie wurden Daten über die menschliche Psyche gesammelt."

# Außerirdische Zusammenarbeit mit den USA
**Daniel Estulin**
**(Die wahre Geschichte der Bilderberger)**
*Auflage 2007/ISBN 9783938516478*

Die ersten Bauarbeiten an Ufos fanden von 1947 bis 1948 nach den Ufo-Abstürzen in Dulce (New Mexico) statt, und zwar in unterirdischen Städten. Die Anwohner bemerkten rege Bautätigkeit und ein hohes Militäraufkommen. Sie konnten sehen, dass Lastwagen in Tunnel rein- und rausfuhren. Die Holzfirma, deren Logo in Colorado auf den Lastwagen prangte, existierte gar nicht.

## Die Dulce-Basis

Die Grauen (Greys) arbeiten in unterirdischen Basen nahe von Dulce in New Mexico. Zitat von William F. Hamilton aus „Cosmic Top Secret". Der Sheriff konnte jede Nacht Ufos beobachten. In der Gegend fand er die zerstückelten Rinder, über die Zeugen berichteten. Hamiltons Informationen stammten von Entführungsopfern, Arbeits- und Baupersonal sowie dem Nachrichtendienst. Die Basis ist ein Gentechlaboratorium mit Verbindung nach Los Alamos, Dreamland und Nevada. Die Greys wollen eine neue Rasse züchten. Diese Experimente am Menschen wurden von den USA neu aufgegriffen. Dafür wurden Steuergelder in Milliardenhöhe ausgegeben. Bei dem Labor handelt es sich um einen siebenstöckigen unterirdischen Komplex, in dem sich 18.000 Aliens und 10.000 Menschen aufhalten.

**Hier der Aufbau:**
Ebene 1: Sicherheit und Kommunikation
Ebene 2: Unterkunft für die Menschen

Ebene 3: Management, Büros und Laboratorien
Ebene 4: Mind-Control-Experimente am Menschen
Ebene 5: Unterkunft der Aliens (Grauen)
Ebene 6: Genetische Experimente/Zoo
Ebene 7: Cryo-Genetic – Gefrierlager für die fehlgeschlagenen
        Experimente

## Symbole (jede Basis hat ihr eigenes Symbol)

Die Grauen haben als Symbol ein schwarzes Dreieck auf rotem Hintergrund und die Dulce-Base hat ein schwarzes Dreieck mit der Spitze nach unten und griechischem Tau in der Mitte.

Auf Ebene sechs finden Genexperimente in großem Stil statt. Dort klonen die Greys Menschen. Die Klone werden als Soldaten und im Weltraum eingesetzt. Die Grauen haben das schon so perfektioniert, dass sich eine Wegwerf-sklavengesellschaft gebildet hat. Die Regierung befragte die Frauen, ob sie sich für eine künstliche Befruchtung zur Verfügung stellen. Nach drei Monaten wurde der nicht menschliche Fötus den Probanden entnommen und im Labor großgezogen. Dahinter steckt die Defense Advanced Research Projects Agency, die zugleich für die Vertuschung zuständig ist. Gegen seinen Willen hat man beim Spital- und Polizeipersonal Transponder-, Übermittlungsgeräte und Braintransmitter eingesetzt. Man wollte herausfinden, wie man die Zeugen außerhalb der Basis kontrollieren könnte. Mit Radio-Hypnotic-Intracerebral-Control konnte Gesprochenes und Gehörtes überwacht werden.

Daneben existiert die Electronic Dissolution of Memory, eine Methode zur elektronischen Gedächtnisauslöschung. Weiterhin berichtet Hamilton, dass Arbeiter die Genexperimente auf Ebene 6 sahen. Sie sahen mehrbeinige und reptilähnliche Menschen. Ebenso erblickten sie Menschen mit Flügeln und Krallen als Händen. Diese wurden in Käfigen gehalten. Viele flehten um Hilfe. Einige hat man unter Drogen gesetzt. Den Arbeitern erklärte man, dass dies die fehlgeschlagenen Experimente seien. Auf Ebene 7 wird es noch schlimmer. Dort werden Tausende von Embryos - menschlich oder mit gemischten Genen - in einem Gefrierlager gehalten. Hamilton sprach auch über das Sicherheitssystem und die Fahrstühle, die elektromagnetisch funktionierten, ohne verdrahtet zu sein. Es gab keine konventionellen Glühbirnen. Alles arbeitete elektromagnetisch. Des Weiteren war in der Gegend von Dulce eine Menge Vieh verschwunden. Man fand heraus, dass die Rinder zum Verzehr und für die Experimente dienten. Die Aliens absorbieren die Nahrung über die Haut. Sie besitzen kein Verdauungssystem wie wir, brauchen aber viel Blut. In der Regierung gibt es zwei Gruppen: Die einen wollen die Öffentlichkeit informieren und die anderen wollen vertuschen. Die Basis wird vom Komitee der 300 geführt. Dieses Komitee ist mit der CIA verbunden. Es wurden schon Leute getötet, um das Blue-Book-Projekt geheim zu halten. Man behauptete, dass die Air Force dahintersteckt. Tatsächlich war es aber die Navy. Für das Mind-Control- und das Gentechnologie-Projekt wurden 6.000 Wissenschaftler angeheuert. Sie wollen unseren Verstand technisieren und kontrollieren. Wenn wir nichts unternehmen, sind wir verloren.

Im Jahr 1969 kam es in einem Labor nahe Dulce zu einer Konfrontation zwischen den Wissenschaftlern und den Außerirdischen. Viele Wissenschaftler wurden als Geisel genommen und man musste Delta-Teams einsetzen, um sie zu befreien. Aber die Waffen der Aliens waren ihnen überlegen. Bei diesem Gefecht wurden 66 Leute getötet und ihr gemeinsames Projekt wurde unterbrochen. Als sich die Aliens mit der Regierung wieder versöhnten, setzten sie ihre Zusammenarbeit fort. Die geheime Regierung existiert noch heute.

## Untergrundbasen, in denen die Außerirdischen ihre Technologien den USA zur Verfügung stellen

Die Basis, wo der Technologietransfer der Aliens stattfindet, liegt im Gebiet „S4" in Nevada. Es ist eine Basis mit dem Decknamen: „Die dunkle Seite des Mondes". Seither sind wir im Besitz von Technologien, die unsere kühnsten Träume übersteigen. So gibt es ein Flugobjekt namens Aurora, ein einstufiges Schiff namens TAV (Trans- Atomospheric-Vehicle) und ein atomar angetriebenes Flugobjekt, das ebenfalls im Gebiet S4 in Nevada stationiert ist. Mit diesem Objekt reisten die Piloten zum Mond und zum Mars. Man hat uns über den Forschungsstand auf Mond, Mars und Venus belogen, ebenso bei der Technologie. Auf dem Mond gibt es ein Gebiet, das jahreszeitlich aus der Dunkelheit (Librationszone) taucht. Es existiert pflanzliches Leben und man hat künstliche Seen und Teiche angelegt.

Es konnten sogar Wolken beobachtet und gefilmt werden. Zudem unterliegt der Mond einem Schwerefeld. Nachdem der Mensch sich einer Dekompression unterzogen hat, kann er sich auf der Oberfläche frei bewegen. Das ist nachzulesen im Buch: „We discovered Alien Bases on the Moon" („Wir haben Basen von Außerirdischen auf dem Mond entdeckt").

## Weitere Basen

Weitere Basen sind Dreamland in Nevada, Guam, die US-Marine- und Schwesterbasis von Pine Gap, die Nellis-Luftwaffenbasis in Nevada und Area 51, das am stärksten gesicherte militärische Versuchsgelände. Dort haben die Aliens der USA nicht nur ihre Rüstungstechnologie zur Verfügung gestellt, sondern auch eins ihrer Raumschiffe stationiert. Pine Gap wird durch die US-Regierung finanziert und untersteht der Defense Advanced Research Projects Agency. Diese wurde im Jahr 1966 gegründet und heißt mit neuem Namen Joint Defence Space Research Facility. Das Personal besteht aus über 1.200 Konsulatsangestellten. In Amerika existieren 75 Einrichtungen, die mit Notfondsgeldern gebaut wurden, und 32 weitere Anlagen, welche die Atomkommission errichtete. Die MJ12 koordiniert das Alien-Projekt. Hat der Kongress kein Geld für diese Operation zur Verfügung, beschafft man es über den Drogenhandel. Das Gerücht über die CIA und den Drogenhandel gibt es schon lange. Man behauptet, dass der Vietnamkrieg dazu diente, die Drogenfarmen in Kambodscha, Burma und Laos zu schützen. Die Drogenpäckchen wurden in die toten Körper der Soldaten genäht und in die USA geschmuggelt. Die dort erwirtschafteten Drogengelder flossen in einen Geheimfonds. Bush, später Präsident und Mitglied des CFR, war auch Präsident und Geschäftsführer von Zapata Oil in Texas. Man nimmt an, dass die Drogen mit Fischerbooten von Südamerika auf die Bohrinseln und von dort mit Versorgungsschiffen an Land gebracht wurden.

Auf die Weise konnte man die Ladung unkontrolliert am Zoll und an der Küstenwache vorbeischmuggeln. Bush willigte ein und organisierte die Zusammenarbeit mit der CIA. Die MJ12 fand heraus, dass die Aliens die Verträge brachen, indem sie zu viele Experimente an Mensch und Tier durchführten. Die Regierung versuchte sie militärisch loszuwerden, scheiterte jedoch an deren Überlegenheit.

## MAJORITY

Die Majority kontrolliert alle Operationen in Anwesenheit der Außerirdischen.

## MAJESTIC 12

Majestic 12 ist eine geheime Kernkontrollgruppe der Operation Majority. Der Ort dieser Kontrollgruppe in Maryland kann nur über die Luft erreicht werden. MJ12 bedeutet: „Der innere Rat der 12".

## MAJI

Maji ist ein Projekt, mit dem man alle Informationen von Außerirdischen auswerten kann.

## SIGMA

Diese Technologie wird zur Kommunikation mit Außerirdischen verwendet.

## PLATO

Mit dem Plato-Vertrag werden die Beziehungen zu den Außerirdischen aufrechterhalten. Der Vertrag regelt die Zusammenarbeit mit dieser Spezies. Er besagt, dass die Aliens uns ihre Technologie zur Verfügung stellen, verbietet es ihnen jedoch, sich in unsere Geschichte einzumischen.

Im Gegenzug greift die Regierung nicht in die Aktionen der Außerirdischen ein. Sie erlaubt es ihnen aber, Menschen und Tiere zu Forschungszwecken zu untersuchen.

## AQUARIUS

Die Aquarius-Technologie zeichnet die Präsenz von Außerirdischen auf.

## POUNCE

Mit Pounce werden Abstürze von Ufos ausgewertet und die Insassen auf ihre biologische Struktur untersucht.

## LUNA

Luna ist der Geheimcode für die außerirdischen Basen auf dem Mond. Diese wurden schon von den Apollo-Astronauten beobachtet, gefilmt und dokumentiert. Dort wird nicht nur Bergbau betrieben, sondern da sind auch die zigarrenförmigen Mutterschiffe der Aliens stationiert (siehe Kapitel: Untergrundbasen, in denen die Außerirdischen ihre Technologien den USA zur Verfügung stellen).

## DELTA FORCES

Delta Forces sind Spezialeinheiten, die für die Alien-Projekte ausgebildet werden.

## REDLIGHT

Redlight ist ein Projekt, bei dem Testflüge mit Raumschiffen unternommen werden, die bei Ufo-Abstürzen geborgen oder die von Außerirdischen zur Verfügung gestellt wurden. Diese Projekte werden auf den Gebieten von Area 51 und Groom Lake in Nevada durchgeführt.

## KRLL oder CRLL

So hieß der zweite „EBE", der im Jahr 1964 im Rahmen eines Austauschprogramms nach der Holloman-Landung auf der Erde geblieben ist und zum Botschafter der außerirdischen Nation Amerikas wurde.

# GUESTS

"Guests" ist der Codename für insgesamt drei Außerirdische oder ALFs (Alien Life Form), die seit 1964 Gäste der Regierung sind. 1988 wurde ein ALF in der Eiskammer von Los Alamos am Leben gehalten. Ursprünglich waren es 16, die im Austausch gegen 16 US-Offiziere nach Los Alamos kamen. 15 ALFs sind bereits gestorben. Ihr IQ lag bei 200. Sie bevorzugten tibetische Musik und behaupteten, dass der Mensch ein von ihnen genetisch gezüchtetes Mischprodukt wäre (**siehe Kapitel: Der Adam – ein Sklave, zum Gehorchen geschaffen**). Sie sagten, dass die meisten Menschen eine Kreuzung aus den adamitischen Göttersöhnen und der irdischen Tierrasse Eva wären. Als Beweis zeigten sie holografische Bilder.

## Warnungen und Nichteinmischung
### *Quelle: Internet*

Hier ist die Stimme von Gillon, dem Botschafter des galaktischen Ashtar-Kommandos: „Seit Jahren seht ihr uns als Lichter am Himmel. Wir sprechen in Weisheit und Frieden zu euch. Wir warnen euch vom Schicksal, das euch treffen wird. Ihr müsst euren Brüdern und Schwestern den richtigen Weg weisen, um die Verwüstung eures Planeten zu vermeiden. Ihr werdet an der Entwicklung des neuen Zeitalters teilnehmen.

Das kann eine Zeit großen Friedens werden. Das kann nur geschehen, wenn ihr euch des Bösen bewusst werdet. Be- wahrt Ruhe und hört jetzt zu, denn dieser Glücksfall wird sich wahrscheinlich nicht wiederholen. Es ist nun schon einige Jahre her, dass eure Wissenschaft, Regierung und Generäle unsere Warnungen ausschlugen. Sie wollen die Nuklearversuche fortsetzen. Die Atombomben könnten jeden Augenblick die ganze Erde vernichten. Der atomare Abfall würde euren Planeten über Jahrtausende vergiften. Wir haben den Weg der Evolution schon weit vor euch beschritten und längst erkannt, dass sich die Atomenergie ausnahmslos gegen das Leben richtet. Alle Versuche mit dieser Energie müssen sofort eingestellt werden. Ihr könnt nur dann aufsteigen, wenn ihr euch als würdig erweist. Ihr müsst lernen, in Frieden zu leben. Viele lernen das bereits. Ihr seid frei im Willen, die Lehren anzunehmen oder auszuschlagen. Nur wer in Frieden lebt, kann sich geistig weiterentwickeln. Seit Jahrtausenden beobachten wir die Menschen, weil sie unsere Urväter sind. **Die meisten sind Kreuzungen aus den adamitischen Göttersöhnen und der irdischen Tierrasse Eva. Deshalb hat der Mensch einen dichteren animalischen Körper und einen inneren göttlichen Geistkörper (siehe Kapitel: Der Adam - ein Sklave, zum Gehorchen geschaffen).** Viele Lehrer haben ihnen Gesetze gegeben, die sie befolgen sollten. Wären sie weise genug, hätten sie bereits alle Probleme gelöst. Stattdessen hat eure Wissenschaft neue Methoden entwickelt, die zur Zerstörung der Umwelt und des Planeten führen. Jetzt stehen sie vor der Alternative, ob sie den Planeten weiter zerstören oder kollabieren lassen. In beiden Fällen werden sie leiden, da sie dem Pfad des goldenen Kalbs statt den Gesetzen des Geistes gefolgt sind.

Wir dürfen nicht eingreifen, bevor ihr euch dafür entschieden habt. Wir dürfen nicht gegen das Gesetz des freien Willens verstoßen. Wir ließen große Meister auf Erden inkarnieren, um dem Menschen den richtigen Weg zu weisen. Jesus ist ein großer Meister und muss beim Plan des Lichts hoch geachtet werden. Wir wurden alarmiert, als wir die ersten Atomexplosionen auf Erden registrierten. Wir waren besorgt, weil der Mensch geistig und moralisch nicht reif genug ist, mit einer solchen Energie umzugehen. Solange kein akuter Notstand besteht, verbietet das universelle Gesetz es, einzugreifen. Wir beobachteten, dass durch die Atomversuche die Erdatmosphäre und der Ozongürtel beschädigt wurden. Die verstärkte Sonneneinstrahlung wird eine Gefahr für alles Leben auf Erden. Statt dies zu erkennen, setzen sie die Atomversuche fort. Die Schockwelle, die sich durch die Atomversuche auslöste, erreichte die Verwerfungslinien der Erdkruste und generierte Erdbeben. Die größte Gefahr ist, dass sich der Van-Allen-Gürtel, der die Erdatmosphäre stabilisiert und die Magnetfelder im Gleichgewicht hält, auflöst und eine Polverschiebung verursacht. Das kann zum Verschwinden der Erdatmosphäre führen. Wir sind mit der Ganzheit des Lebens genährt und können es uns nicht vorstellen, die Schöpfungsgesetze nicht zu befolgen. Wir wissen, dass die Erde vor einer Polverschiebung steht, aber wir wissen nicht, wann das geschieht und ob es eine ganzheitliche oder eine Teilverlagerung sein wird. Wir stehen in ständigem Kontakt mit den Raumschiffen des Mars, Saturn und Jupiters. Sie messen jede kleinste Veränderung des Magnetfelds.

Sie wissen, dass eure Lebens- und Verhaltensweise auf falscher Grundlage steht und über längere oder kürzere Zeit zur Vernichtung führt. Das mangelhafte Verständnis gegenüber den Naturgesetzen führt euch geradewegs in einen Krieg der Natur. Die Kettenreaktion wird jede Lebensform auf Erden treffen. Hochmut kommt bekanntlich vor dem Fall. Solche Menschen bringen wir auf weniger entwickelte Planeten. Die Erde darf nicht als Strafkolonie angesehen werden. Die Erde ist sogar schöner als andere Planeten. Wir leben seit Generationen an Bord von riesigen Raumschiffen. Einige unserer Vorfahren lebten vor zehntausend Jahren auf einem kleinen Kontinent im Ozean, den ihr den Pazifischen Ozean nennt. In euren alten Legenden bezeichnet ihr das Land als den versunkenen Kontinent Mu oder Lemuria **(siehe Kapitel: Lemuria (Para-**

**dies), Machthaber Zeus).** Auf diesem Kontinent haben unsere Stammeltern ein großes Imperium und eine mächtige Wissenschaft entwickelt. Zur gleichen Zeit gab es im Südatlantik eine andere sich schnell entwickelnde Rasse **(Atlanter)** mit **Machthaber Poseidon.** Wegen ihres wissenschaftlichen Fortschritts herrschte große Rivalität zwischen den Brüdern. Zuerst lief alles friedlich, dann nahm die Rivalität zu. Bereits nach Jahrhunderten hatten wir den Stand eurer Entwicklung überschritten. Sie gaben sich nicht mehr damit zufrieden, nur in die Bindeenergie des Atoms einzugreifen, sondern lernten, ganze Massen auf der Energieachse zu rotieren. Die Verbitterung beider Rassen führte schließlich zum Atomkrieg auf Maldek, der einst ein Planet unseres Sonnensystems war. Der Asteroidengürtel zwischen Mars und Jupiter erinnert uns noch heute daran.

Anschließend flohen die Überlebenden auf den Mars, errichteten Basen und bauten Großraumschiffe, um unabhängig zu sein. Wir sehen, dass ihr vor derselben Gefahr steht. Ob eure Kinder noch eine Zukunft haben, hängt von eurem Erfolg oder Misserfolg ab. Die Ursache eurer Missstände ist ein unverhältnismäßig schneller Fortschritt in der Technik und Naturwissenschaft, ohne notwendige Entwicklung der Geisteswissenschaft. Eure Wissenschaft wächst mit immer größerer Geschwindigkeit und stützt sich nur auf ein kleines, geistig-soziales Fundament, das sich viel langsamer entwickelt. Werden die Geistes- und Sozialwissenschaft nicht angeregt, wird die materielle Wissenschaft vor der Geisteswissenschaft eure Zivilisation zusammenbrechen lassen. Eure Zivilisation hat nun das Stadium der Wiederholung erreicht. Es gibt ein universell-kosmisches Gesetz, das besagt, dass man den Völkern ihren freien Willen lässt. Sobald Industrieländer keine Notwendigkeit mehr aufweisen, ihre Zeit und Energie für die Herstellung von Kriegsmaterial aufzuwenden, würde euer Lebensstandard so weit angehoben, um euch aus aller Not zu befreien. Not und Angst würden verschwinden. Das Goldene Zeitalter liegt vor euch, ihr müsst nur durchs richtige Tor gehen. Unsere Raumschiffe heißen Kristallglocken und fliegen ohne Treibstoff. Sie bewegen sich auf magnetischen Linien gleich den Himmelskörpern fort. Wir wollen euch helfen. Die Ufo-Kontakte hängen mit der derzeit kritischen Situation zusammen. Der fünfte Planet unseres Sonnensystems, der einst zwischen Mars und Jupiter existierte und den man Maldek oder Malona nannte, wurde durch die Bewohner Lemurias und Atlantis' zerstört. Von ihm zeugt nur noch der Asteroidengürtel. Nach Zerstörung des Planeten kam es auch auf dem Mars zu schweren Katastrophen und vulkanischen Eruptionen.

Die Zivilisation auf dem Mars wurde fast vollständig ausgelöscht. Der Rest hatte sich auf die beiden künstlichen Satelliten Phobos und Deimos gerettet. Die Strahlungsabfälle der Atomkraftwerke werden dazu beitragen, dass eure Kinder in verseuchter Atmosphäre aufwachsen. Unser Raumschiff kommt vom Planeten Alpha-Centauri, 4,3 Lichtjahre von der Erde entfernt. Dieser Planet gehört einer Universalkonföderation von über 680 Planeten an, die sich durch eine bestimmte Evolutionsstufe das Recht auf Mitgliedschaft erworben haben. Die Planeten befinden sich in verschiedenen Evolutionsstadien und Graden, dennoch leben und wirken sie zum Wohl aller. Die Erde war auch mal Mitglied dieser Konföderation. Das war noch vor der Atlantis-Katastrophe. Wir haben Staatsoberhäupter und Wissenschaftler kontaktiert. Wir schlugen vor, ihre Feindseligkeiten zu stoppen, und erwähnten den technologischen Fortschritt, um den Menschen einen neuen Lebensstandard zu schenken. Wir stellten fest, dass sie nicht glauben, dass ihr Volk reif für diesen Fortschritt ist, oder dass sie aus selbstsüchtigen Motiven nicht wollten, dass die Menschen eine neue Freiheit erleben. Wir können niemanden zwingen. Deshalb kontaktieren wir jetzt individuelle Gruppen. Es sind Menschen, die mit dem Wahrheitsbewusstsein wiedergeboren wurden. Tausende Menschen von anderen Planeten leben bereits hier, mit Raumschiffen gelandet oder hier inkarniert. Unsere Schiffe können mit einem Schutzschirm und Radarumleitung unbemerkt in der Atmosphäre operieren. Wir haben Stützpunkte auf dem Mond und im Inneren des Marsmondes Phobos (**siehe Kapitel: Untergrundbasen, in denen die Außerirdischen ihre Technologie den USA zur Verfügung stellen**).

## Die Erde ist eine Art Durchgangslager und Prüfstation.

In erster Linie inkarnieren auf Erden Problemkinder. Es ist ihnen noch einmal möglich, sich selbst zu retten. Sie müssen ihren Materialismus überwinden. Sie erzeugen Negativschwingungen, die den ganzen Kosmos stören. Jeder kann Land, Wasser und Luft frei nutzen. Was jedoch nicht frei ist, sind die Gesetze von Ursache und Wirkung. Wiedergeburt ist so einfach wie die Grundschule: Man geht in die erste Klasse und am Ende des Schuljahrs in die Abschlussprüfung.

**Man hat dann drei Möglichkeiten:**

Man besteht die Prüfung und wird in die nächste Klasse versetzt.

Man fällt durch und muss die Klasse wiederholen.

Man schwänzt und drückt sich vor der Prüfung. In einem solchen Fall muss man ewig auf der Schule bleiben.

Die Erde ist eine Sonderschule für Problemkinder. Eure Kinder sind die letzte Hoffnung. Wenn sie vier Jahre alt sind, sind sie schon von Vorurteilen, Misstrauen, Hass und Egoismus beeinflusst. Wir beginnen mit der Kinderziehung, wenn sie drei Jahre alt sind. Sind sie fünfzehn, beherrschen sie bereits die Telepathie. Wir waren gezwungen, die atomare Verwüstung mit anzusehen. Auf verschiedenste Weise mussten wir eingreifen, um eine größere Zerstörung von SHAN, wie wir den Planeten nennen, zu verhindern.

Wegen der Auserwählten fühlten wir uns verpflichtet, die grünen Feuerbälle durch die Atmosphäre zu senden und einen Großteil der Radioaktivität aufzusaugen und unschädlich zu machen. Hätten wir nicht eingegriffen, wären einige Millionen Menschen mehr umgekommen. Die Nahrung und das Wasser wären hoffnungslos vergiftet. Unsere Entgifter sind die grünen Feuerbälle, die in der Welt gesehen wurden. Wir können euch beraten, aber zu nichts zwingen. Wir können nur bereitstehen und warten. Wie eure Heilige Schrift sagt, wissen wir weder den Tag noch die Stunde, wann das geschehen soll. Wir stehen mit über fünf Millionen Schiffen bereit. Sollte es notwendig werden, sind wir zu Massenlandungen bereit, um die Auserwählten wegzubringen, damit sie unsere Gäste sein können, bis SHAN, die Erde, gereinigt und wieder bewohnbar ist. Erst dann kann euer Meister sein Tausendjähriges Reich errichten. Die Auserwählten können dann, wie es der Schöpfer vorsah, wieder in Liebe und Frieden leben. Das Böse wird danach in Ketten gebunden sein. Fürchtet euch, nicht wenn wir uns in großer Anzahl nähern. Wir können nicht zulassen, dass ein atomarer Krieg ausbricht, denn dadurch sind nicht nur das Leben auf der Erde, sondern auch alle Nachbarplaneten gefährdet. Das Gesetz des freien Willens verbietet Eingriffe in die Evolution anderer Welten. Dies ist jedoch ein Ausnahmefall, da ein atomarer Krieg das ganze Sonnensystem in Gefahr bringen würde." Am 30. Juni 1908 stürzte in Sibirien ein riesiges Objekt vom Himmel und explodierte. Ein Augenzeuge sah, wie die Explosion den Himmel auseinanderriss. Die Erde bebte und ein Sturm zog über die Landschaft. Dabei wurden Wälder wie Streichhölzer niedergemäht. Es verbrannten über 3000 Quadratmeter Wald. Wissenschaftler schätzten, dass die Energie einer 20-Megatonnenatombombe entsprach.

Bis heute konnte keine plausible Erklärung gefunden werden. Bedingt durch die Raumschiffmaterie, die Geschwindigkeit und die Bodenbeschaffenheit der Tundra, explodierte das UFO nicht wie eine Atombombe, sondern traf eher wie ein Gummiball auf. Die installierte sensible Sende- und Empfangsanlage im Innern des Himalajas registrierte die Notfallsituation. Innerhalb von Sekunden schaltete die Sicherheitseinrichtung auf automatischen Traktorstrahl, um es zu stabilisieren und in den Hangar zu leiten. Im Felsgestein des Himalajas existiert ein Tor. Dort angekommen, schaltete die Notversorgung sofort auf Tiefschlaf und Notsicherheitsstufe um. Somit lagen 601 Rebellen vierzig Jahre im Tiefschlaf. Das war die Zeitspanne, die das Ufo benötigte, um die hocherhitzte Materie abkühlen zu lassen. Durch die Notversorgung wurde eine kühle Atmosphäre im Inneren des Schiffs geschaffen. So überdauerten die Rebellen vierzig Jahre lang im Tiefschlaf, aus dem sie erst erwachten, nachdem sich die Materie abgekühlte. 1948 konnten sie das Raumschiff verlassen und sich im Erdkern niederlassen, wo sie ihre Wohnstätte gründeten. Es ist bekannt, dass der Himalaja gigantische Hohlräume aufweist. Dort findet man noch heute riesige Wohn- und Überwachungsanlagen vor. Die Hohlräume wurden tausend Jahre zuvor gebaut. Der Stützpunkt der Ankömmlinge lag auf dem Mars, der ihr Material- und Rohstofflager war. Über ein

Drittel des Mars wurde mit Antennenteppichen ausgestattet. Mit dieser Antennenanlage wurde die gesamte Milchstraße observiert **(siehe Kapitel: Untergrundbasen, in denen die Außerirdischen ihre Technologie den USA zur Verfügung stellen)**. Das Ufo war zerstört und fluguntauglich. Die Zerstörung betraf vor allem die Unterseite des Schiffs. Diese war in eine Schale aus mehrfach geschichteten Kristallen gefasst. Die Schale stellte die Energiequelle dar. Die Kristalle waren atomar und nach spezieller Struktur geschichtet.

Damit konnte ein gewaltiges, steuerbares Kraftfeld erzeugt werden. Die Kristallschale bestand aus einem nahtlosen Formteil, das mehrfach gebrochen war. Um die Funktion wiederherzustellen, brauchten die Betreiber ein nahtloses Formteil. Das Formteil konnte weder geklebt noch geschweißt oder auf andere Art repariert werden. Man konnte aber mit den intakten Einzelteilen kleinere Schiffe bauen. Die Aliens nutzten alle Rohstoffe, die sie finden konnten, um daraus viele kleinere Ufos zu konstruieren. 1949 waren sie dann so weit und die Ufos flugbereit. Ein Jahr nach der Katastrophe im Jahr 1909 fanden viele Ufo-Sichtungen in Europa, Nordamerika, Südafrika, Japan und Neuseeland statt. Bei den Insassen handelt es sich um zwei verschiedene Wesen. Es gibt die unangenehmen Grauen (Greys), die Menschen entführen, und die Gottesgetreuen. Über die Gestalt und Verhaltensweise der Greys wurde Folgendes berichtet: Ihr Kopf ist birnenförmig, mit riesigen schwarzen Augen und schmalen Lippen. Ohren sind praktisch nicht vorhanden und die Nase ist auf zwei Löcher reduziert. Es gibt keine erkennbaren Geschlechtsteile, aber vier Finger an den Händen und vier Zehen an den Füßen. Sie haben keine Haare und ihre Hautfarbe ist grau. Sie sind äußerst aggressiv und misstrauisch und besitzen noch immer den Code der Unsterblichkeit - denn einst waren auch sie mit einem Ewigkeitsleib ausgestattet. Ihre Mission ist es, Menschen zu entführen und experimentell zu untersuchen. Weist ein Mensch die richtigen Eigenschaften und ein interessantes Erbgut auf, wird seine DNS verändert, um als Politmarionette in Wirtschaft, Verwaltung oder an höchster Stelle tätig zu werden. Hingegen sind die Gottesgetreuen an folgenden Merkmalen zu erkennen: Sie verhalten sich ruhig und sachlich. Ihre Erscheinung wird als sehr angenehm empfunden. In Kleidung und Form ähneln sie den Menschen. Sie zwingen niemanden zu etwas, sondern überzeugen mit sanftem Nachdruck. Wer sich von ihnen nicht untersuchen lassen will, wird wieder in Freiheit gesetzt.

Sie unternehmen nichts gegen den freien Willen der Menschen. Ihr Grund für die Untersuchungen ist auch ein anderer als bei den Greys. Sie wollen herausfinden, inwiefern die Menschen von den Greys manipuliert wurden. Einige Opfer wurden schon mehrfach entführt. Sie berichteten, dass die erste Entführung schrecklicher und schmerzhafter war als die zweite oder dritte. Die zweite und dritte waren sanft, wohltuend und wurden als heilend empfunden. Um nachzuforschen, welche Manipulationsform die Grauen anwendeten, suchen die Gottesgetreuen diese Personen auf. Auf diese Weise können sie diagnostizierend und heilend einwirken. Bald werden die Negativkräfte gestürzt werden. Der Aufprall wird zahlreiche Regionen des Planeten betreffen. Die Menschheit wird um ein Drittel reduziert werden. Die Saat ist vorbei, jetzt kommt die Ernte. Ein Großteil der alten Kontinente wird zerstört und aus dem Ozean werden sich neue Länder erheben. Während dieser Geburtswehen wird die Erde schwanken. Danach wird der Planet eine neue Bahn mit einer Schwingung von lange dauerndem Frieden und Glück einschlagen. „Bevor dies eintrifft", so der Botschafter, „werden Tausende von Euch gerettet werden. Sie werden durch unseren Leitstrahl angesogen und an

Bord gebracht. Ihr müsst euch zuerst dafür qualifizieren. Nur jene, die nach den Gesetzen Gottes lebten, können aufgenommen werden. Die Reinheit wird zählen. Eure positive Ausstrahlung ist in unserem Archiv aufgezeichnet. Um aufgenommen zu werden, muss sich euer Körper von Negativgedanken und Wünschen lösen. Viele werden nicht evakuiert, aber dennoch verschont bleiben. Beim Ausbrechen des Unheils wird es Gegenden von relativer Sicherheit geben. Die Menschen werden durch ihr Kraftfeld geschützt sein. Viele haben richtig gelebt, aber ihre Schwingung durch Alkohol, Rauchen und Fleischgenuss herabgesetzt. Dies schwächt die positive Schwingung.

Es ist jetzt wichtig, viel Obst und Gemüse zu essen, um das Kraftfeld und die Aura zu reinigen. Zieht dies nicht hinaus. Millionen Raumwesen warten, um zu helfen. Bevor dies geschieht, werden wir über verschiedene Wege Kontakt mit euch aufnehmen. Jedes funktionstüchtige Radio- oder Fernsehgerät wird verstärkt werden. Wer für die Aufnahme vorgesehen ist, wird durch Gedankenströme unterrichtet. Die Erde geht einer Zeit entgegen, in der Schmerz, Leid und Chaos herrschen werden. Es wird die Zeit der kosmisch dunklen Wolke sein. Diese Wolke wird schon bald eure Erde berühren. Davor müssen aber noch andere Dinge geschehen. Ihr werdet feststellen, dass innerhalb eures Planetensystems auch Negativkräfte existieren, die euch ins Unglück und Chaos stürzen wollen. Ich bin überrascht, dass eure Wissenschaft noch immer auf die falsche Wissenschaft und nicht auf die höhere Geisteswissenschaft setzt, trotz vieler Irrtümer. Eine große Illusion der Wissenschaft ist, dass die Gravitation als eigenständige Kraft existiert. Bei der Gravitation spielt die atmosphärische Dichte eine entscheidende Rolle. Das Prinzip der Gravitation ist die vertikale Komponente des Magnetismus. Eure Wissenschaft glaubt, dass der Unterschied bei der Gravitation in der Dichte eines Körpers liegt - so wie bei der Zigarette, bei der die Dichte durch die Temperatur des Rauchs ausgeglichen wird. Hier beeinflussen zwei Faktoren ein Phänomen. Die Gravitation ist eine Kombination von Dichte, Temperatur, atmosphärischen Druck und Magnetismus. Die Untertassen werden nicht durch die Gravitation, sondern durch den atmosphärischen Druck angetrieben. Wenn man den atmosphärischen Druck an der Ufo-Unterseite bewahrt und eine Dekompression an der Oberfläche erzeugt, schießt das Raumschiff mit einer gewaltigen Geschwindigkeit nach oben. Das Vakuum wird immer in der Richtung erzeugt, in der wir reisen.

Während der eine Druck sehr niedrig ist, ist die andere Seite dem vollen atmosphärischen Druck ausgesetzt. Jedes Objekt kann bewegt werden, indem man einen Unterschied in ihrem Energiepotenzial bewirkt. Jede Untertasse kann sich mit jeder erdenklichen Geschwindigkeit fortbewegen. Sie sind leicht zu manövrieren, weil das Vakuum beliebig verlagert werden kann. Der atmosphärische Druck eines 22 Meter langen Ufos liegt bei circa 3.000 Tonnen. Der Grund unseres Kontakts ist eine Warnung an euch. Euer Hass, verbunden mit der Atomenergie, wird die Erde zerstören. Die Erde ist in Händen von Psychopathen. Ich warne euch über die Folgen von Atom- und Wasserstoffbomben. Sie werden den Schutzgürtel, der die Erdatmosphäre umgibt, verändern. Vom Schutzgürtel hängt aber die Stabilität eures Planeten ab. Der Schutzgürtel kann dann nicht länger das Sonnenlicht filtern. Er filtert nicht nur die kosmische Strahlung, sondern hält auch die Erde im Weltraum. Die Beschädigung des Schutzgürtels führt zu klimatischen Veränderungen. Die nuklearen und chemischen Versuche haben den Ozonschutzgürtel neutralisiert. Die Atmosphäre erlitt einen Ionisationsverlust. Die Gasmoleküle wurden der Ultraviolettstrahlung ausgesetzt. Die Folge sind klimatische Veränderungen. Danach wird die Sonnenstrahlung ungefiltert auf die

Erde treffen und um die Polgebiete zum Tau großer Eismassen führen, was große Überflutungen zur Folge hätte. Unser Weltteil unterliegt der Galaktischen Föderation des Lichts, die strenge, aber lebenswichtige Regeln zum Schutz allen Lebens hat. Wir müssen zeigen, dass wir eine reife Gemeinschaft sind, Emotionen kontrollieren können und einen tiefen Respekt vor allem Leben auf anderen Planeten haben. Wer die Regeln nicht befolgt, wird ausgestoßen. Nur wer in Einklang mit dem Leben ist, kann alt werden. Mein Lebensalter beträgt über 900 Jahre.

Eure destruktive Zivilisation hat in den letzten 100 Jahren mehr Schaden als alle vorangegangenen Zeitalter angerichtet. Schon Kleinkinder zeigen aggressive Tendenzen. Die Eltern zeigen ihnen Aggression statt Liebe. Sie denken, dass Liebe eine Schwäche wäre. Es ist ihr falscher Stolz, den es zu überwinden gilt. Der Anfang muss bei den Kindern gemacht werden. Die Guten könnten, wenn es zur Katastrophe kommt, von Raumschiffen evakuiert werden. Lass den Menschen die atomare Straße weitergehen und das Ende wird kommen. Eine Person wird eines Tages den Knopf drücken und die Geschichte der Menschheit beenden, die es vorzog zu sterben, anstatt nach den Gesetzen Gottes zu leben. Nicht materieller Fortschritt ist das Zauberwort. Weder weltlicher Besitz noch eure Wissenschaft kann die Menschheit glücklich machen. Tieren fehlt beides, sie sind aber trotzdem glücklich. Wahres Glück liegt im Verständnis, sich den Schöpfungsgesetzen zu beugen und Nächstenliebe zu praktizieren. Viele eurer Wissenschaftler stellten sich gegen die Welt und fühlten sich in ihrer Arroganz überlegen. Die zweite Gefahr, vor der ich euch warne, ist der bevorstehende Eintritt einer zweiten Sonne in euer Sonnensystem, das ein Doppelsonnensystem erzeugen wird. Man wird die Sonne im Sternbild Krebs entdecken. Mit Eintritt der Sonne wird sich die Umlaufbahn der Planeten verändern. Man nennt diese Sonne ‚die Sonne der Gerechtigkeit'. Sie wird eine große Veränderung bewirken und jene werden sterben, die es nicht anders verdienten. Eine kleine Gruppe wird überleben und in ein neues Zeitalter des Friedens, der Gerechtigkeit und der Nächstenliebe eintreten." Der Eintritt der Sonne kann von den Außerirdischen durch elektromagnetische Impulse verhindert werden. Der Gotteswille wird entscheiden.

Würden die Menschen ihr Leben prüfen und ändern, hätte der Schöpfer vielleicht Mitleid und er könnte die Sonne der Gerechtigkeit aufhalten. Unsere Sonne ist der erste Stern und der zweite wird ein brauner Zwerg sein. Der Zwerg hat fünf kleinere Planeten mit vielen Asteroiden. Der eine Planet ist so groß wie die Erde. Auf ihm sind die Anunnaki, die Nephilim, zu Hause. Dazu kommt der weitaus größere Planet Nibiru, der als Planet X (X für Kreuz) bekannt ist. Nibiru ist größtenteils unbewohnt und soll eine Art Kampfstation sein. Er wird uns als eine dunkelrote, von einer Staubwolke eingehüllte Kugel mit mehreren Monden und Asteroiden erscheinen. Nibiru wird als ein hell leuchtender Stern wie eine zweite Sonne wahrgenommen werden. Seine Gravitationskraft wird weltweit Erdbeben, Vulkanausbrüche, Tsunamis und Stürme von 200 bis 300 km/h auslösen. Durch die Sonnenstürme werden die Trinkwasser- und Stromversorgung sowie Lebensmittellogistik, Infrastruktur, Krankenhäuser, Bank- und Finanzinstitute, Telekommunikation und der Transport lahmgelegt. Das Magnetfeld wird sich verschieben und teilweise wirkungslos werden. Viele Menschen werden an der Strahlenbelastung erkranken. Der Kampf um jeden Tropfen Wasser und Nahrung beginnt. Wenn sich unsere Erde zwischen Nibiru und der Sonne befindet, ist ein Polsprung möglich. Zwei Drittel der Erdbevölkerung werden diesen Polsprung nicht überleben und von den übrigen werden nochmals zwei Drittel an der Folgebelastung und an

Hunger sterben. Starke Gravitationskräfte zerren an der Erde, wodurch die Erdachse massiv gekippt wird. Gewaltige Erdbeben und Tsunamis toben rund um den Erdball. Städte und Siedlungen an Küstengebieten gibt es dann nicht mehr. Nur die wenigsten werden überleben. Zurück bleiben Schweigen und eine annähernd totale Verwüstung. Die Regierungen wurden bereits darüber informiert, damit sie sich auf den Transit von Planet X vorbereiten können.

Doch weil die Eingeweihten wissen, dass man nicht alle Menschen retten kann, deshalb haben nur Privilegierte und Mächtige Zutritt zu den unterirdischen Überlebenssystemen. Die Bunker sind weitverzweigte Anlagen mit eigenem Verkehrssystem und gewaltigen Lebensmittelvorräten. Die Umlaufzeit Nibirus beträgt jeweils 3600 Jahre. Für die Krater auf dem Mond ist ebenfalls Nibiru verantwortlich. Der Planet veränderte immer wieder seine Achsenneigung und die Umlaufbahn. Auf den Vulkanausbruch in Santorin 1600 v. Chr. folgte ein gewaltiger Tsunami. Das ist nicht überraschend, denn Nibiru kommt alle 3600 Jahre wieder. Er hat viele Namen: Zerstörer, Hercolubus, der gehörnte Diskus, geflügelte Scheibe und Sonne der Gerechtigkeit. Wir sollten unser Seelenheil nicht in der Wissenschaft suchen. Unsere Seele ist die unsichtbare vierte Dimension. Die Zeit wurde erfunden, um evolutionäre Lebenszyklen zu messen. Die Zeit im Raumschiff ist dieselbe wie auf den Himmelskörpern, von denen es sich entfernt. Die Lichtgeschwindigkeit ist nicht die höchste Geschwindigkeit. Das sichtbare Licht ist auch nicht die Ursache für die hohe Geschwindigkeit der Raumschiffe, sondern die augenblickliche Wirkung der Lichtenergie, die beim Aufprall oder bei der Berührung der gebildeten Körper die Molekularmasse vibrieren lässt. Was sich mit 300.000 km/sec. fortbewegt, ist die elektrische Energie, deren Wellenlänge und Trennschärfe gleich sind. Es gibt Energien, die sich schneller bewegen als andere. Im All gibt es die sogenannten Bänder- und Energiekanäle, die aus negativen und positiven Hemisphären kommen. Die Bänder gehen von den Sternen zu den Planeten und wieder zurück. Zwischen den Bändern bleibt immer ein Korridor. In diesen Korridoren bewegen sich die Raumschiffe mit rapider Geschwindigkeit, ohne Reibung und Zeitsprung. Wenn die Ufos Energie benötigen, begeben sie sich in die Energiekanäle. Ihre Geräte heben die Schwerkraft der Schiffe auf oder regulieren sie.

Der innere Druck und die Schwerkraft des Schiffes bleiben dabei erhalten. Die weiße Rasse stammt von den Bewohnern des Planeten Maldek ab, der einst zwischen Mars und Jupiter existierte. Die Bewohner Maldeks sind Abkömmlinge von der Welt Sion. Nach der Zerstörung ihres Planeten in einem Bruderkrieg **(siehe Kapitel: Der Fall des Menschen auf Lemuria)**, flohen die Überlebenden auf die Erde und gründeten die Zivilisation von Atlantis. Die Atlanter entwickelten die Antimateriewaffe. Als sie Experimente durchführten, die ihren Planeten gefährdeten, **setzten sie ihre Antimateriewaffe ein.** Der Einsatz führte zu einer verheerenden Katastrophe. **Die Antimateriewaffe befindet sich noch heute in einer großen Pyramide auf dem Meeresgrund** vor Floridas Küste **nahe den Bimini-Inseln und sendet von Zeit zu Zeit noch Energie aus, die zur molekularen Desintegration von allem führt, was in die Nähe kommt. Die Antimateriewaffe ist die Ursache für das Verschwinden von Flugzeugen und Schiffen.** Die Warnung der GFdL, der Galaktischen Föderation des Lichts, über eine künftige und drastische Veränderung auf der Welt, wurde von der Regierung ignoriert. Gemäß der GFdL tritt die Veränderung dann auf, wenn sich das Magnetfeld zwischen dem ersten und zweiten Spannungsfeld normalisiert hat. Man erwartet, dass sich die Erdachse leicht verschiebt und durch das Abschmelzen der Polkappen tiefer gelegene Landstriche überflutet werden. Erdbeben und vulkanische Eruptionen finden dann satt. Im Fall einer Verschlechterung der Lebensbedingungen auf der Erde ist die Konföderation bereit, eine große Zahl Menschen zu evakuieren. „Wir kommen von den PLEJADEN, die ihr Sieben-Gestirn nennt", so der Botschafter. „Ihr glaubt, wir sind 328 Lichtjahre von der Erde entfernt, aber das ist falsch. Es sind mehr als über 550 Lichtjahre. Einsteins Relativitätstheorie ist unvollständig. Die Lichtgeschwindigkeit ist größer als nur 300.000 km/sec.

Um die Zeitentfernung zu überbrücken, benutzen wir eine Dimension, in der ihr euch nicht lange aufhalten könnt. Der Mensch wird in den nächsten Jahren die größte Entdeckung der Geschichte machen: die Entdeckung, dass es ein Fehler war, Gott irgendwo da draußen zu suchen. Denn Gott ist in uns. Das muss zuerst verstanden werden, um in der Lage zu sein, mit allen Menschen in Liebe und Verständnis zusammenzuleben. Wir haben einen Zukunftsplan und es ist wichtig, dass alle Menschen davon erfahren, auch wenn mächtige Organisationen (Kirchenleute, Politiker und Militär) das verhindern wollen. Ihre Macht ist so groß, dass sie jederzeit einen Krieg entfesseln können. Sie verwirren die Menschen, um sie im Moment, den sie für zweckmäßig halten, in Angst und Schrecken zu versetzen. Darum ist es wichtig, dass ihr die Situation kennt! Die Erde ist am dichtesten besiedelt. Die Erde muss dringend gereinigt werden, denn der Mensch hat die ethisch-moralischen Werte verloren. Es ist die Aufgabe des Menschen, die Situation zu erkennen. Im Erwachen des Gewissens hat die Frau eine essenzielle Aufgabe: Sie muss auf die Stufe des Mannes kommen. Die Opposition des Sternzeichens Fische ist das Zeichen der Jungfrau - und sie ist da, wenn der weibliche Teil am Steigen ist. Alle Zivilisationen haben diesen Punkt vergessen. Israel ist ein spezieller Ort. Israel ist nicht nur das Land, in dem ein Dritter Weltkrieg beginnen würde, sondern auch wichtig, um das Bewusstsein der Menschen anzuheben. Die Juden sind mit der außerirdischen Zivilisation HOOVA verwandt und deshalb das „auserwählte Volk". In Israel wird sich das Schicksal der Menschheit entscheiden. Dort wird der Endkampf zwischen der Armee des Lichts und den Kräften der Finsternis stattfinden."

## Die fliegende Stadt im Himmel für Gottes auserwähltes Volk
*Quelle: fallwelt.de*

## Das galaktische Sternenschiff

Der galaktische König (Menschensohn) von über 24 Galaxien baute ein riesiges Sternenschiff. Dies hatte die Form eines Würfels. Mehr als zweihundert Etagen gibt es auf dem Schiff. Seine Heimat ist der Weltraum.

## Die Dimensionen des Würfels

Das Schiff ist so gigantisch, dass ein Normalsterblicher es kaum fassen kann. Das Sternenschiff wurde in Würfelform gebaut. Es besteht aus 12.000 Stadien. Die Grundfassung des Schiffes beträgt 144 Ellen. Ein Stadion misst 185 Meter. Acht Stadien ergeben eine römische Meile: 1,48 Kilometer. Das Stadionmaß ist ein altes Wegemaß. Rechnen wir die 12.000 Stadien mal die Länge, Breite und Höhe, ergeben sich 2220 Kilometer. Auch das Ellenmaß ist ein altes Längenmaß. Die Elle geht vom Vorderarm zum Ellbogen und bis zur äußeren Spitze des Mittelfingers. Die große königliche Elle entspricht 52,5 Zentimetern. Die Grundfassung des Sternenschiffs beträgt demzufolge 144 Ellen (1 Elle = 52,5 Zentimeter = 0,525 Meter), das macht 75,6 Meter.

# Die Außenhülle und Grundfassung des Würfels

Aus welchem Material besteht das Sternenschiff? Man kann es nicht sagen. Es ist kein Material, das wir auf Erden kennen. Der äußere Teil des Schiffs ist mit 22 Riegelstreifen ummantelt.

Hingegen ist das Innere des Schiffs mit einem eigenständig leuchtenden Material ausgekleidet. Daher benötigen die Räume keine zusätzliche Lichtquelle. Es gibt keine schattigen Winkel, alle Räume sind in Licht getaucht. Die Grundfassung des Schiffs ist in eine Art Sockelkissen eingebettet. Es trägt viele Farbnuancen, besteht aus mehrfach geschichteten Kristallen und einer energetisch-atomaren Struktur. Der Sockel funktioniert wie ein Schwebekissen und liefert eine enorme Menge regelbarer Antigravitations- und Antriebsenergie.

## Raumschifftore

Auf jeder Seite des Schiffs befinden sich drei Tore, die man „Schotts" nennt. Also insgesamt zwölf Schotts. Die Größe der Schotts beträgt ungefähr tausend mal tausend Meter. Alle sind oval und leuchten in Perlmuttfarbe. Die Tore befinden sich auf der zweiten Etage (von unten gezählt). Sie sind die einzigen Ein- und Ausgänge. Es gibt keine Fenster oder Luken.

## Etagen über Etagen und ihre Flächen

Das Sternenschiff ist in 222 Etagen aufgeteilt. Jede Etage misst in der Höhe 10.000 Meter. Die zehntausend Meter entsprechen der Höhe und Dicke unserer Troposphäre. Die Troposphäre wirkt als Schutz vor Strahlung. Die Grundfläche jeder Etage beträgt 2220 Kilometer x 2220 Kilometer (4.928.400 Quadratkilometer). Multipliziert mit den 222 Etagen des Sternenschiffs ergibt sich daraus eine Nutzfläche von 1.094.104.800 Quadratkilometern.

## Räume für die Lebenswelt

Die Festlandfläche unseres Planeten macht etwa 148 Millionen Quadratkilometer aus. Dabei ist die Fläche des Festlands nicht gleich der Nutzfläche, denn Berghöhen sowie Sand, Eiswüsten und ausgedehnte Wälder kann der Mensch kaum als Lebensraum verwerten. Teilt man die Festlandfläche des Sternenschiffs durch die Festlandfläche der Erde (148 Millionen Quadratkilometer), kommt Erstaunliches heraus: Die 1.094.104.800 Quadratkilometer, geteilt durch die 148.000.000 Quadratkilometer, ergeben 7,3926 Quadratkilometer. Das heißt, unsere Erde würde sieben Mal ins Sternenschiff hineinpassen. Die bewohnbare Fläche der Erde ist siebenmal kleiner als jene des Sternenschiffs.

## Erster Einblick in die Etagen

Wie bereits erwähnt, weist jede Etage des Schiffs eine Höhe von 10.000 Metern auf, was der Höhe der Erdtroposphäre gleichkäme, in der sich das Wetter abspielt. Innerhalb der 222 Etagen gibt es Natur-Etagen mit Flora und Fauna. Es sind Welten mit eigener Troposphäre und Wettererscheinungen. Mehrere von den 222 Etagen sind Natur-Etagen. Ein Stockwerk ist mit Vegetation wie Bäumen und Pflanzen bewachsen. In anderen Natur-Etagen findet man auch Fauna, etwa kleinere Tierherden vor. Einige Tiere kennt man auf der Erde, andere sind uns unbekannt. Auch Vogelschwärme existieren. Die Tiere leben in Frieden und Harmonie. Auf einer weiteren Etage ist es wie im Urwald und auf zwei anderen Etagen findet man riesige Obst- und Gemüseplantagen vor. Von diesen Obst- und Gemüsefeldern kann jeden Monat eine volle Ernte eingefahren werden. Ob die Nahrungsmittel für die Besatzung oder für die Tiere bestimmt sind, wissen wir nicht. Die Wunderwelt raubt einem fast die Sinne.

Die Wohnbereiche nennt man Dimensionsetagen. Auf diesen sind die technischen Apparaturen untergebracht, die mit der Produktion evolutiver Kreisläufe beschäftigt sind. Deshalb könnte man sie auch Evolutionsetagen oder Evolutionslaboratorien nennen. Dort werden die Lebensbaupläne geschrieben. Hier entsteht die DNS für alles Organische. Selbst die Planeten und Galaxien sind in gewisser Weise lebendige Wesen. Auf einigen Etagen befinden sich die Maschinenräume und auf anderen Sternenschiffe unterschiedlichster Art. Unbekannte Flugobjekte gibt es hier nicht. Auf der untersten Etage befindet sich die Energiestation des Schiffs. Milliarden geschliffener Kristalle sind hier über- und ineinander geschichtet. Sie erzeugen ein gewaltiges Energiefeld, um das Sternenschiff anzutreiben.

## Lebewesen im Sternenschiff

In diesem Schiff wimmelt es von Leben.

## Intergalaktisches Ziel: Weltenbau

Alle Gottestreuen haben dasselbe Ziel, nämlich wunderbare Welten zu erschaffen. Es sind Weltraumoasen mit natürlichen „Lebensmittelfabriken" und Wasserreservoirs, deren Kreislauf selbstständig zirkuliert.

# Vier Planeten im Licht von drei Sonnen

In der Milchstraße existieren vier Planeten im Licht von drei Sonnen. Alle sind bewohnt, damals wie heute. Auf den Planeten lebt ein herrliches Volk. Es ist menschenähnlich, aber von zarterer und dünnerer Fleischstruktur. Die Augen sind orange, die Körpergröße beträgt circa 1,60 m und das Gewicht circa 60 kg. Die Wesen sterben nie und jedes Volk hält sich an das intergalaktische Gesetz der Liebe. Man nennt sie die Jescheelen, im Singular Jescheel. Die Angehörigen tragen Fürstentitel. Aufgrund ihrer bedingungslosen Liebe haben sie vom König (Menschensohn) ein besonderes Recht erhalten. Mit den Liktoren und Lichtträgern, die auf der Venus zu Hause sind, reisen sie durch die Galaxie und besuchen andere Welten. Sie sehen die Erde als Schauspielbühne an, auf der ein letzter Akt gespielt wird.